慶應義塾大學
法學研究會叢書
(88)

国際責任の履行における賠償の研究

大森正仁 著

慶應義塾大學法學研究會刊

はしがき

本著は慶應義塾大学法学研究科に二〇〇一年に提出した博士論文である。審査では、主査を栗林忠男法学部教授、副査を森征一法学部教授、奥脇直也東京大学大学院法学政治学研究科教授が担当された。その折になされた貴重なコメントを生かすことができていないのは、もっぱら小生の怠惰によるものである。

様々なところで公表をした論文をもとに、二〇〇〇年から二〇〇一年にオランダのロッテルダムにあるエラスムス大学及びフランスのパリ政治学院に滞在をした際に執筆を行なった。エラスムス大学の図書館、ハーグの平和宮にある国際司法裁判所の図書館、そしてパリのシアンスポの図書館には大変にお世話になった。借り出した本を自宅にまで持ち帰り深夜まで読んだのは懐かしい思い出である。平和宮のリーディングルームで本を依頼すると読んでいる席まで持って来てくれるのは贅沢で楽しいひと時であった。シアンスポも完全閉架で請求した本が出てくるのを待つのは、どのような本なのか想像力を掻き立ててくれる時間であった。

他の法的概念がそうであるように、ここで取りあげた「賠償」もまた時代や場所によってその内容が変化するものであると思う。ただ、慶應義塾大学法律科創立に貢献したジョン・ヘンリー・ウィグモア教授が述べているように、万華鏡のパーツと同じく、表面的には異なって見えても時間と空間を超えて変わらない要素があるのかとも思う。

本稿執筆以降、国際責任の分野では国際的な多くの作業が続けられ、内外において夥しい著作が表されている。国際機構責任条文及び外交的保護に関する国連国際法委員会の活動はその一例である。これらの資料や著作を踏まえた作業は今回の出版には反映できなかった。さらに、長期間に渡る著作ゆえ整合性が取れていない部分が多々あることと思う。読者諸氏の御意見を賜ることができれば望外の喜びである。

在外研究に一人で行くことになり、その間家族には大きな負担をかけることとなった。家内と子供たちには深く感謝している。また、大学の学部生時代以来、暖かく研究を見守って下さっている栗林忠男先生には計り知れない学恩を受けて来ている。ささやかなこの著作によって少しでも報いることができるのであればこれに優る幸せはない。

慶應義塾大学法学研究会から本著が叢書として出版できたのは、偏に法学研究編集委員会の委員の皆様の格別のご配慮のおかげである。また、編集では慶應義塾大学出版会の岡田智武さんにご配慮とご尽力いただいた。記して深甚なる謝意を表したい。

二〇一八年二月一二日　笹目の寓居にて

大森正仁

目次

目次

はしがき　i

問題の所在……1

第一部　国際責任法の発展

第一章　国際責任法の法典化作業……5

第一節　責任法に関する法典化作業の種類……5

1　国際機構による法典化作業　7

2　国際責任規則をめぐる学会活動　8

3　個人の責任規則についての私案　10

第二節　国際連盟における法典編纂……10

1　一九二九年の法典化会議　10

(1)　国際連盟における準備作業　12

(2)　経済委員会の法典草案　16

a 条約の目的／b 外国国民と国際貿易／c 外国国民の定住／d 外国国民の財政上の取扱／e 外国会社の取扱
(3) パリ会議における審議 22
a 国際貿易の保護、居住の自由、貿易等の実施、司法上の保証／b 財政上の取扱／c 外国会社の取扱
(4) 一九二九年法典編纂会議の意味 26
2 一九三〇年の法典化会議 31
(1) 国際連盟における法典化の動き 32
(2) 学界の対応 35
a 万国国際法学会（Institut）の対応／b 日本国際法学会及国際法協会日本支部議定国際法典案／c 一九二九年ハーヴァード草案／d 一九六一年ハーヴァード草案
(3) 理論的側面における一般性 40
(4) 一九三〇年法典編纂会議の対象の限定性の要因とその意味 45
第三節 国連国際法委員会の法典化作業 …… 51
1 特別報告者ガルシア・アマドールによる作業 52
2 特別報告者アゴー、リップハーゲン、アランジオ・ルイズ、クロフォードの作業 53
3 特別報告者クェンチン・バクスター、バルボザ、ラオによる作業 59

第二章　国際法学説における責任法の位置……63
第一節　一八世紀までの国際責任論……64
第二節　ヘフター、トリーペル以後の国際責任論……67
第三節　アンツィロッティの国際責任理論……72
1　客観責任主義　74
2　賠償（reparation）　76
3　責任に関する一般理論の構築　78
第四節　第一次大戦後の国際責任論……79
第三章　第一次規範と国際責任法……91
第一節　宇宙法……92
1　宇宙活動をめぐる国の責任に関する国際法の展開　92
(1)　宇宙条約以前　92
(2)　宇宙条約　95
(3)　宇宙損害責任条約　96
2　これまでの責任法との関係　104
(1)　保証責任　104

(2) 損害賠償責任 106
3 宇宙法における責任理論の問題点 110
第二節 戦争法・武力紛争法 113
1 一九〇七年陸戦の法規慣例に関する条約第三条 114
2 一九七七年第一追加議定書第九一条 116
3 戦争法・武力紛争法と責任法の関係 118

第二部 国際責任の履行方式

第一章 履行方式の種類 125
第一節 違法行為の停止 129
1 国際法委員会案 129
2 学説・判例 133
3 違法行為の停止の意義 135
第二節 原状回復 136
1 法典化作業 136
2 学説 141

3 国際判例 142
4 原状回復の意義 144
第三節 金銭賠償 …… 145
1 法典化作業 145
2 金銭賠償をめぐる問題点 148
(1) 間接損害 148
(2) 利子・逸失利益 149
(3) 保険制度 151
3 国際判例 155
第二章 懲罰的損害賠償 …… 159
第一節 国際的事例における取扱 …… 160
第二節 学説の動向 …… 171
第三節 法典化作業における取扱 …… 174
1 一九三〇年ハーグ法典編纂会議 174
2 国際法委員会における法典化 176
(1) ガルシア・アマドール報告書 176
(2) アランジオ・ルイズ報告書 177

第四節　評価……184

第三章　サティスファクション……187

第一節　金銭によらないサティスファクション……189
1　陳謝　189
2　責任者の処罰　193
3　再発の防止　195

第二節　金銭によるサティスファクション……196
1　金銭賠償との区別　197
2　区別の規準　198

第三節　宣言判決……201
1　国際判例における取扱　201
2　学説の立場　205
3　他の賠償の前提としての宣言判決　209

第四節　サティスファクションの意義……211
1　損害による区分　212
2　解決手続による限定　214
3　賠償の方法としてのサティスファクション　215

第三部　国際責任の履行における賠償の意義
第一章　二重の機能からみた賠償の意義……219
第一節　もとの状態への復帰……219
第二節　法秩序の維持……222
第三節　国際法における「国の国際犯罪」概念……225
1　国の国際犯罪と個人の国際犯罪　225
2　国の国際犯罪と強行規範　229
3　国の国際犯罪と国際連合　231
4　国の国際犯罪と訴訟　234
第二章　賠償と対抗措置……239
第一節　対抗措置の意義……239
第二節　法典化作業における取扱……245
第三節　賠償と対抗措置の関係……248

結語……251
賠償と責任の関係……251
第一次規範における賠償方式の特定……256

参考文献　270
国際責任法資料　320
人名索引　322
事項索引　326

問題の所在

現在、国際法においては国際責任論が横断的な分野として成立しているとの見解がある。[1] 例えば、海洋法、航空法、宇宙法、戦争法といった国際法の各分野において適用可能な法原則として、国際責任に関する規則が理解される。また、国際法の規定について、権利を付与し、義務を課す規定と、そのような義務に違反した場合に責任を課す規定とを区別する必要性が主張された。[2] 他方、国際法における責任論の取扱について、これを独自のものとする考え方に批判的な見解がある。アロットは、国際法において独立の概念として「責任」を用いることから、二つの誤った結果が生じてくる。ひとつは国の神聖化であり、もうひとつは潜在的な責任についての議論の余地を残すことである、と指摘する。前者の神聖化については、国を個人と切り離す効果をもち、実質的な行為主体である個人に対する法の道徳的影響を損なうものと指摘している。[3] 後者の点については、国が法の規制の外に立つことを懸念している。特に、国連国際法委員会で法典化の対象とされた違法性阻却事由は、掲げられた各事由が国の行為を国際法の枠外に置く可能性を有すると指摘している。[4]

義務違反から賠償の義務が生ずるとする場合と、義務違反から責任が発生し、それを履行するために賠償を行うとすることとの差異はどのような点にあるのだろうか。また、賠償と呼ばれるものが国際法においていかなる内容と種類とを有しており、その位置付けはいかなるものであるのだろうか。

この点に関連しては、賠償の機能は、なされた違法行為から生じた状況をもとに戻すことにのみあるのか、国際社会における国際法秩序の維持という機能をも有するものであるのかの問題が存在する。

本論文では、第一部でこれまでの国際責任法に関する発展を様々な活動や著作、また、責任について特徴を有すると考えられるいくつかの分野での展開を通じて概観し、第二部においては賠償に関してなされた法典化作業の分析と国際判例、国際的事例を取り上げ、第三部では現在の国際法における賠償の機能について考察をしてゆくこととする。

（1） 安藤仁介「国際法における国家の責任」『基本法学5 責任』一〇九頁（岩波書店、一九八四年）。
（2） Roberto Ago, Le Délit international, [1938-II]68 Recueil des cours 445-446 (1939).
（3） Philip Allott, State Responsibility and the Unmaking of International Law, 29 Harv. Int'l L. J. 13-15 (1988).
（4） Id., 16-17.

第一部　国際責任法の発展

国際法における責任に関する法規範が国際社会の成立、発展とともにどのように変化してきたのかを明らかにするためには、国際社会の変化を国際法がどのように受けとめ、その規範内容にいかなる形式で反映させてきたのかを考察する必要がある。このひとつのあらわれとして、国際法の法典化の動きがあげられ、また、それぞれの時代における学説の動向も手がかりとなりうる。

責任法の体系的な発展がどのような道筋をたどって来たのかを学説の発展と法典化作業との両者に注目して明らかにし、と同時に、学説と法典化作業とがどのような影響を相互に及ぼしあっているのかを明らかにするのが第一部の目的である。このために、まず、国際責任法の法典化に着目し、これまでなされてきた国際連盟および国際連合における作業の概略を示すとともに、法典化作業の意味についても考察の対象とする。次に、学説に関しては、国際責任法を独自の法分野として認識し、その体系化がなされ始めた時期について考察するとともに、それ以降において、学説の変遷が法典化作業とどのようなかかわり合いを持つようになっているのかを検討してゆく。

第一章　国際責任法の法典化作業

第一節　責任法に関する法典化作業の種類

国際法の「法典化（codification）」の意味は、国連国際法委員会の規程によれば、狭義の法典化と呼ばれるすでに存在する国際法を法典の形式にすることと、漸進的発達（progressive development）とに区分される。両者をあわせて広義の法典化と呼ぶこともある。これは国連憲章第一三条により国連総会に課せられた任務であり、これにより国際法委員会が一九四七年に設立されることとなり、同委員会は一九四九年に最初の会合を開催した。

一九九七年一〇月には国際法委員会設立五〇周年に際してニューヨークの国連本部においてコロッキアムが、一九九八年四月にはセミナーが開催されている。前者においては、法制定過程の観点から国際法委員会の位置付けが検討されており、より良い国際法を創るという観点から国際法委員会を分析の対象としている。(1) また、後者のセミナーでは、これまで国際法委員会で行われた作業のテーマごとの分析・評価を行っている。[2] なお、フランス国際法学会は一九九八年のエクサンプロヴァンス会期[3]において国際法の法典化をその議題とし、そこでは国際法委員会の活動にも注目している。

法典化については、国際法の体系を立法機能、司法機能、行政機能に区分し、立法機能のなかで国際法の発展の方式として、判決、国連総会決議とともに、法典化をこの脈絡において位置付ける立場もある。[4]

国際法委員会の活動は多岐に渡り、これまでに海洋法、外交・領事関係、条約法などについて条約草案を準備し、外交会議を経て条約が採択されている。国際法委員会により準備された草案は、特別報告者の作成した報告書をもとに委員会での検討の後に起草されるため、その草案に関しては詳細な準備作業があり、それが公表されていることは、条約の成立後の解釈にとって大きな意味を有している。しかしながら、法典化作業は国際法委員会によってのみなされるわけではない。近年採択された条約に関して、海洋法、宇宙法、軍縮、環境、などの分野では他の国際機構の作業の結果、条約が作成されることとなったものも多く、この点を考察して、国際法委員会の委員には持つことのできない特殊な知識を必要とする分野のあることも指摘されている。[5]

法典化の形式は、このような国際機構により行われることもあれば、学界活動の一部として、国際的、地域的あるいは各国の国内で行われることもあり、さらに、個人の学者の試案の形式によることもある。また、議論のあるところであるが、近年のＮＧＯの活動が国際法に与えている影響も無視することはできなくなっている。[6] 次節以下では国際連盟と国連のもとで行われた法典編纂作業について詳しく検討してゆくが、ここではこれまでになされた国際責任に関連のある法典化作業についての概略を見て行くこととする。

(1) このコロッキアムの資料については、United Nations, Making Better International Law: The International Law Commission at

50, Proceedings of the United Nations Colloquium on Progressive Development and Codification of International Law (New York: United Nations, 1998) を参照。

（2）セミナーの資料については、United Nations, The International Law Commission Fifty Years After: An Evaluation, Proceedings of the Seminar held to commemorate the fiftieth anniversary of the International Law Commission, 21-22 April 1998 (New York: United Nations, 2000) を参照。

（3）この会期について、Société française pour le droit international, La Codification du droit international (Paris: A. Pedone, 1999) 参照。

（4）例えば、Georges Abi-Saab, Cours général de droit international public, [1987-VII] 207 Recueil des cours 139-154 (1996) 参照。

（5）Supra note 1, at 71.

（6）Id., 134-150.

1　国際機構による法典化作業

これまでに行われた法典化作業で国際責任に関連して政府間の国際機構により行われたものとしては、一九二九年の国際連盟によるパリでの法典化会議、一九三〇年のハーグでの法典編纂会議、国連国際法委員会による活動がある。パリでの法典化会議は国際責任に関するものではなく外国人の取扱についての規則の条約化を目指したものであるので直接の関連性はないともいえるが、翌年のハーグ法典編纂会議での作業と対比すると国際責任に関する法典編纂の対象の違いが明確となる。一九三〇年のハーグの会議では三つの法典編纂の主題のひとつとして国の責任が選ばれたが、その対象は外国人の身体または財産について生じた損害に対する国の責任であり、この時期にすでに第一次規範の法典化と、特定の分野における責任規則という第二次規範の法典化という異なる流れがあり、両者は分離したものとの認識があったと解される。

このようにしてなされた法典編纂会議は常設的な機関を有するものではなく、その意味では法典編纂作業が恒常的に行われるようになったのは国連の設立以降のことである。

国連の国際法委員会では、当初、国際責任について、一九三〇年の法典化会議と同じ主題の下で作業が開始されたが、一九六〇年代に特別報告者が変わり、法典化の主題は特定の問題に限定されない一般的な第二次規範のみを対象とすることとされた。この法典化の作業が現在まで続けられ、第二読を終了し、暫定的に採択された条文草案が作成されており、二〇〇一年までに作業を終了することとされている。

このような普遍的な国際機構とともに、地域に設立された国際機構もまた法典編纂作業に従事してきた。歴史的には地域の機構による法典編纂作業のほうが古くからなされてきたが、ラテン・アメリカを例に挙げて、これは、列強により支配された慣習化の過程に対して防御的な性格を有したものであるともされている。[7] 普遍的な国際機構と地域的な国際機構の両者の関係は、国際法における普遍主義と地域主義との関係という観点からも興味深いが、責任に関する規則の法典化については、このラテン・アメリカでなされてきた作業が注目される。

これらの政府間国際機構による法典化作業の特徴は、原則として条約草案を作成することを目的としている点である。多くの分野で条約が同様の手続を経てこれまで採択されてきている。ただし、国際責任に関しては、これまでいずれの作業も条約採択には至っていない。

（7）　Nguyen Quoc Dinh, P. Dallier et A. Pellet, Droit international public 335 (Paris: L.G.D.J., 6e éd, 1999).

2　国際責任規則をめぐる学会活動

国際法についての学会活動は、年代的には政府間国際機構によるものに先行して行われてきた。例えば、一八七三年に設立された万国国際法学会（Institut de Droit International）は、これまでに何度か責任に関連する主題を取り上げてきている。このなかで、一九二七年の第三一会期になされた責任に関する決議がある。

また、一八七三年に設立され、当初は「国際法の改革と法典化のための協会」（Association for the Reform and Codification of the Law of Nations）と呼ばれた国際法協会（International Law Association）も同様に責任に関連する問題を何度かその議題としている。

各地域、各国内の活動においても責任の問題が取りあげられて来た。ラテン・アメリカでは、米州国際法学会が一九三〇年のハーグ法典編纂会議に向けて、声明を作成している[8]。性質は異なるが、アジア・アフリカ法律諮問委員会（AALCC）の活動も注目される。この他に、米国、フランス、日本などの各国の学会の動きも存在した。

米国に関しては、リステイトメントの形式で対外関係法が作成されている。これ自体は国内法の効力を有するものではなく、米国の国内法体系を考慮して作成された形式の文書にすぎないが、現在の米国の立場を反映しているものと解される。また、ハーヴァード草案として知られる条文草案が一九二九年と一九六一年に準備された。日本では、一九二六年に日本国際法学会と国際法協会日本支部の作成した法典草案中に責任に関する規定が含まれている[9]。

（8） V. M. Maurtua and J. B. Scott, Responsibility of States for Damage Caused in their Territory to the Person or Property of Foreigners, A Statement of the Principles which Should Govern the Codification of International Law on the Subjects (N.Y.: Oxford University Press, 1930).

（9） Draft Code of International Law adopted by the Kokusaiho Gakkwai (The International Law Association of Japan) and the Japanese

Branch of the International Law Association (1926).

3　個人の責任規則についての私案

国際法学者が私案として国際法の規則を条文の形式で提案したものがいくつかある。その中で国際責任の規則に言及したものとして、例えば、イタリアのフィオレの著作がある。フィオレは、基本原則として、責任の発生と金銭賠償、直接責任と間接責任、損害賠償義務の有無について規定し、さらに、直接責任、間接責任、官吏の行為に対する責任、私人行為から生ずる国の責任に関する条文を作成した。責任の問題から生ずる国際紛争については、国際審査委員会および仲裁裁判に付託しなければならないとの条文も含まれている。(10) この他に、国際法の法典を作成した学者として、ブルンチュリ、フィールドがいる。

(10)　Pasquale Fiore, International Law Codified and Its Legal Sanction or the Legal Organization of the Society of States 282-288 (New York: Baker, Voorhis & co., translated from the Fifth Edition with an Introduction by E.M. Borchard, 1918).

第二節　国際連盟における法典編纂

1　一九二九年の法典化会議

国際連盟のもとで準備された国際法の法典編纂作業の結果、一九三〇年にハーグにおいて外交会議が開催され、国籍、海洋法そして国際責任の三つの主題が取り上げられたことは広く知られている。ここで責任に関する法典編纂の対象とされたのは、「外国人の身体または財産に対し自国領域内で生じた損害に対する国の責任（responsibility of States for damage caused in their territory to the person or property of foreigners）」[11]であった。そこでの問題は、自国領域内で外国人の身体または財産が損害をこうむった場合に、国は責任を負うのか、負うとすればどのような場合にか、という点にあった。

この一九三〇年のハーグ法典編纂会議の前年、パリにおいて外交会議が開催された。これは外国人[12]の取扱に関する多数国間の国際条約作成を目的としたものであった。この会議での作業は、国際連盟の経済委員会が中心となって準備を進めてきたものであり、経済委員会は、最恵国待遇条項、関税削減、石炭や砂糖に関する問題とともに外国人の取扱をその調査・検討の対象としていた。

それまで外国人の取扱については、ヴァッテルが主張していたように、自国への外国人の入国は各国が自由にその条件を定め、各国における外国人の取扱は各国の国内法により規律されるとする立場があった[13]。また、外国人の取扱に関して地域的な多数国間条約も締結されていた[14]。

ここでは、この一九二九年に開催された会議の概略を見て行くことにより、「外国人の取扱」の主題の下で作成されようとした条約規定の意味を検討したいと思う[15]。また、国際法における国際責任法が法典化の場面で外国人の取扱をめぐる規定から第二次規範へ移行してきたとされている点について、この外交会議がどのように位置づけられるのかを考えて行きたい。これらを通じて、現在の国際責任論の源流のひとつに踏み入るための作業の手がかりとして行く[16]。

(1) 国際連盟における準備作業

一九二九年の会議に至る過程では、法典化の対象とされた外国人の取扱に関する問題は経済問題のひとつとして位置づけられていたが、国際連盟においてこの問題がどのように取り扱われていたのかについて、概観しておく。

一九二一年九月一九日、連盟理事会は決議を採択し、経済委員会に連盟規約第二三条（e）にいう「通商に対する衡平な待遇」についての規定の意味と範囲について考慮し報告を提出するよう要請した[17]。

一九二二年九月に連盟理事会は経済委員会により提出された意見を採用し、理論的ではなく実質的な目標が掲げられ、衡平な待遇の原則に明らかに反する実行のリストを作成することから作業が開始された。経済委員会は、問題には、すでにある国において業務を遂行することが法により正当に認められた外国人、外国機関に適用されるレジームの側面と、ある国において業務遂行を外国人、外国機関にこれから認めるための条件の側面とがあると考えていた。しかし、世界の政治的、経済的情況は後者の業務遂行容認の条件について適用される一般的規則を作成するのにはふさわしくないとして、前者のすでに業務遂行を認められた外国人に適用されるレジームの問題に作業を限定した。

一九二三年の五月には、最初の一〇の勧告が作成され、連盟理事会は加盟国にこれらの原則が国内立法および国際協定によって実施されるよう勧告した。この勧告は、おおよそ次のようなものであった[18]。

1. 他国において国内法令に従って設立を認められた会社および定住を認められた個人は財政事項について国民に与えられる取扱の付与が絶対的な規則として維持されるものとする。
2. 設立あるいは定住することなく活動を認められる会社および個人についても国民と比較して劣位な地位におかれな

い。

3．設立される会社が外国企業の支社または子会社である場合には、課税については当該領域内で行われる活動のみに限定される。

4．設立を認められた会社および定住を認められた個人は、活動に必要な財産（不動産を含む）を取得する自由を有する。

5．上記の財産を処分しうる。

6．外国企業および外国国民に適用される財政事項および外国通貨についての規制は、国籍により異なってはならない。

7．設立を認められた会社および定住を認められた個人は、権利を守るために国内法に従って原告または被告として訴を提起できるものとする。

8．前記の規定は相互主義を条件として適用される。第三国およびその国民の利益を害することなく、ある諸国が相互に与える便宜を害するものではない。

9．この勧告を受諾しない国の国民が財政上のコントロールを有する企業には便宜を付与することを必要としない。

10．海外植民地、保護国については適用を除外できる。

これらの勧告に関しては、その内容を実施することができるか否かについて通知するよう連盟理事会が行った一九二五年の要請[19]に対して、約二〇ヵ国が回答している。ほとんどの国は現行法がこれらの原則に基づいているので勧告の実施は困難ではないとしていた。

一九二七年にジュネーブで開催された世界経済会議において、国際商業会議所（International Chamber of Commerce）が外国人の取扱についての報告書を提出した。これはビザの廃止および居住・設立の自由という二つの条約草案を含んでおり、後者は外国人の取扱について、より自由の精神で規制をしてゆこうとするものであった。このジュネーブの世界経済会議は、外国国民、外国企業の経済上、財政上の取扱に関して次のような勧告を行った。[20]

世界経済会議は他国の領域において貿易、産業その他の職業に従事すること、または、定住することを認められた国民、企業に必要な法的、行政的、財政的および司法的な保証を付与することは、諸国間の経済的協力に不可欠な条件のひとつであると考える。

この問題についてすでになされた国際連盟経済委員会および国際商業会議所の作業に留意し、世界経済会議はこれらの作業が、外国人の地位を定め、自国民と外国人との不当な区別を廃棄し、二重課税を防止するために最良の方法を定めるために、外交会議へ提出されるよう国際連盟の適当な機関により考慮され調整されることが望ましいと考える。その外交会議の目的は国際条約を作成することである。しかしながら、外交会議がこの問題全体を解決する前に、衡平な相互主義をもたらし前述の指導原則に基づく二国間協定が現在の状況を改善するものである。したがって、世界経済会議は以下のように勧告する。

1．国際条約の締結までの間、国際連盟経済委員会および国際商業会議所の行った作業を基礎として、経済的ばかりでなく法的および財政的な観点から外国人の地位を定める二国間協定が結ばれるべきであり、

2．同様の精神および目的により、連盟理事会は国際条約を作成するための外交会議を準備すべきであり、

3．二国間協定および外交会議に提出される文書を作成する際に以下の点が特に留意されるべきである。

（a）居住、設立、移動の条件について、入国が認められた外国人と自国民との間での平等な取扱

（b）外国国民および外国企業による貿易、産業その他のすべての活動の実施条件

（c）外国国民および外国企業の法的地位

（d）外国国民および外国企業の財政上の地位

このような決議の後、一九二七年六月一六日の連盟理事会決議により、国際連盟の経済委員会は特別会合を同年七月に開催し、世界経済会議の決議について検討を行った。また、経済委員会は世界経済会議の決議の中にあった国際会議の準備をするために連盟事務局に有用な情報を収集するよう指示した。これらの決定は一九二七年九月二〇日の連盟総会で賛成されている。

一九二七年の一二月に経済委員会の議長および国際商業会議所の代表により作成された条約草案が経済委員会に提出され審議が行われた。経済委員会は一九二八年三月の会合において条約の最終草案を起草し、連盟理事会へ報告した。

この報告書の中では、経済委員会は条約草案中には一国が自国内で定住あるいは設立されることを認めた外国人（自然人および法人）に対して相互主義を基礎として与えられるべき保証を具体化したと述べている。そして、これらの保証があらゆる経済活動の実施に対してだけではなく、私権、法的権利について、財産その他の利益の取得、保有、移転について、例外的および通常の財政上の負担について適用されるものであり、法典化の基礎を構成するとしている。さらに、経済委員会はしばしば差別と不安定性をもたらす最恵国待遇よりも自国民と同様の条件での取扱、自国民との平等を確保するよう努めたばかりでなく、相対的な保証ではなく多くの国が国内法および活動を一致させることのできる積極的な約束を選んだとしている。

経済委員会の草案は、政治的経済的考慮から外国国民の定住・外国企業の設立についての完全な自由を提案することはできないため、すでに滞在し定住することを認められた外国人について規定しているが、草案には領域に定住していない外国人についても締約国が規定の適用を確保するよう明示する規定をおいていた。

(2)　経済委員会の法典草案

経済委員会によって作成された外交会議の準備文書に含まれた条文草案は、全三部六章二九ヵ条からなり、議定書案と最終議定書案とが付されている。[21]

草案の構成は、「外国国民の取扱」と題する第一部が、国際貿易の保護という第一章と外国国民の定住という第二章から構成されている。第二部は外国企業の取扱、そして第三部は一般規定となっている。

第一部第一章の国際貿易の保護については五ヵ条の条文がおかれており、第二章の外国人の定住については一〇ヵ条の条文が含まれていた。この第二章はさらに六つのセクションに分けられている。第二部の外国企業の取扱に関しては一ヵ条がおかれていた（第一六条）。第三部の一般規定は、六章一三ヵ条からなる構成を取っており、条約の適用、紛争解決、署名等についての規定がおかれている。

以下では、第一部と第二部の規定を中心に条約草案の目的、内容について見て行くことにする。

a　条約の目的

条約の目的に関しては直接の規定はおかれていないが、条約草案前文において、国の間の経済協力を促進することが望ましいものであり、これを一国の国民が他国の領域において事業を行うことを簡便で、衡平な条件を確保することにより達成しようと意図している、とされている。

繰り返し言及されているのは、入国等の条件は各国が自由に決定することのできる事項であることを前提に、国の間の協力関係を促すため、入国、滞在を認められた外国人の取扱を自国民と同一にすることを目的としているという点である。

b　外国国民と国際貿易

外国国民の取扱に関しては、まず、第一条において貿易関係について規定がおかれている。そこでは、居住する者ではなくとも、あらゆる種類の商取引、特に、物品の販売、購入、注文、配達等について国内法に従って行うことができるが、政府のコンセッションの必要なものは例外とされている（第一項）。これらは例示列挙であり限定列挙ではない。この商取引との関係で宣伝についても国内法に従って自由に行いうるとされた（第二項）。第二条は、明示的に制限されているもの以外の市場や定期市への自国民と同じ条件での参加を自由であると定めている。第三条によると、物品の生産、配布、消費に課せられる税について、他国の物品に対して自国の同様の物品に対して課しているものより高い税を課してはならない。この条約規定の目的は外国産品と自国産品とを異なる税を課すことにより区別するのを防止することにある。

第四条では、貿易の自由、特に、物品の売買、配布、消費についてを規制する際に、自国と他国の物品を区別してはならない。本条は一九二七年八月のフランス・ドイツ条約(22)から作成されたものとされている。

この第三条および第四条はブラケットに入れられているが、これは、このような規定が多数国間条約にふさわしいのか、二国間条約に入れられるべきではないのか、という疑問が提起されたためである。連邦制との関係でこれらの事項を規制するのが連邦構成国であることを理由として異議を唱える国もあったが、経済委員会は外交会議においてこのような規定を挿入すべきか否かを決すべきであるとした。

第五条は居住している国の発行する身分証明書を有しており、合法的に同国において産業、商業に従事することができ、税金等を支払っているものは、他の締約国において自らまたは雇用する旅行者により物品を購入し、注文を取り集めること等ができ、それについて特別の許可を必要としないと規定する。同様の規定は多くの通商条約におかれているが[23]、経済委員会は多数国間条約に含まれることにより個別の条約で規定される必要が無くなるとしている。

c　外国国民の定住

第六条から第一五条までは外国国民の定住に関する規定である。第六条は旅行、滞在、定住の自由について規定している。締約国の国民で他の締約国に入国を認められた者は当該国においてその国民と同様の旅行、滞在、定住等の自由を有する。この際に外国人に対する警察上の規制を害するものではない。ここでも繰り返されているのは、各国がどのような条件で外国人の入国を認めるのかは各国の権利である、という点である。そのうえで、入国を認められた外国人に対して経済活動に必要な自由、特に、旅行の自由を確保しようとするのが本条の規定の意図するところである。

第七条および第八条は外国人の貿易、産業、職業についての規定である。第七条では、定住を認められた他の締約国の国民は、いずれの締約国においても、法律上および事実上、商業、産業、財政的活動について、また、職業について内国民と同じ条件におかれる。ただし、第二項では、外国人に対して禁止することのできる職業等について例示列挙されている。その中には、公務員、弁護士、公証人、領海内での漁業、鉱業、国営事業となっているもの等が含まれている。この条文は最恵国待遇よりも内国民待遇を採用すべきであるという国際連盟の採ってきた政策に基づくものであり、また、すでに多くのヨーロッパ諸国の実行も内国民待遇を認めるものとなっていると述べられている[24]。第八条の規定によれば、業務の管理に適当な者を指名することができる。

第九条は法的な保証に関する規定である。他の締約国において、身体、財産、権利および利益の法的保証に関して内国民と同様の取扱を受け、また、裁判所等に出訴する権利、弁護士を選任する権利がある。

第一〇条は財産権についての規定であり、国内法に従って動産または不動産を取得、占有、貸与および処分する権利について内国民と同じ地位におかれる。各国の憲法中に特定の不動産の取得を禁止し、あるいは事前許可を求める規定がおかれていることを承知しながら、経済委員会はこのような状態が改善されるべきであるとの立場に立っている。また、動産については、輸出をすることができるとしている。ただし、各国は国の防衛または安全を理由として、特定の不動産の取得について禁止あるいは事前許可を求めることができる。さらに、国の重大な経済資源に不当な支配を及ぼすことになり、あるいは、通貨危機をもたらすような場合には、不動産、証券等の外国人による取得を禁止する権利がある。

第一一条の規定は、例外的な負担に関するものである。あらゆる種類の司法的または行政的負担から免除され、平時および戦時において、すべての強制的な軍事上の役務から免除される。ただし、他国に定住する締約国の国民は、内国民と同様の土地または建物に対して課される負担を担わなければならない。他方、法的に認められた公益を理由として、効力のある法的手続による場合を除いて、その財産を収用され、一時的にもその享有を妨げられてはならない。さらに、収用等に対しては補償について内国民と同様の取扱をしなければならない。経済委員会は収用等に対する補償に関して二つの考え方があることを認めていた。ひとつは多数国間条約中に収用のための法的手続および公正な補償を定めるとするものであり、もうひとつは、内国民と同じ取扱をするという立場である。このような考え方があることを認めつつ、内国民待遇が最も公正な解決方法であり、また、補償に関しては国内裁判所あるいは仲裁等が適切であるとの立場に立っている。[25]

d　外国国民の財政上の取扱

第一二条から第一五条までは、財政上の取扱について規定している。第一二条では、あらゆる種類の税金または財政上の負担について、締約国の国民は他の締約国において内国民と同様の財政当局および裁判所による保証を享有する。また、税率を決定する際に、物品の生産地（origin）の違いにより差別をしてはならない。

この外国人と内国民についての賦課に関する完全な平等を定める国際法はここ数年受け入れられるようになったと述べられている。この原則は、ジェノア会議により宣言され、連盟理事会の様々な勧告により各国に伝えられているものであった。なお、輸出入税に関しては本条約の範囲外であり、適用されないと解されている。

第一三条は子会社、系列会社等への課税について、資本金に対して税を課す場合には当該国内で実際に用いられた資本に対してのみ限定すること、利益に対して課税する場合には当該国内でなされた業務より生じたものに限定すること、とする。

財政上の取扱については、内国民と外国人とを同一視することが原則であるが、同一視が必然的にできないのが二重課税の問題である。本国と外国とにおいて課税される場合には明らかに劣った地位におかれることになる。二重課税をどのように扱うかは本条約の範囲ではないが、これまでこの分野においてなされてきた作業に照らして過度の課税を避けるための規定がおかれることとなった(26)。

第一四条は異なる国の地点の間の陸上、海上、航空による輸送に従事する締約国の国民は会社の所在地以外で課税されないものとすると規定している。ただし、同一国内での輸送に従事するもの、輸送業務に直接関係のないもの、不動産の所有等の他の根拠に基づいて課税されるものには適用されない。ここでいう陸上輸送には鉄道輸送は含まれない。

本条で定められた原則は、専門家により作成された二国間条約草案(27)の第五条において採用されているものと一致している。

第一五条は、第九条、第一〇条、第一一条一項、第一二条、第一四条を定住していない他の締約国の国民についても定住する場合と同様の取扱を受けるべきとする規定である。

この規定は、条約草案が他の締約国に定住することを認められたものについてのみ適用されるが、居住しない締約国の国民にも司法、財産、財政等の問題に関して保証をなすことが重要であるとして、いくつかの条文が適用されるべきことを明示したものである。

e　外国会社の取扱

第一六条は外国企業に関する規定である。締約国の一国内に所在し、当該国の法に従って正式に設立された会社は、他の締約国により正式に成立したものと認められなければならない。会社の活動は活動のなされる国の法令に従うとし、もし、ある締約国が事前の、あるいは、取消可能な許可を商業活動の条件としているような場合には、関係締約国は相互主義に基づいて措置をとる権利を有する。また、締約国は既得権を侵害してはならず、法令違反の場合を除いて、与えられた許可を取り消してはならない。そして、他国において認められた会社は動産および不動産を取得、所有、貸与し、商業活動等を行い、裁判所および行政機関を利用できるとしている。この場合に、第九条および第一〇条において国民に認められた権利を適用しうる限度において会社も享有する。また、あらゆる場合において、このような会社は最恵国の同様の会社について認められているのと同じ権利を付与されるが、締約国は自国が他の締約国の会社に与える以上の取扱を求めることはできない。締約国の会社に与えられる取扱および保護は第二条、第三条、第四条、第五条、第八条、第一一条、第一二条、第一三条、第一四条のもとで国民に与えられるものと同一である。

この第一六条の外国会社の取扱に関する規定は、一九二七年八月のフランス・ドイツ条約の第二六条より、多数国間条約の規定であることを考慮した上で導き出されたものである。会社の設立が他の締約国で認められるための条件としては、締約国に所在し、その法令により設立されていることを求めているが、これは会社の国籍を定めるという困難な問題を避けることを可能にしている。さらに、非締約国の会社が締約国に支店を有しているだけで利益を享受することを防ぐことができると解された。相互主義の制限的な適用は、各国においての取扱が大きく異なっているためであった。これは、会社の設立およびその形態について各国の理解が相違しており、一般的には設立および活動について厳格な保証を要求する国は外国会社を容易に受け入れており、反対に国内法令が簡略で会社の責任を制限している国々は厳しい監督を行う権利を留保しているとされた。経済委員会の意図は、相互主義を認めたうえで、徐々に各国の法体系の相違を縮小させることにあった。第一六条で保証されたのは、まず、自然人に与えられた司法上の保証と財産権についてである。次に、最恵国の同種の会社については同一に取り扱うことが保証された。なお、各国の取扱が異なることから、最恵国待遇条項を制限する消極的相互主義条項が必要と判断されている。

(3)　パリ会議における審議

一九二八年三月二八日の連盟理事会決議により、連盟事務総長は各国に草案を通知し、これが国際条約の適当な基礎となりうるか否か、また、条約採択のための外交会議に参加する用意があるかどうかについてを通知するよう要請した。一九二九年三月一日までに二九の回答が寄せられ、二二ヵ国が参加の意図を表明し[28]、同年四月一〇日に連盟理事会は外交会議を開催することとした[29]。

一九二九年一一月五日から一二月五日まで開催されたパリの会議には四二ヵ国の連盟加盟国と七ヵ国の非加

盟国が代表を送っている（米国およびソ連を含む）。会議は一一月五日の第一回全体会合から開始され、ベルギーのデヴェズ（Albert Devèze）が議長を務めた。開催地の代表として、ナヴァイユ（E. de Navailles）は、パリにおいて会議の開催されることを歓迎しつつ、次のように述べている。

「……フランスには相当数の外国人がいる。彼らは与えられる取扱がフランス国民と異なることに気がつく機会はあまりない。……長い間、条約にしたがい、あるいは、条約が無くとも、フランスは二つの原則、すなわち、自由および外国人と自国民との同一視を実践してきた。これらの原則は今回の会議での検討に付された条約案の基礎にある。……」

会議では、五回の全体会合の後、四つの委員会[30]が設立され、それぞれに振り分けられた問題について作業を行った。各委員会は報告書を作成し、全体会合でこれを検討するという手続がとられている。ここでは、各委員会の取り上げた問題ごとに外交会議での議論について見て行くこととする。

a　国際貿易の保護、居住の自由、貿易等の実施、司法上の保証

国際貿易について規定する第一条に関連して、条文の変更ではないが、いかなる場合においても内国民待遇よりも有利な待遇を外国人に対しては与えるものではないことが日本およびノルウェーの代表により明らかにされた[31]。

ブラケットに入れられていた税および物品の売買等に関する第三条および第四条に関しては、各国の立場は異なり、このような条文は二国間条約で、あるいは、他の多数国間条約で規定されるべきとする声も多かった。会議では一二対一一により条約の中に規定されることとなった[32]。

第六条、第七条、第八条には大幅な変更が加えられた。外国人の旅行、滞在、定住に関する第六条には、第二九条で規定されていた外国人の入国規制に関する各国の自由についての規定が第一項として挿入された。この変更をうけて、警察上の規制に加えて、自国の労働市場および国内法・国際法に従った追放の権利を害するものではないとされている。

第七条は入国を認められた外国人の職業等に関する内国民待遇についての規定であるが、例外として禁止される職業のリストが拡大され、その中には、武器・弾薬の製造、個人による保険業等が含まれていた。なお、インド代表は、国内産業の発展のために、例えば一定の自国民の管理職としての採用等のある種の義務を課していることに言及し、会議ではこのための留保を認めるべきとされた(33)。

業務管理に関する第八条はこの規定を維持するか削除するか意見のわかれた規定であり、最終的に賛成一八、反対八、棄権二によって採択された。削除を求めた国々は外国人の入国に関する各国の自由に影響を及ぼすものであること、国内の労働市場への影響等の観点から反対をしていた。新しい条文規定は経済委員会の草案より後退したものとなったが、それでも削除を求める国々を満足させるものではないとされている。

法的な保証に関する第九条では、「内国民と同一の取扱」(the same treatment as nationals) から「内国民との平等の立場にたって」(on a footing of equality with nationals) と文言が変更されている。これは、内国民と外国人に適用される手続が異なる場合を想定したものである。

第一〇条に定められた外国人の動産、不動産の取得等については、輸出の禁止されるものに芸術的または歴史的遺産が含まれるとされた。また、新しい項として、特定の不動産、鉱山または企業の取得に関する事前許可制度が規定された。これについては、公共の利益および許可の制限が法令により明示的に規定されていることを条件としている。

第一一条においては、「強制的な軍事上の役務」（compulsory ... military contributions）が「強制的な国の防衛に関する業務」（compulsory ... services in connection with national defence）に変更された。これは、軍事的性質を有しないが、国の防衛に関係して課せられる役務をも免除するためであった。

b　財政上の取扱

第一二条で定められた租税等の賦課に関する内国民と外国人の平等な取扱について、オランダとスペインは、国内法により他国における両国国民の収入等については課税を免除していることから、このような取扱は外国人に対しては相互主義を条件としてのみ適用されうるとして、留保を求め、小委員会はこれを原則的に受け入れた(34)。子会社等に対する課税について定めた第一三条の規定に対しては各国の対応が別れた。僅差で新しい条文案が採択されたが、もう一度全体会合で議論されるものと考えられていた。

各国間の国境を越えた輸送業務に携わる国民に対する課税に関して規定した第一四条については、小委員会は削除を決定した。

c　外国会社の取扱

草案で認められていた条件のうち、会社の所在に関しては、いくつかの国においてこのような考えは存在しないことから、議定書中に例外を認めることとした。草案で認められていた許可に関する相互主義に関しては、他の小委員会での決定にともない削除されることとなったが、新しい条文においても事実上相互主義が適用されることは認められるとされた。この点について、デンマーク、フランス、オランダは留保の意思を示した。

条文中における他の条文の引用に関しては、自然人にのみ適用のできる条文であることを理由にいくつかの条が削除された。

(4)　一九二九年法典編纂会議の意味

国際責任の分野において、外国人の身体・財産の保護と外交的保護の対応関係は、国内的救済の原則に見られるように、密接に発展をしてきたものと考えられている。[35]

責任の問題が西欧先進国と途上国との関係における外国人の取扱に限定されて論じられた時点では、この問題は、あまり歴史的に古いものとは認識されていなかった。しかしながら、外国人の取扱に関しても様々な側面が存在している。各国国内における外国人の取扱について、自国への外国人の入国は各国が自由にその条件を定め、各国における外国人の取扱は各国の国内法により規律されていた、と解されてもいた。[36]

例えば、英国における実行をみてみると、外国人（aliens）は初期のコモン・ロー上はいかなる履行可能な権利をも有していなかった。外国人はその滞在により何らかの忠誠を負っていたが、これは外国人に土地所有や裁判権を認めるものではなかった。しかし、イングランドは貿易国であり、既に一二一五年のマグナカルタにおいて、「すべての商人は、安全かつ確実に、イングランドから出国し、イングランドに入国する……」とされていた。そのため、商業上は外国人に保護を拡大することが必要であった。

この保護は国王の保護通行証により個人に与えられ、この保持者は「友好国人（alien friend）」とされた。コモン・ロー上、このような外国人に徐々に権利が付与されるようになり、敵国人（alien enemies）と区別された。外国商人は、評議会、海事裁判所、大法官裁判所や定期市・自治都市裁判所（the courts of fairs and boroughs）のような機関において裁判を受けられるようになった。[37]

一四五〇年から一五五〇年の間に、コモン・ロー裁判所は立場を変更し、友好国人に訴訟を提起し、財産を所有することを認め、保護通行証を不要とした。ただし、外国人による不動産の所有については一八七〇年まで変えられなかった[38]。

このような各国国内法により外国人の地位が定められていたのと同時に、二国間の通商航海条約等で相互の国民の地位を保証する方式が存在した[39]。ここでは、いわゆる先進国と途上国の問題に限定されることなく、相互の国民の取扱に関する諸問題を規定したものであった。ただし、これらの条約においても当事国の力関係を反映した規定が存在した。

一九二九年のパリでの外交会議で問題とされたのは、外国人の取扱をめぐる実体規定についてであった。各国が国内において外国国民、外国企業にどのような取扱を付与するのか、具体的な取扱の基準が問題とされていた。経済的観点からが主たる目的であったとは言え、法的あるいは財政上の取扱も問題にされていた。この条約草案の意図したのは、二国間の通商航海条約の多数国間条約化と解することも可能である。

このような多数国間条約作成の試みは、翌年の一九三〇年にハーグで行われた法典化作業と一線を画しているもののように思える。それは、ハーグでの対象が「外国人の受けた損害」から出発しているのに対して、パリの会議では取扱の基準そのものが個別具体的な問題に即して対象とされていたからである。

このことはまた、現在の国連国際法委員会のアプローチの仕方とは対極をなすものと考えられよう。第二次規範をのみ法典化の対象としようとする試みが現在の国際法委員会の方向であるのに対して、パリの会議では外国人の取扱に関する実体規定そのものを対象としていたと解される。入国については各国の自由裁量を認めつつ、入国を認められた外国人の取扱に関して経済活動を営むために必要な内国民待遇を詳細に規定しようとする試みであった。

パリでの多数国間条約作成作業とハーグでの法典編纂は、時間的には同時並行して準備が行われていたが、前者が経済的観点から「外国人の取扱」基準そのものに焦点を当てていたのに対して、後者は国際法の法典編纂という観点から海洋法、国籍とともに、責任の議題が先行して作業の対象となり、損害が発生した場合にどのような責任をどのような状況に対して国が負うのかを中心に作業が行われた。このことは、時間的に見ると国際責任に関する法典編纂の対象が「外国人の取扱」という実体規定とは異なる流れの中で、すでに一九三〇年の段階で手続的な規定あるいは第二次規範へと動いていたことを示唆しているように思われる。「外国人の取扱」と「責任」の語は異なる脈絡において使用されており、両者は明確に区別される必要がある。

一九二九年の会議では条約草案は採択されることなく終わった。しかし、外国人の取扱に関する実体規定の法典化は放棄されたわけではなく、一九二九年の条約草案の諸規定を検討すると類似の国際法上の規則が様々な分野において見いだされる。外国人の自由な経済活動を通じて国際協力を達成しようという動きは現在でも様々な国際法の条約作成のなかに生きている。外国人の取扱は、現在でも問題となっているものであり、例えば世界貿易機関（WTO）の設立は、このような観点からみると経済活動の分野を越えて、国の間の障壁をはずし、内外人の平等を達成しようとすることにあると解される。また、人権保障の問題も、自然人について、普遍的にあるいは地域的にではあるが、人間の存在を共通の基準により保護しようとの意味を有している。ここにおいても各国における取扱の平準化が目指されているものと解される。また、人権に関しては、外国人の人権保障のための規範作成の作業が行われている。これらは一九二九年に条約作成が意図された実体規定と同じ流れに属するものと解される。

このような「外国人の取扱」の理解に対して、責任の問題が繰り返し唱えられているように国際違法行為に基づくものと考えられるようになった現在では、両者を切り離したうえで、それらがどのような関係にあったのかを、また、現在どのような関係にあるのかを、両者の第一次規範と第二次規範という体系化の中で検討して行く必要があろう。

(11) 討議の基礎として、C.75.M.69.1929.V. が作成された。
(12) 「外国人」の語は自然人および法人を含むものとして用いられるが、ここでは特に両者を区別する必要がある場合には、前者を外国国民、後者を外国企業と呼ぶこととする。
(13) E. de Vattel, Le Droit des Gens, Liv. II, Chap. VIII, sec. 100 (1758). ヴァッテルは明示の許可のない外国人の入国を禁止する国として、中国と日本をあげている。
(14) Convention between the American Republics regarding the Status of Aliens in their respective Territories, 132 LNTS 301 (1932-1933).
(15) 外国人の取扱の問題については、Alfred Verdross, Les Régles internationales concernant le traitment des étrangers, [1931-III] 37 Recueil des cours 327-412 (1932) 参照。
(16) 国際責任論の様々な源流が存在し、いずれが本流であるのかを判断することは現在では困難であるとも言えよう。また、それは現在の法典化作業、そして、国の国際責任に関する国際法の意義を検討するうえでは意味のない作業であるのかもしれない。しかし、川の流れのように法の現在があるとすれば、その源流をたどろうとすることは意味のないことではないだろう。
(17) League of Nations Official Journal, 2nd Year, No. 10-12, at 1154 (1921).
(18) Id., 4th Year, No.8, at 857-858 (1923).
(19) 一九二三年九月に日本の提案により、連盟総会において、在住の外国人が特定の職業および産業に従事することを認められる場合の条件についての研究を経済委員会に行うよう求めた。これについて経済委員会は報告書を理事会に提出し、この報告書についても理事会は一九二五年七月に加盟国に勧告をなした。この際になされたのがこの要請である。
(20) C.356.M.129.1927.II, 35-36.
(21) C.174.M.53.1928.II.

（22）76 LNTS 5 (1928).

（23）類似の規定は、例えば、一九五三年の日米通商航海条約第一三条にある。

（24）最恵国待遇を採用する国であっても内国民待遇の条約を締結する場合には実質的には内国民待遇を意味することになる点も指摘されている。supra note 21, at 26.

（25）Id., 29.

（26）一九二六年フランス・スペイン間の会社の財政事項に関する協定。

（27）C.216.M.85.1927.II. なお、経済委員会は、このような例として、イタリアの船会社がジェノアとマルセイユ間で業務に従事する場合、および、フランスの陸運会社がマントンとヴェンティミーリアの間で業務を行う場合を挙げて説明している。Supra note 21, at 31-32.

（28）参加を表明したのは、オーストリア、ベルギー、ブルガリア、コロンビア、チェコスロバキア、デンマーク、エストニア、フランス、ドイツ、英国、ハンガリー、インド、イタリー、日本、ルクセンブルグ、オランダ、ニカラグア、ポーランド、ポルトガル、スペイン、スウェーデン、スイスであった。ノルウェーは草案に留保を付していたが、非公式には外交会議への参加を伝えていた。シャムと南アフリカは出席を考えていないとしたが、フィンランドとヴェネズエラは意図を明らかにしなかった。ニュージーランドは草案を再び検討するまでは出席を約束できないとした。ソヴィエト連邦は会議が開催される場合には、参加は限定的でオブザーバーを出席させることにするとした。

（29）各国からの回答に対して経済委員会は論評を付した文書（C.36.M21.1929.II.）を準備している。

（30）設立された委員会は、Committee A から Committee D であり、Committee D のもとに起草小委員会がおかれた。

（31）C.97.M.23.1930.II, 103.

（32）賛成国は、ベルギー、英国、カナダ、チェコスロバキア、フランス、ドイツ、ハンガリー、オランダ、ルーマニア、スペイン、スイス、ヴェネズエラであり、反対国は、中国、キューバ、デンマーク、ギリシャ、インド、イタリー、日本、ポーランド、ポルトガル、エル・サルバドル、スウェーデンの各国であった。

（33）Supra note 31, at 127.

（34）　Id., 330.
（35）　Clyde Eagleton, The Responsibility of States in International Law 95-96 (New York: New York Univ. Press, 1928).
（36）　F. S. Dunn, The Protection of Nationals: A Study in the Application of International Law 50 (Baltimore: Johns Hopkins Press, 1932).
（37）　J. H. Baker, An Introduction to English Legal History 531 (London: Butterworth, 3rd ed., 1990).
（38）　F. Pollock & F. W. Maitland, The History of English Law, vol. I, 458-467 (Cambridge: Cambridge University Press, 2nd ed., 1968); W. S. Holdsworth, A History of English Law, vol. IX, 72-104 (London: Methuen, 1926).
（39）　F. G. Dawson and I. L. Head, International Law National Tribunals and the Rights of Aliens 134 (Syracuse U.P., 1971).

2　一九三〇年の法典化会議

国の国際責任についての法典化の試みは、これまで様々な人々、団体によってなされており、また、国際連盟、国際連合のもとでも行われてきた。国の国際責任のテーマで国連国際法委員会が現在行っている研究を開始したのは一九六二年のことであるが、すでに、この委員会は一九四九年の第一会期において、国際責任の問題を一四の研究課題のうちの一つとしており、かつて、アマドール（F.V. Garcia-Amador）を特別報告者として一九五六年からこの問題について審議を行ったことがある。このときには、一九六一年にアマドールが修正草案を提出している。

国際連盟のもとでなされた国際法の法典化の試みとして、一九三〇年のハーグ国際法典編纂会議があるが、国の国際責任の問題はこの会議での議題の一つでもあった。ただ、同じ国の国際責任のテーマのもとではあるが、現在の国際法委員会で法典化の準備が進められている国の国際責任についての作業が一般的な原則を規定しようとするものであるのに対し、一九三〇年のハーグ法典編纂会議および一九六一年のアマドール草案では、ともに、外国人の身体または財産について生じた損害に対する国の国際責任に関して法典化が行われようとされた。

法典化の問題は、それ自体が国際法において様々な角度から検討されなければならないが、それと同時に、その法典化の対象とされたものが何故法典化のテーマとして選ばれたのかについて個別の主題に関して検討することにより、社会と法のつながりの一断面を把握することができると思われる。ある意味においては、法典化はその行われた時代や社会の影響を受けざるを得ないであろう。

このような立場に立って、国の国際責任の法典化に際してその主題の範囲・対象がどのような広がりを有しているのかを見ることは、国際法における国の国際責任の問題が国際社会においてどのような位置を占めているのかを明確にすると思われ、また継続性の点に関しても重要な示唆を含んでいると考えられる。現代国際法における国際責任の問題について、以下では、一九三〇年のハーグ国際法典編纂会議への動きの中で、国の国際責任の問題が外国人の待遇の問題と結びつけられていた点に注目し、その意味を明らかにして行きたい。

(1)　国際連盟における法典化の動き

一九三〇年のハーグ国際法典編纂会議開催の発端は、一九二四年の国際連盟総会において、スウェーデン代表の提案により採択された決議[40]に始まる国際法の法典化への動き[41]の中にある。この決議に従って、第三二回連盟理事会は専門家委員会を設立し、委員を選出した。この専門家委員会は第一回会議を一九二五年四月にジュネーヴで開催し、二一の問題のリストの中から一一の問題[42]を選択して、各問題についての小委員会を設置し一〇月までにそれぞれの問題につき報告を行うよう決定した。第二回の専門家委員会は一九二六年一月に開催され、七問題についての質問を各国に提出した[43]。一九二七年三月に開かれた第三回専門家委員会は、質問に対する各国からの回答をもとに連盟理事会に対して報告を行った。ここでは専門家委員会は七つの問題を選択するに際し、政治的性質を有するいかなる障害にもあわずに、条約によって解決しうるような問題に調査を限定するよう留意し、また、各国からの回答より、充分に発達していると考えられる問題を選択したとしている。(44) さらに、理事会が七問中、四問か五問について国際会議を招集することを希望する旨を付け加えていた。(45)

一九二七年六月の第四五回連盟理事会は、議題から海賊および外交官の特権について除外すること、法典編纂会議の早期開催、審議の基礎となるものを用意する必要などを指摘した調査報告を是認し、これを連盟総会の議題とするよう決議した。(46) 一九二七年九月の第八回連盟総会は、第一委員会で報告書の審議を行った。第一委員会はさらに、八人より構成される小委員会にこの問題を調査させた。この小委員会は、法典編纂会議の議題を三つの問題に限定することに合意した。(47) これは、一九二七年九月二七日の連盟総会決議で正式に決定されている。(48)

このようにして一九三〇年の国際法典編纂会議の議題は決定されたが、何故、特にこの三つの問題が選ばれたかについては、次のような要因が考えられる。第一は時間的な要因であり、一回の国際会議であまり多くの議題を取り扱うことはできないとするものである。第二の要因は、法典化の対象となる程度まで国際法の規定が発達しているかどうか、条約によって解決されるべき問題か否かに関するものである。(49) 第三の要因は、当該問題が法典化を急務とするような状態におかれているかどうか、である。(50) 海賊と外交官の特権に関する議題は、第三の要因を有しないとして議題より除かれることとなった。

一九三〇年のハーグ国際法典編纂会議の議題の一つとして国の国際責任の問題が以上のようにして選ばれたが、これは法典化に適していると考えられた主題から何が選択されたかの過程である。この過程の中では、すでに一貫して国の国際責任の問題は、自国領域内で外国人の身体または財産の被った損害に対する国の責任の問題として取り扱われていた。したがって、この法典化の動きの中で、何故このような国の国際責任の問題が、外国人の受けた損害に関するものに限定されたのかを明らかにするために、準備リストをつくりあげた専門家委員会での議論をもう一度振り返って見て行くこととする。[51]

前述のように、専門家委員会は第一回の会議を一九二五年四月一日から四月八日までジュネーヴにおいて開催した。この間に九回の会合が開催されている。ここで問題とされたのは、まず委員会の作業の範囲・性質はいかなるものなのか、換言すると法典化（codification）の意味はいかなるものなのかの点であり、この点について議論が行われた。法典化の意味するところについては、大きく分けて二つの考え方が対立していた。一方は厳格な意味で法典化を既存の法の登録（register）やリステイトメントと考える立場であり、他方は法典化が単に既存の国際法を述べることではなく、より創造的な作用をし、国際法の発展に寄与するものであると考える立場である。この両者がともにそれぞれの立場の優位を主張しあったが、最終的には、このどちらか一方の立場をとるというのではなく、専門家委員会の任務が「国の間で新しい条約が締結されるのを促す」[52]ことであるとして、この問題に対して判断を下さずに委員会の作業を進めることとされた。

専門家委員会でさらに問題とされたのは、戦争法の問題、国際私法の問題等を作業の対象とするか否かについてであった。これらの問題の討議ののち、専門家委員会は、法典化の主題の準備リストの作成のために、各委員の提出したリストの照合を行う起草小委員会を設け、[53]報告書を提出させた。この報告書に基づいて専門家委員会で法典化の主題を決定するために討議が行われた。国の国際責任の問題については「外国人に対してなされた犯罪に関する国の責任」という項目で議論がなされた。こののち専門家委員会は次会期までに研究の行われるべき主題のリスト及びそれぞれの主題についての小委員会のメンバーを決定した。[54]そのリストの（f）は次のようになっている。

（f）委員会は以下のことを検討するため小委員会を設立する

（1）国は自国領域内で外国人の身体または財産の受けた損害に対して責任を負うか、またどのような場合にか、

（2）国の責任を生じさせる事実の認定に関して規定し、このような場合に平和的解決の手段がつくされるまで強制措置に訴えることを禁止する国際条約の締結を企図することができるか、もしできるとすればどのような条件においてか。[55]

(2) 学界の対応

国際連盟のもとでの法典編纂の準備のために設立された専門家委員会は第一回の会議で法典化の主題についての準備的なリスト作成作業を行ったが、それと同時に、一九二四年九月二二日の連盟総会決議の中で要請されている専門的な組織への諮問について討議し、適当と考えられる団体を選択した。[56] 国の国際責任の法典化の問題は様々な団体、組織によって取り扱われているが、ここではこれらの団体により作成されたいくつかの決議、草案を通じて学界の反応の一部を見ることにする。

a　万国国際法学会（Institut）の対応

専門家委員会の議長ハマーショルドは、万国国際法学会（Institut de Droit International）に対して一九二五年七月のハーグ会期へ資料を提出し、諮問を行った。[57] これを受けて国際法学会は、ストリゾワー（L. Strisower）を報告者として、一九二七年のローザンヌ会期で外国人の身体または財産に対して自国領域内で生じた損害による国の国際責任の問題に関して討議を行い、一二ヵ条の条文及び要望（voeu final）よりなる決議を採択した。[58] その条文内容は、国の機関の行為、公的機能を有する集団の行為、私人の行為のそれぞれより生ずる国の責任、暴動または内乱等

の際に生じた損害による国の責任、連邦および保護国の責任、賠償義務の範囲および手続に渡っており、また要望では、これらの国の国際責任に関するすべての紛争についての平和的解決に言及している。

まず、第一条は国の責任が立法、司法、行政等の機関の行為により生ずることを規定しているが、司法機関については第五条および第六条に独立の規定をおいている。第一条には、さらに、国内法や上級機関の命令に反して行為した場合について、および、権限外の行為より生ずる事態についての規定があり、また、国の責任の基礎の問題、すなわち過失責任の原則と無過失による責任についての規定が含まれている。第二条は領域内で公的機能を行使する集団の行為に対する国の責任についての規定である。第三条および第四条は、私人の行為より生ずる国の責任に関する規定であるが、特に第四条は、国際法が定める場合を除いて、外国人に対して自国民に与えられるのと同じ程度の保護を与えなければならないことを規定しており、また、第八条は、外国人に対して保障される権利には、国内法上の権利も含まれることを規定している。

第七条は、暴動や内乱等の際に生じた損害により国が責任を負う三つの状況について規定しており、また反乱団体を交戦団体として承認した場合の関係についても言及しているが、交戦団体が新政府となった場合の責任の問題については留保している。

第九条は連邦が連邦構成国の行為について責任を負う場合および保護国が被保護国の行為について責任を負う場合の規定であるが、特に保護国と被保護国の関係については、被保護国が保護国の義務を履行しなければならない場合と保護国が被保護国を代表する場合とについて規定を設けている。

第一〇条と第一一条は賠償義務の範囲についての規定で、第一〇条は損害が国際義務の不履行の結果とされる限りにおいて賠償がなされなければならないと規定しており、さらに賠償の方法に関しては、陳謝、責任者の処罰についても規定している。また、第一一条では個人の精神的苦痛の賠償についても規定している。なお、第一一条の第三段では、他国の行為との関係で国の責任について規定している。第一二条は、手続的な規定として、あらゆる外交的な請求が、個人が国内的な救済手続を取っている場合にはなされ得ないことを規定している。国際法学会は、最後に要望の中で、自国領域内において外国人の身体または財産のこうむった損害により生ずる国の国際責任に関する紛争は、国際審査委員会、調停、常設仲裁裁判所および常設国際司法裁判所に付託されること、ならびに、これらの手続に訴えるまでは強制措置を差し控えることを希望している。

b　日本国際法学会及国際法協会日本支部議定国際法典案

日本国際法学会と国際法協会日本支部は、一九二五年五月二七日の連合総会の決議(59)より、一〇の問題(60)につき、それらが国際法典編纂の対象として適切であることを国際連盟の専門家委員会に通報した。これと同時に、この決議は、これら一〇の問題について国際法典編纂研究委員会を設けて草案を起草することとしている。この決議に従い、国内問題を除く九つの問題について国際法の原則および規則の草案を作成した。そしてこの草案を、一九二六年六月七日の連合総会の決議により、国際連盟の専門家委員会と国際法協会本部に送付した。

この草案は、「日本国際法学会及国際法協会日本支部議定国際法典案」と名づけられたが、この第二が「外国人ノ生命身体又ハ財産ニ付テノ国家ノ責任ニ関スル規程」で五条から構成されており、国の責任についての規定となっている。第一条は官憲の故意、過失または怠慢により外国人の生命、身体、財産に損害を与えた時の規定であり、作為および不作為について述べている(61)。第二条は私人の行為と官吏の権限外の行為について規定しているが、ここでは両者を同一に取り扱っている。第三条は内乱または暴動の際の責任について、第四条は、いわゆる責任の解除の問題、第五条は憲法を理由に国際責任を免れることはできないことについての規定である。

このような法典案の起草された契機は、国際連盟における国際法典編纂の作業と密接な関係を持つといえよう。

いいかえれば、専門家委員会の呼びかけに応えてなされた法典化である。したがって、国の責任に関する規定の法典化が特に外国人の生命、身体、財産についてのものであることは、それが一九三〇年の法典編纂会議の議題として選ばれた理由と同一であると考えられよう。ただし、日本の国際法典案と国際連盟の専門家委員会の選択した問題には、かなりの差があることに注意しなければならない。(62)

c　一九二九年ハーヴァード草案

一九二九年に出された「外国人の身体または財産に対して自国領域内でなされた損害に対する国の責任」についてのハーヴァード草案は、一九三〇年(63)の法典編纂会議の議題に選ばれた三つの問題について、ハーヴァード・ロー・スクールの主導により、国際法に関心をもつ米国の学者が研究を行った結果、編纂されたものである。ここでの研究の方針としては万国国際法学会（Institut de Droit International）とアメリカ法学会（the American Law Institute）が採っている研究方法に従うべきことが決定され、国の責任の問題には、報告者としてボーチャード教授が指名された。(64)

草案は一八条より構成されているが、(65)特徴的な点は第七条において、国の機関を上級機関（higher authorities）と下級機関（subordinate officers）とに区別していること、および、第五条の外国人に対してなされる救済手段についてである。(66)この草案は、さらに、外国人の身体、財産に対してなされた損害についての国の責任に関してのものであるが、第一条で規定しているように、「……自国民に対する損害の結果、その国によってこうむられた損害に対して……」責任を負うものと考えられている。この点については、一九六一年のハーヴァード草案が国対個人の関係を規律しようとする点において異なっている。

一九二九年に作成されたこのハーヴァード草案もまた、日本の国際法典案と同様に一九三〇年のハーグ法典編纂会議の議題に対するアカデミック・サークルの反応と理解される。したがって、国の責任について、特に外国人の身体または財産のこうむった損害に関してを法典化の対象としたのは、法典編纂会議でこの議題が選択された理由がそのまま認められると考えられる。

d　一九六一年ハーヴァード草案

この草案は一九三〇年の法典編纂会議と直接の関係を有するものではないが、一九五六年からの国連国際法委員会での国の国際責任についての研究討議やガルシア・アマドール草案に影響を及ぼしている点で、また、一九六二年から開始された国連国際法委員会での国の責任についての研究討議を通して作成されようとしている草案と立場を異にしている点で、重要な意味を有すると思われるので、ここでその概略を示すこととする。

ソーン（L.B. Sohn）とバクスター（R.R. Baxter）が報告者となって準備した「外国人の受けた損害に対する国の国際責任に関する条約」草案は、一九五九年と一九六〇年の国際法委員会において検討されたのち[67]、ハーヴァード・ロー・スクールによって第一二草案として公表された。この草案は四〇ヵ条の条文からなるかなり詳細なものである[68]。これは、一九二九年にボーチャード（E.M. Borchard）を報告者として準備された草案の改訂を国際法委員会がハーヴァード・ロー・スクールに依頼したものであるが、内容的には改訂ではなく、問題の再検討である[69]。

ここで、ふたたびこの条約草案が外国人のこうむった損害に対する国の責任に対象を限定していることに注意しなければならない。草案起草者は、本草案の範囲、いいかえれば、本草案の対象から除外される範囲について草案第一条のコメンタリーの中で次のように述べている。「……本条約は外国人に損害を与えるような国の作為および不作為のみを扱う……。国の責任は、もちろん、外国人の受けた損害に対する責任に限られるものではない。国の責任は条約または慣習国際法の規則によっても生じうるものである……」、「（しかし）外国人の受けた損害についての判例と理論の量と質の豊富なことは、他の状況で生ずる国の責任に関する、幾分未発達の法よりも、はるかに大きな重要性をもつものである」[70]としている。このような見解は、外国人の受けた損害に対する国の国際責任が、法典化の対象として成熟したものであると考えられていることを示している。いいかえれば、その他の分野の国の責任の問題は、いまだ法典化に適するほどの蓄積を有していないということであろう。

草案起草者は、さらに、条約の対象を外国人の受けた損害に関して国対個人の関係のみに限定し、国対国の関係を排除しなければならない理由として、これまでなされてきた混同を避けることを挙げている。すなわち、今までの請求や判定では、いくつかの請求、例えば個人のための請求、国のための請求、国際法違反に対する処罰的要素を含むものなどを一括して扱ってきたとしている[71]。したがって外国人のこうむった損害についてのみ条約化することにより、この混乱を防ぐことができると考えられている。これは国の責任の法典化について国際法委員会の特別報告者アゴーの採用した立場と際立った対照をなしている。

(3)　理論的側面における一般性

国の国際責任の問題を外国人の身体または財産のこうむった損害より生ずる国の責任に限定せず、より一般的な形で理解しようとしたのは新しいことではない。例えば、現在進行中の国連国際法委員会の国の国際責任についての作業の最初の特別報告者であったアゴーは、すでに、一九三〇年代に行われたハーグアカデミーの講義の中で次のように述べている。

「疑いもなく、特定の重要な問題の分析に情熱が傾けられてきており、その実益は即時的なものであった。例えば、私人または権限を踰越して活動を行う機関の行為による国の責任の問題か、さもなければ、暴動および内乱の際に外国人の受けた損害による国の責任の問題に、おびただしいページがさかれていた。……しかしながら、それでもなお、これらの問題の多くについて、新しい角度から検討する可能性が残されており、また、充分な研究の対象とされてこなかったその他の諸問題がいまだ存在しつづけている。特に、何よりも個別の問題についてなされている多くの分析の存在は、単一の組織的枠組の中にそれぞれの要素に真の地位を与える綜合の必要性を、全体的な視点から強く感じさせる(72)」

と。

アゴーは、このような理論的立場に基づいて一九六二年より国際法委員会で開始された国の国際責任の法典化の作業にあたり、外国人の身体または財産の受けた損害により生ずる国の責任にその範囲を限定せず、国の国際責任に関する一般的な原則について法典化を行おうとした(73)。

このように国の国際責任の問題を一般的な観点から捉えようとしているのはアゴーだけではない。例えば、アンツィロッティは、国の責任について国際不法行為の問題と関連してこれを取り扱って、次のように述べている。

「国際法秩序の存在は、義務を有する主体が、等しくこの義務の不履行に対して、責任を負うべきことを前提とする。他の国家に対して有する自己の義務に違反する国家が、与えたる損害を賠償する責任があることは、疑なく、確固不抜の慣例によって表示せられ、時としては、詳細なる条約規定のなかにも等しく表示せられている国家の確信である……。(74)」

そして、外国人の受けた損害より生ずる国の責任については、

「……国際規範は、国家に対して、外国人に対する一定の待遇を課するから、外国人を害する行為は、一定の方法で外国人を待遇する義務の不履行たる国際不法行為を構成し得るのである。……従って、『外国人の蒙れる損害に対する国家の国際的責任』は国家の国際的義務に合致せざる外国人の待遇、従って、外国人の属する国家の権利の侵害に存するのである。……この国際的責任は国家が国際的義務に合致するように外国人を待遇しなかったという事実から生ずるのである」[75]

としている。この点については、アンツィロッティは、国際不法行為により国が責任を負う場合の国際義務の一例として外国人の待遇に関して国に課された義務を考えている。したがって、国が国際不法行為により国際責任を負うという一般的な原則に依りつつ、外国人の待遇をその一具体例として考察していると考えられる。

この責任の問題について、ローターパクト（H. Lauterpacht）は異なった観点から、すなわち、私法上の原則が国際法理論の中で採用されていることの例証として、国際違法行為（international delinquencies）に対する国の責任の理論を考察している。彼は国の責任の基礎がいかなるものであるかという点において、過失責任と無過失責任（absolute liability）とを対比させ次のように述べている。

「……国際違法行為が発生するのは、主として私人の行為に関連した不作為の場合であり、過失の問題が真の重要性を有するのもこの場合においてである。国の機関の積極的行為に対する責任に関しては、過失の問題はあまり重要ではない。……もし特定の場合に国際社会の必要性が無過失責任の原則を採用する気にさせるものであるとしても、この事例

は、なお、私法におけると同様、広く認められている過失に基づく責任の原則の例外にほかならない。[76]」

この国の責任の基礎に関する考察は、それ自体では、国の責任の一般的な原則についての記述とは言えず、その背景として外国人の身体または財産の受けた損害の場合を予定しているとも考えられる。ただ、外国の代表に対してなされた暴行等についても触れられていること、[77]また、国がその行為によって責任を負う場合の基礎として過失の問題を取り扱っていることから、外国人の待遇に限定されない国の国際責任の全体的な枠組みの中で一般的な原則としての過失の理論が国際法においても認められることを述べていると思われる。

ド・ヴィッシェは一九二三年に次のように国の国際責任の問題について述べている。

「国のあらゆる関係は相互の承認という行為から生ずる。相互に主権者であると認め合い、諸国は当該主権に固有のすべての特権の行使において法的に平等であることを認め合う。ゆえにこの承認に由来する将来の関係は、権利および義務の完全な相互性に基づいて設定されるであろう。それゆえ、国の責任の問題は国際的な秩序においては諸国の平等の必然的帰結である。[78]」

このような立場に立ち、彼は国の直接責任および間接責任に触れ、さらに、国の責任の発生について、国の機関等による場合、および、私人の行為に関連して発生する場合に論及している。

ド・ヴィッシェの論考が国の国際責任について、単に外国人の待遇に関連する責任にのみ限定されていたものではなく、国の国際責任一般に渡るものであることは、特に、国が国際法に反する行為を行ったにもかかわらず、その責任が排除される状況のあることを述べている点から推測されよう。たとえば、そのひとつの例として自衛

(légitime défense) を挙げて次のように述べている。

「……自衛は正当化の原因であり、通常は法に反するとされる行為を客観的に合法なものとする。自衛は、まさにこのことより、あらゆる責任を排除する。[79]」

このように責任を排除する原因として、ド・ヴィッシェが自衛を考えていることは、単に当該責任が外国人の待遇に関して生ずる場合だけではなく、広く国の責任の発生する状況について考えていることを示していると思われる。

わが国では、松原博士が国の国際不法行為の問題に触れながら、外国人の待遇に関連して生ずる国の責任の問題が国の国際責任の問題の一部であることについて次のように述べている。

「……最近国際連盟のオースピセスの下に着手せられた国際法典編纂事業の一題目として『外国人の身体財産に及ぼしたる損害に対する国家の責任』が掲げられてある。これは国際不法行為—従て之に対する国家の責任問題—の一部であって、固より全部ではない。[80]」

これまで、国の国際責任について、その意味が単に外国人の待遇に関連して生ずる責任のみが問題となっていたのではなく、より一般的な形でこれまでにも責任論が展開されていたことを学説を通して見てきた。このような立場にもかかわらず、それでもなお一九三〇年の法典編纂会議において外国人の取扱から生ずる損害に関する責任に法典化の対象が限定された点について考察することとする。

(4)　一九三〇年法典編纂会議の対象の限定性の要因とその意味

現在行われている国連国際法委員会の作業が国の国際責任についての一般的な原則を規定しようとするものであるのに対して、一九三〇年のハーグ法典編纂会議への動きの中では、国の責任の問題については、自国の領域内で外国人の身体または財産のこうむった損害に対する国の責任の問題が、その法典化の対象とされていた。この点について、松原博士は次のように述べている。

「……折角国家責任問題について編纂を行ふのならば何も……直接被害者が外国人―個人―たる場合に限るの必要はあるまい。国家自身直接の被害者たる場合についても考慮し、又規定するのが適当でもあり必要でもあるまいかと信ずるものである。(81)」

このような意見があったのにもかかわらず、法典化においてその対象が限定されていた要因について、法典編纂会議への動きの中でこの問題が選択された要因を手掛として考察を行う。

前に述べたように、ハーグ法典編纂会議の議題が選ばれた要因としては、第一に時間的要因、第二に問題の成熟の程度、第三に問題の緊急性が考えられた。ここでは第一の要因は第三の要因に含まれうると思われるので、第二および第三の要因について検討することとする。

まず、問題が法典化の対象となる程度にまで成熟しているか、という点に関し、国際判例や各国の実行などにおいて、国の国際責任の問題が主として外国人の待遇に関する分野に集中していたとされるが、このことは、外国に居る自国民の外交的保護において問題とされたところの分野と密接に係わりあっていた。ある国に居る外国人は、当該外国人の国籍国より見ると外国にいる自国民に他ならず、それゆえに、国の国際責任の問題は、外国人の身体または財産の受けた損害に対する国の責任に関する限り、在外自国民の外交的保護の問題と重複していた。[82]したがって、二〇世紀初頭の時代に、この問題は法典化の対象となるに適するほどその先例、国際実行が存した点において成熟していたと言えよう。[83]

次に、国の国際責任の問題について、その法典化が急務であったことについて見てみよう。この緊急性がないとしてハーグ法典編纂会議の議題からはずされた主題に、海賊と外交官の特権の問題があった。これらは、それぞれの問題について法典化に適するほどに成熟してはいるが、それを急いで法典化するという緊急性を有していないと判断された問題である。それは、一回の国際会議では時間的な理由により、それほど多くの問題を法典化の対象とすることはできなかったことにもよる。この緊急性の要因についても、国の国際責任の問題は、前の要因と同様に外交的保護の問題と密接な係わりあいを有している。すなわち、外交的保護も外国人が受けた損害による国の責任の問題も人または物の国際的移動がなければ問題になりえないが、この動きは一九世紀から二〇世紀にかけて一層増加の傾向にあった。したがって、海賊のようにその事例が減る傾向にあったといわれる事項と異なり、諸国の間における人または物の移動が増えるのにつれ、ますます法典化の緊急性が認められたのは当然のことと思われる。

このような要因によって法典化の対象が選択されたとするならば、外国人の身体または財産の受けた損害に対する国の責任の問題が、国の国際責任の他の分野および一般的な原則との関係では、これに比べ、より成熟しており、より法典化の対象とされる緊急性を有していたと考えられよう。理論的側面における一般的な原則の主張にもかかわらず、法典化の場面でこのように自国領域内で外国人の受けた損害に関する国の責任の問題に対象が限定されていたのは、この問題の成熟性と緊急性が認識されていたからと考えられる。ここで、さらに注目されることは、この成熟性と緊急性とを取り巻く状況についてであろう。ド・ヴィッシェは一九世紀以降の外交的保護に関連して、それが対外的な資本の投下と国の手中への権力の強大な集中により特徴づけられるとしている。[84]以上のような二つの要因による法典化の対象の限定は、法と社会とのつながりの一局面でもある法典化の、一特性に他ならない。グネルは言う、

「政治的、経済的、社会的条件の影響が常に法規範の生成にとって決定的なものであり、一九世紀においては外交的保護に関する規則の確立が資本輸出の前例のない発展に結びつけられた。同様に、第二次世界大戦後、法による特定の行為の禁止（侵略、ジェノサイド等）についての利益が自覚されるようになったが、このことは非植民地化の世界的な流れによって一層強められている。この意味においては、国際法委員会の条約草案は国際社会の現代史の産物であり、それを反映している。[85]」

と。

そうであるならば、法典化の対象とされた責任の問題の背景としての国際社会が、その基礎において変化しつつあるという認識に立つとき、法典化の対象は変化せざるをえない側面をもつであろう。その際に問われなければならないのは、これまで法典化を中心として考察してきた国の国際責任の理論の継続性の問題であり、総合可能性の問題である。ここで取り上げた一九三〇年の法典編纂会議への動きとの比較において、アマドール草案、国連国際法委員会で現在作成中の草案等を見てゆくことが必要であろう。

（40）　一九二四年九月二二日連盟総会決議、A.J.I.L., supplement, vol. 41, 1947, pp.103-104.

（41）R. P. Dhokalia, The Codification of Public International Law 116 (1970). 松原一雄「国際法の編纂に就て」『国際法外交雑誌』第二五巻六号五—六頁（一九二六年）、山田三良「国際連盟と国際法典編纂」『国際法外交雑誌』第二八巻二号四頁（一九二九年）。

（42）一一の問題とは、(a)国籍、(b)領海、(c)外交官の特権および免除、(d)貿易に用いられる国の所有船舶の法的地位、(e)犯罪人引渡、(f)外国人が領域内で受けた損害に対する国の責任、(g)国際会議ならびに条約の締結および起草の手続、(h)海賊の禁止、(i)時効概念の国際法における適用、(j)海産物の採取に関する規則、(k)領域外で行われた犯罪に関する国の刑事管轄権、である。A.J.I.L., special supplement 20, 1926, 14-15.

（43）七問題とは、注（42）の(a)、(b)、(c)、(f)、(g)、(h)、(j)である。Id., 19.

（44）A.J.I.L., supplement, vol. 41, 1947, at 70.

（45）山田前掲注（41）論文、一五頁。

（46）一九二七年六月一三日連盟理事会決議、A.J.I.L., special supplement 20, 1926, 215-216.

（47）三つの問題とは、「国籍」、「領海」「外国人の身体または財産に領域内において与えられた損害に対する国の責任」である。

（48）A.J.I.L., special supplement 22, 1928, at 231.

（49）一九二四年九月二二日連盟総会決議参照。

（50）一九二七年六月一三日連盟理事会で認められたポーランド代表ザレスキーの報告書参照、A.J.I.L., special supplement 22, 1928, at 216-228.

（51）この専門家委員会の会合の記録および資料については、S. Rosenne ed., League of Nations Committee of Experts for the Progressive Codification of International Law [1925-1928], vol. I & II (N.Y.: Oceana, 1972) を参照。

（52）ド・ヴィッシェ（Charles de Visscher）の発言、Rosenne, id., vol.I, 24. 彼はそれ以前にも同様の立場を明らかにしていた。

（53）小委員会のメンバーは、ハマーショルド、ウィッカーシャム、ド・ヴィッシェ、王寵恵（Wang Chung-Hui）の四人であった。

（54）C.P.D.I. 15(1), Rosenne, supra note 51, vol.I at 49-50. ここで選ばれたのが注（42）の一一の問題である。

(55)（2）については議論のあったところであるが、ド・ヴィッシェは一九〇七年のハーグ第二条約との関連においてこの問題を捉えていたようである。

(56) 第一回の会議で追加されたものを含めて、諮問のために選ばれたのは、Institut de Droit International, American Institute of International Law, International Law Association, Institut Ibérique de Droit Comparé, Union Juridique International, The American Society of International Law, Comité Maritime International, Société de Legislation Comparée の八団体であった。Rosenne, supra note 51, vol.I at 12.

(57) 32 Annuaire de l'Institut de droit international 399-409 (1925).

(58) 33-I id., 455-562 (1927); 33-II id., 81-168, 330-335.

(59)『国際法外交雑誌』第二四巻六号一〇四—一〇六頁（一九二六年）。

(60) この一〇の問題とは、(1)国籍及帰化ニ関スル問題、(2)外国人ノ身体及財産ニ関スル損害ニ対スル国家ノ責任ノ問題、(3)国内問題ノ限界ノ問題、(4)国外ニ於ケル犯罪ノ管轄及其ノ犯人引渡ノ問題、(5)沿岸海ノ限界及沿岸国ノ沿岸海ニ於テ行フヘキ国権（裁判管轄権ヲ含ム）ノ内容及制限ノ問題、(6)軍艦及其ノ他ノ公船ノ地位ノ問題、(7)外交使節及其ノ随員ノ特権並之ヲ準用スヘキ範囲及場合ノ問題、(8)領事ノ職務及特権ノ問題、(9)入国、追放及外国人ノ取扱ニ関スル問題、(10)通商上ノ衡平待遇ニ関スル問題、であった。

(61) 但し、専門家委員会に提出された英文では、作為・不作為の語は第一条ではなく第二条の私人の規定のなかで用いられている。The Kokusaiho Gakkwai (The International Law Association of Japan) and the Japanese Branch of the International Law Association, Draft Code of International Law adopted by the Kokusaiho Gakkwai (The International Law Association of Japan) and the Japanese Branch of the International Law Association 4 (1926).

(62) 特に、外国人の取扱について、国際法典案の第八で「外国人ノ入国及追放並在留外国人ノ取扱ニ関スル規程」を起草している点が注目される。『国際法外交雑誌』第二五巻六号附録三頁、一七—一九頁（一九二六年）。

(63) 当初は一九二九年に開催される予定であった。

(64) M. O. Hudson, Editorial Comment, 22 A.J.I.L. 151-152 (1928).

（65）条約草案とコメンタリーについて、A.J.I.L special supplement 23, 133-218 (1929).

（66）松原一雄「国際法典編纂に対する米国学者の貢献」『国際法外交雑誌』第二八巻七号一―一九頁（一九二九年）。

（67）国際法委員会第五一三、五一四会合、[1959] I Y.B. INT'L L.COMM'N 147-154, 第五六六、五六八会合、[1960] I Y.B. INT'L L. COMM'N 264-270, 276-283.

（68）この全文についてはアゴーの第一報告書に付録として収録されている。[1969] II Y.B. Int'l L. Comm'n 125-156. なお、コメンタリーについて、F.V. GARCIA-AMADOR, LOUIS B. SOHN, & R.R. BAXTER, RECENT CODIFICATION OF THE LAW OF STATE RESPONSIBILITY FOR INJURIES TO ALIENS (Leiden: Sijthoff, 1974) 参照。

（69）L.B. Sohn and R.R. Baxter, Responsibility of State for Injuries to the Economic Interests of Aliens, 55 AM. J. INT'L L. 545-546 (1961).

（70）Garcia-Amador, Sohn and Baxter, supra note 68, at 145.

（71）Id., 149.

（72）Roberto Ago, Le Délit international, [1938-II] 68 RECUEIL DES COURS 420 (1939).

（73）A/CN.4/SC.1/WP.6, [1963] II Y.B. INT'L L. COMM'N 251-256.

（74）アンチロッチ、一又正雄訳『國際法の基礎理論』四九二頁（東京：巖松堂、一九四二年）。

（75）同右、五四五―五四六頁。

（76）H. LAUTERPACHT, PRIVATE LAW SOURCES AND ANALOGIES OF INTERNATIONAL LAW 143 (London: Longmans, 1927).

（77）Id., 140.

（78）Charles de Visscher, La Responsabilité des Etats, 2 BIBLIOTHECA VISSERIANA 90 (1924).

（79）Id., 107. ド・ヴィッシェは自衛の例として一九三七年のキャロライン号事件およびアメリカ・メキシコ間の事件を挙げている。彼は、この自衛は国際法に違反する侵略（agression）の存在を前提としているとして、キャロライン号事件の場合には、カナダの叛徒の行為がそれにあたると考えているように思われる。

（80）松原一雄「国際不法行為の要素に就て」『国際法外交雑誌』第二七巻九号一―二頁（一九二八年）。

（81）松原一雄「国際法典編纂会議に於ける国家責任問題」『国際法外交雑誌』第三〇巻二号八頁（一九三一年）。

（82）Dunn, supra note 36, at 53-61.

（83）E.M. Borchard, The Diplomatic Protection of Citizens Abroad 177 et seq (N.Y.: Banks Law Publishing, 1916).

（84）Charles de Visscher, Théories et réalités en droit international public 299 (Paris: Pedone, 4e éd., 1970).

（85）Max Gounelle, Quelques remarques sur la notion de « Crime International » et sur l'evolution de la responsabilité internationale de l'Etat, Mélanges offerts à Paul Reuter 315-316 (Paris: Pedone, 1981).

第三節　国連国際法委員会の法典化作業

国際法委員会の国の国際責任に関する一九四九年から一九八七年までの作業を概観したのち、アロットは、これを社会学的レベルおよび分析的レベルのふたつの側面で評価している。社会学的レベルでは、国際法の官僚化を批判し、国際法委員会の作業もこの枠内にあるとしている。分析的レベルでは、賠償責任は違法および実際の違法行為の性質より直接生ずるのであり、仲介的な「責任」の概念の結果ではないとし、国際違法行為とその結果である賠償責任（liability）の間に「責任」概念を持ち込むことは危険であると指摘している[86]。

このような意見も存在することを念頭に置きながら、これまでなされた責任に関する国連国際法委員会での作業を概観して行くことにする。

国際法委員会の国際責任に関する作業は、他の分野に関する作業と同様の方法でなされてきた。作業の対象となるテーマが決定されると、その問題についての特別報告者が任命される。国際違法行為より生ずる国の国際責任に関するこれまでの特別報告者は、ガルシア・アマドール、アゴー、リップハーゲン、アランジオ・ルイズ、クロフォードである。

国際法委員会では、国際違法行為により生ずる国の国際責任の主題と並行して、国際法上の適法行為より生ずる賠償責任（liability, responsabilité absolu）も法典化の対象とされてきた。この主題のこれまでの特別報告者は、クェンチン・バクスター、バルボザ、ラオである。

国際法委員会に特別報告者の報告書が提出されると、委員会においてこの報告書が討議され、これを踏まえて起草委員会へ付託され、国際法委員会としての草案が作成される。各テーマの草案を含め、国際法委員会は年次報告書を作成する。これは、国連への報告書の形式を取り、国連での討議は第六委員会においてなされることになる。

国際法委員会における審議状況、提出された資料等については、委員会の年報が刊行され、そこに収録されている。また、毎年、国連第六委員会に提出されている報告書も掲載されている。近年ではインターネットを通じてこれらの資料を入手することが可能となっている。以下では国際責任に関してなされたこれまでの国際法委員会での審議過程および資料を概観することとする。

（86）　Philip Allott, State Responsibility and the Unmaking of International Law, 29 Harv. Int'l L. J. 13-15 (1988)., at 11-13.

1　特別報告者ガルシア・アマドールによる作業

一九四九年の第一会期において国際法委員会は法典化に適した主題のひとつとして国の国際責任を選択した。

一九五五年の第七会期で国の責任に関する作業を開始することとし、ガルシア・アマドールを特別報告者として指名した。ガルシア・アマドール（F.V. Garcia-Amador）はキューバ出身の国際法学者で、一九五三年から一九六一年まで国際法委員会の委員となり、一九五六年から一九六一年まで国際責任の特別報告者として作業に関与した。この間、六会期にわたり、以下の六つの報告書を国際法委員会に提出している。

1. A/CN.4/96（20 January 1956）
2. A/CN.4/106（15 February 1957）
3. A/CN.4/111（2 January 1958）
4. A/CN.4/119（26 February 1959）
5. A/CN.4/125（9 February 1960）
6. A/CN.4/134 and Add.1（26 January 1961）

これらの報告書は国際法委員会において検討されたが、ガルシア・アマドールが国際法委員会のメンバーでなくなったこともあり、問題の再検討がなされることとなった。

2　特別報告者アゴー、リップハーゲン、アランジオ・ルイス、クロフォードの作業

国の国際責任の法典化の継続を求める国連総会決議一六八六（XVI）にもとづいて、国際法委員会は国の責任の分野における作業プログラムの討議を一九六二年の第一四会期で行った。[87] そこでは、小委員会が設立され、次会期に準備的な国の国際責任に関するこれからの作業の対象、方法について提案をする報告書を提出するよう決

定した。この小委員会は、一九六三年一月に開催され、国の国際責任の法典化についてのガイドラインを決定しようと試みたが、この段階において、国の責任の法典化をどのように行うかについて二つの見解が対立していた。その一つは、法典化は、国の国際責任を律する一般的規則を優先させるべきであるという考え方であり、もう一つは、まず外国人の身体または財産の受けた損害に対する国の責任について法典化すべきであるという主張である。[88] この両者の主張をもとにして、小委員会では討議が続けられたが、前者の主張が多数であったので、後者の意見の主張者の一人であるアレチャガが、少数派の考えが国際法委員会に示されること、すなわち、小委員会の審議の要録（summary records）とワーキング・ペーパーを報告書に付することを条件にして、多数派に従って作業を行うことに同意した。[89] この結果、多数派の同意するアゴーのワーキング・ペーパー[90]に沿って小委員会の報告書を作成することになり、このため、小委員会の報告書は、かなりの部分についてアゴーの主張に影響されていると考えられる。したがって、以下では、アゴーの提出したワーキング・ペーパーについて見て行くことにする。

アゴーは、国の国際責任についてのこれまでの研究は、特定の分野にかたよりすぎているとし、その例として、私人の行為または権限を越えて行われた国の機関の行為に対する国の責任の問題、司法機関の行為、特に裁判拒否の定義、暴動または内乱において生じた損害に対する責任、客観責任（objective responsibility）と過失責任の考えの対立、間接責任、国内的救済の原則などに集中してきたと主張する。そして、このうちでも、特に外国人の身体・財産が受けた損害に対する国の責任および侵害を受けた外国人の国籍国による外交的保護に関心が集中していると指摘する。アゴーは、このような一部分的なアプローチの明白で必然的な結果は、義務に関する原則と、国際仲裁裁判もしくは司法裁判の手続の基本的基準や原則を構成する他の規則とを同時に決定しようとしたことであり、これにより混乱が生じてきていると考えている。そして、このような状況は、様々な分野における国際法の権利・義務を規定した規則と、これらの規則より生ずる義務の国による違反の側面およびその結果とのあいだに、「水平的」に区分がなされていなかったためと考えている。そして、実際の区分は「垂直的」になされていたとしている。したがって、このような「垂直的」区分が前述の二つの規則のあいだの境界をあいまいなものにしているので、これからの国の国際責任に関するいかなる議論も、責任全体を考慮すべきであり、また、ただ責任のみを考慮すべきであると主張している。

このようなアゴーの主張に沿って、国の国際責任に関する小委員会は国際法委員会に報告書（A/CN.4/152）を提出した。この報告について国際法委員会は一九六三年の第一五会期で審議を行い、小委員会の報告に全会一致で賛成したのち、この問題についての特別報告者としてアゴーを指名した。[91] アゴー（Roberto Ago, 1907-1995）はイタリア出身の国際法学者であり、一九五七年から一九七八年まで国際法委員会の委員となり、一九六九年から一九八〇年まで国際責任の特別報告者として報告書を作成した。一九七九年に国際司法裁判所裁判官に選ばれたが、その後も国際法委員会に報告書を提出している。アゴーが提出した報告書は以下のとおりである。

1. A/CN.4/217 and Add.1（7 May 1969 and 20 January 1970）and Add.2（5 April 1970）
2. A/CN.4/233（20 April 1970）
3. A/CN.4/246 and Add.1-3（5 March, 7 April, 28 April and 18 May 1971）
4. A/CN.4/264 and Add.1（30 June and 9 April 1972）
5. A/CN.4/291 and Add.1 and 2（22 March, 14 April and 4 May 1976）
6. A/CN.4/302 and Add.1-3（15 April, 7 June, 5 and 14 July 1977）
7. A/CN.4/307 and Add.1-2 and Add.2/Corr.1（29 March, 17 April and 4 July 1978）
8. A/CN.4/318 and Add.1-4（24 January, 5 February and 15 June 1979）and Add.5-7（29 February, 10 and 19 June 1980）

国際法委員会は一九八〇年の第三二会期において第一読を終了した第一部の条文草案を暫定的に採択した。一九七九年の第三一会期では、アゴーが国際司法裁判所の裁判官に選ばれたことから、リップハーゲンを新たな特別報告者として指名している。リップハーゲン（Willem Riphagen）はオランダ出身で、一九七七年から一九八六年まで国際法委員会の委員となり、一九八〇年から一九八六年まで国際責任の特別報告者として報告書を作成した。リップハーゲンの提出した報告書は次のとおりである。

1. A/CN.4/330（1 April 1980）
2. A/CN.4/344（1 May 1981）
3. A/CN.4/354（12 March 1982）, Add.1（30 March 1982）, Add.2（5 May 1982）
4. A/CN.4/366（14 April 1983）and Add.1（15 April 1983）
5. A/CN.4/380（4 April 1984）
6. A/CN.4/389（2 April 1985）
7. A/CN.4/397（4 March 1986）and Add.1（23 April 1986）

一九八七年の第三九会期で国際法委員会はリップハーゲンを引き継ぐ特別報告者としてアランジオ・ルイズを指名した。アランジオ・ルイズ（Gaetano Arangio-Ruiz）は、イタリア出身で、一九八五年から一九九六年まで国際法委員会の委員となり、一九八八年から一九九六年まで国際責任の特別報告者として以下の報告書を作成した。

1. A/CN.4/416（18 May 1988）and Add.1（27 May 1988）
2. A/CN.4/425（9 June 1989）and Add.1（22 June 1989）
3. A/CN.4/440（10 June 1991）and Add.1（14 June 1991）
4. A/CN.4/444（12 May 1992）, Add.1（25 May1992）, Add.2（1 June 1992）and Add.3（17 June 1992）
5. A/CN.4/453（12 May 1993）and Add.1（28 May 1993）, Add.2（8 June 1993）, Add.3（24 June 1993）
6. A/CN.4/461, Add.1, Add.2, Add.3（1994）
7. A/CN.4/469, Add.1 and Add.2（1995）
8. A/CN.4/476 and Add.1（1996）

一九九六年の第四五会期において、アランジオ・ルイズが特別報告者を辞任する旨を明らかにした。国際法委員会は第二部と第三部の第一読を終了し、暫定的に採択された条文案を各国に配布し、コメントを求めることとした。一九九七年の第四九会期において、国際法委員会は国の責任に関する作業の第二読について検討するための作業グループを設立し、その提出した報告書を了承した。そこでは、これからの四年の期間において第二読を終了すること、各国政府からのコメントを考慮すること、第一読の終了が一九八〇年である第一部の条約草案規定について、その後の国際法の発展を考慮に入れて必要な場合には修正をすること、などが決定され、また、クロフォードを特別報告者に指名した。(92) クロフォード（James Crowford）はオーストラリア出身の国際法学者で、ケンブリッジ大学の国際法教授である。一九九二年から国際法委員会の委員となり、一九九七年に国の国際責任に関する特別報告者となり、これまでに以下の四つの報告書を作成した。(93)

1. A/CN.4/490（24 April 1998）, Add.1（1 May 1998）, Add.2（5 May 1998）, Add.3（11 May 1998）, Add.4（26 May 1998）, Add.5（22 July 1998）, Add.6（24 July 1998）and Add.7（12 August 1998）
2. A/CN.4/498（17 March 1999）, Add.1（1 April 1999）, Add.2（30 April 1999）, Add.3（1 April 1999）and Add.4（19 July 1999）
3. A/CN.4/507（15 March 2000）, Add.1（15 June 2000）, Add.2（10 July 2000）, Add.3（18 July 2000）and Add.4（4 August 2000）
4. A/CN.4/517（2 April 2001）and Add.1（3 April 2001）

国際法委員会は二〇〇〇年の会期で責任に関して集中的な審議を行い、起草委員会は第一読の終了した草案を大幅に改正した第二読を終えた暫定的な草案[94]を採択した。こののち、二〇〇一年の会期において草案[95]を採択した。

（87） United Nations, The Work of the International Law Commission 80 (3rd ed).
（88） 例えば、A/CN.4/SC.1/WP.4, [1963] II Y.B. Int'l L. Comm'n 247-250.
（89） アレチャガの発言、A/CN.4/152, Appendix I, id., 234.
（90） A/CN.4/SC.1/WP.6, id., 251-256.
（91） 第六八六会合、[1963] I Y.B. Int'l L. Comm'n 79-86.
（92） A/52/10, para. 161 (1997).
（93） クロフォードの国際責任に関する立場について、James Crawford, Revising the Draft Articles on State Responsibility, 10 European J. Int'l L. 435-460 (1999): James Crawford, and Pierre Bodeau, Jacqueline Peel, The ILC's Draft Articles on State Responsibility: Toward Completion of a Second Reading, 94 Am. J. Int'l L. 660-674 (2000): James Crawford, et Pierre Bodeau, Jacqueline Peel, La Seconde lecture du projet d'articles sur la responsabilité des Etats de la Commission de Droit International, 104 R.G.D.I.P. 911-938 (2000) 参照。

（94）　A/CN.4/L.600 (22 August 2000). なお、起草委員会の委員長であるガヤ（Giorgio Gaja）による本会議での声明で起草の経緯に触れている。
（95）　A/CN.4/L.602/Rev.1 (26 July 2001).

3　特別報告者クェンチン・バクスター、バルボザ、ラオによる作業

国際法委員会は国際違法行為より生ずる国際責任の問題とともに、一九八〇年より国際法上禁止されない行為より生ずる賠償責任（liability）[96]をテーマとして法典化作業を行うこととし、特別報告者にクェンチン・バクスターを指名した。

クェンチン・バクスター（Robert Q. Quentin-Baxter）はニュージーランドの出身で、一九七二年から一九八四年まで国際法委員会のメンバーであり、一九八〇年から一九八四年まで特別報告者となっている。クェンチン・バクスターの報告書は次のとおりである。

1．A/CN.4/334（24 June 1980）, Add.1（27 June 1980）, Add.2（4 July 1980）
2．A/CN.4/346（12 June 1981）, Add.1（20 June 1981）and Add.2（1 July 1981）
3．A/CN.4/360（23 June 1982）
4．A/CN.4/373（27 June 1983）
5．A/CN.4/383（12 June 1984）and Add.1（19 June 1984）

バルボザ（Julio Barboza）はアルゼンチンの出身で、一九七九年から一九九六年まで国際法委員会に加わった。一九八五年から一九九六年まで特別報告者となり、一二の報告書を提出している。バルボザの報告書は以下のとおりである。

1．A/CN.4/394（5 July 1985）
2．A/CN.4/402（13 May 1986）
3．A/CN.4/405（16 March 1987）
4．A/CN.4/413（6 April 1988）
5．A/CN.4/423（25 April 1989）
6．A/CN.4/428 and Add.1（15 March 1990）
7．A/CN.4/437（16 April 1991）
8．A/CN.4/443（15 April 1992）
9．A/CN.4/450（15 April 1993）
10．A/CN.4/459（1994）
11．A/CN.4/468（1995）
12．A/CN.4/475（1996）

一九九七年の第四九会期において、国際法委員会は国際法により禁止されない行為より生ずる有害な結果に対する国際賠償責任についてを、「危険な活動からの越境損害の防止」のサブタイトルのもとで、防止の問題から取り扱うことを決定した。この際にラオ（Pemmaraju Sreenivasa Rao）を特別報告者として指名した。ラオはインド出身で一九八七年から国際法委員会のメンバーとなっている。一九九八年に特別報告者となってから、これまでに三つの報告書を提出している。

1．A/CN.4/487（18 March 1998）and Add.1（3 April 1998）
2．A/CN.4/501（5 May 1999）
3．A/CN.4/510（9 June 2000）

国際法により禁止されない行為より生ずる国際賠償責任（liability）は、当初、国の国際責任の法典化作業においては扱われない範囲のものと考えられていた。最初の特別報告者であるクェンチン・バクスターの第一報告書には違法行為から生ずる責任との関係に関する記述がなされていた。その意味では、特定の分野において国際法が禁止していないにもかかわらず、責任を生じさせるような行為の存在をその対象としようとした。このような形で開始された作業は、その後、事後の救済よりも事前の防止へと焦点を移していった。

現在の第一読を終了した条文草案では、賠償責任（liability）そのものについてを規定した条はなく、むしろ危害が生ずる危険のある場合、あるいは、危害が生じた場合の関係国の協議、アセスメント等の手続を規定している。条約の名称も「重大な越境危害の防止に関する条約」（Convention on the Prevention of Significant Transboundary Harm）とされている。

以上、概観したように国際法委員会の国の国際責任に関する作業は依然として継続中であり、どのような条文草案が作成されるのかは、最終的に定まっていない。しかしながら、このように長期間に渡り作業が継続されてきていることは、法典化が国際社会の動きを反映するものであるとすると、様々な観点からの分析の対象となり得よう。

報告者の変更の際の問題も興味深い点であるが、長期にわたってなされた作業は、一九三〇年代の法典編纂では考えられない現象である。作業中の国際法委員会の国の国際責任に関する草案に仲裁裁判所が言及した例もあり、この法典化作業が大きな影響力を有していたと考えることができる。ただし、長期間に渡って行われてきたために、そのような草案が現在大きな変更をほどこされて、最終案とされようとしているのは、法典化作業の特徴とはいうものの、これまでの草案に対する評価をどのように考えるべきかという問題を生じさせる。「産みの苦しみ」であろうか。

(96)　英文の liability の日本語訳として、「賠償責任」の語は現在の動きである様々な事前防止措置を含むという状況を表していない。また、単なる「責任」では responsibility との関係が混乱することとなる。ここでは事前防止との関係が希薄となる恐れはあるが、それを含んだ意味でとりあえず「賠償責任」とする。

第二章　国際法学説における責任法の位置

責任法を独自の法分野として認識するようになったのは、一九世紀の後半からと理解されている。それ以前においても国際法の特定の分野で国際法違反から生ずる関係が考慮されていたが、それが独立の分野を構成するものであるとは解されていなかった。ただし、これらのいくつかの分野では一九世紀における発展へとつながる国際法の規定が存在しており、これらとの関係で学説を検討することは、国際法の発展と責任法の認識とがどのように結びついていたのかを理解するために有益である。また、一九世紀から二〇世紀にかけて責任論が学説においてどのような内容をもって独立の体系化がなされていったのか、この動きが一九三〇年のハーグ法典編纂会議に至るまで、どのように続けられていったのかを概観してゆく。

第一節　一八世紀までの国際責任論

イタリアにおける国際法の発展のなかで、神聖ローマ帝国のイタリアの部分の共通法（普通法）を構成するものとして、外国人に対して最低基準の取扱を与える義務が含まれていた。この法の有効性は皇帝の権威の衰えとともに失われたわけではなく、諸都市間の暗黙のうちに合意された自由な同意に基づいて法の適用がなされた。イタリア諸都市の間で外国人に対して特定の権利を認める合意がなされていたことが指摘されるが、これらの諸規則がその後に消えてしまったことが、このような規則を見過ごしてきた原因であるとされている。(1)

フランスにおける国際法の歴史を述べる際に、ニス（E. Nys）は一六世紀および一七世紀におけるフランスの国際法理論への貢献がほとんどないことを指摘している。その理由としては、国際法がその基盤とする国の相互依存という概念とフランスの王位と不可分の帝国の概念とは両立しないこと、また、フランスの絶対君主と国際法とが両立しえないことをあげている。しかし、この時期においても若干の国際法に関連する著作が存在し、そこでの中心的なテーマは、通商、外交、戦争であり、これらに関して考察をした著作をとりあげて紹介している。(2)

現在のように、責任論そのものの理論化を目指していなかった時代にあっては、このような、外国人の取扱、通商、外交、戦争という分野において発達した規則の中で、国際法の違反に対してどのような法的構成がなされていたのかを検討することにより、この時代の責任の問題を認識することが可能であると考えられる。

ゲンチリはその著作『戦争法』De jure belli - Libri Tres-（L.I, C.XXI）の中で、ローマ法の「qui in culpa non est ad nihil tenetur」を基本原則とした。これは、グロティウス（H. Grotius）の『戦争と平和の法』De jure belli ac pacis（Lib. II, Cap. XVII, XX, 2）によって引き継がれることとなった。(3)

グロティウスは、戦争の正当原因を論じている部分で、既になされた侵害に対するものとして、賠償と処罰とを戦争の正当原因として認めており、賠償の義務をもたらすものに関しては、条約、不法行為（Délit）、法律、準契約、準不法行為を挙げている（Lib. II, Cap. I, II, 5）。また、不当に生じた損害とそれより生ずる結果について、特に不法行為によるものを考慮している。ここで不法行為とは、あることをなすこと、あるいは、なさないことにより侵害をもたらす過失とされており、このような過失による損害については賠償をなす義務があるとする（Lib. II, Cap. XVII, I, 3）。[4][5]

また、王や行政官は行うことが可能であり、そうすべきであったのにもかかわらず、山賊行為や海賊行為を防止しなかった場合にはこの点についての不注意（négligence）について責任を負うとしている（Lib. II, Cap. XVII, XX, 1）。この点について、グロティウスはホラントおよび西フリース州が多くの船舶に業務を委託していたが、それらの船舶が友好関係にある船舶の捕獲を行った場合についてを考察している。

さらに、グロティウスは、他の団体と同様に市民社会はその個々人の行為に責任を有することはなく、親は子の、主人は奴隷の、過失に責任を持たず、他の上位者はそのもとにあるものに責任を有しないが、それは、その行為が違法でない場合であるとする。そして、この違法の例としてふたつのものが一般的であるとし、行われた違反を容認する場合、および、違反者に避難所を与える場合であるとする（Lib. II, Cap. XXI, II, 1）。このような立場に立って、あらゆる過失と国の責任を考えるのに、国と行為をなす個人との関係をどのように捉えるかを問題とした。そして、国の過失は、パチエンチア（patientia）、すなはち、個人の不法な行為を支持したこと、その行為を防止するための措置をとらなかったこと、共犯となったこと、ということから生ずるとする。ひとたび行為がなされた場合には、そのような行為を抑制しなかったこと、処罰または引渡をすべきであるのにこれをしない場合には、これらの行為が国の行為とされること（receptus）となる。[6] 国はその機関により代表されるのではなく、独自の団体とされることにより、機関の権限外の行為に対して責任を有し、国際的に責任を負うこととなる以前に責任の原因を取り除くことが認められる。[7] さらに、グロティウスは、予測できない損害は帰属しえないこと、個人がなされた侵害行為に反対しない場合、または、国の命令により違法行為を行った場合には、罪過（culpabilité）は国から個人に移動すること、国の罪過は侵害行為の時に国を構成していた者の死亡により消滅し、次の世代は責任を有しない、とした。このグロティウスの考え、特に国と個人の関係についての立場は、ヴァッテルまで（Droit des gens, II b, ∞ 73）引き継がれた。[8]

グロティウスの考えは基本的に了承されつつ、改良の対象とされた。プーフェンドルフ（S. Pufendorf）は、共犯による国の責任についてを明らかにした（De jure naturae et gentium, VIII 6 1672）。また、国はその管轄の下にある個人の不法な行為により、アプリオリに責任があるとされた。これは新たな概念であった。これは後になってグロティウスの考えとは異なるものとなったが、国の責任はその領域主権にともなうものであることを示唆するものであった。[9] これは、過失責任から領域主権に基づく国の責任へと移行していったことを示すものと解される。

ローマ法がまたこの点についての基礎理論を示唆したが、これは、国の責任は **culpa in eligendo vel custodiendo** に基づいて生ずるとした。しかし、国と機関とを切り離す場合に、責任を確実に有する者を見出すために、どこまでさかのぼるのかという問題が生ずることとなった。[10]

（1） Angelo Piero Sereni, The Italian Conception of International Law 15 (N.Y.: Columbia University Press, 1943);『法学研究』七〇巻一一号一四四―一四五頁（一九九七年）。

（2） Ernest Nys, Les Theories politiques et le droit internatinal en France jusqu'au XVIIIe siécle, 111-112 (Paris: A. Fontemoing, Deuxiéme, 1899).

（3）Paul Reuter, Le dévlopment de l'ordre juridique international 386 (Paris: Economia, 1995).

（4）訳語としては、「ものの回復」という言葉も使われている。柳原正治『グロティウス』一三九—一四〇頁（清水書院、二〇〇〇年）。

（5）ここで言う過失の語については、バルベイラックは、悪意や無分別（imprudence）を含んだ一般的意味で用いられているとする。Hugues Grotius, Le Droit de la guerre et de la paix, tome 2, p. 2 at n.(1) (Basle: Emanuel Thourneisen, nouvelle traduction par Jean Barbeyrac, 1746).

（6）Reuter, supra note 3, at 386.

（7）Id., 387.

（8）Id.

（9）Id., 388.

（10）Id.

第二節　ヘフター、トリーペル以後の国際責任論

国際法の責任理論に独立の地位をあたえて言及している文献は、一九世紀の著作の一部に見いだすことができる。ブラウンリーは、ヘフター（A. W. Heffter）の著作において体系的取扱がなされ、より深い研究は、トリーペル（H. Triepel）、アンツィロッティ（D. Anzilotti）、シュトルップ（K. Strupp）によりなされたと解している[11]。

一八世紀以降の自然法に対する実定法主義を、ルテールはふたつに分けて説明している。ひとつは経験主義の

流れで、アングロサクソンやときにフランスの学者によるもので、体系化ではなく実行を記録する立場であるとしている。もうひとつが論理主義の流れで、ドイツ、イタリアの学者により代表され、規則の収集だけでなく法的規範の矛盾しないヒエラルヒーを主張するものとしている。この考えの代表的な学者としてトリーペルとアンツィロッティを挙げている。[12]

ヘフターは、国際法の分野に責任の国内法の分野で発達した概念を持ち込んだ学者と評されている。彼は、国際法を平和時と戦争時とに適用される場合に区別し、平和の部分において条約なしに拘束されることとなる（en-gagement）例として、適法行為および違法行為をあげ、後者の部分で賠償についてを論じている。個人の基本権、特に、自由、名誉、財産に対する「……侵害は行為者に賠償を義務づける。なぜなら、正義の原則は、社会的衡平が不正により妨げられるごとに回復されることを定めるからである。」と述べている。[13] その際には、賠償は衡平の範囲内で損害を被った当事者に対してなされる金銭賠償によってなされ、物質的損害と精神的損害とが評価される。[14] その他には、充分な説明、謝罪（amende honorable）、将来の保障、が用いられる方法である。被害者は自ら正義を求め、衡平なサティスファクションを武力によって受けた損害に比例して求めることができるが、反坐法（同等の仕返し）は道徳により認められないとされる。[15] ヘフターは賠償を求めることができるのは例外的な場合を除いて、被害者とその承継者であるとしているが、この例外的な場合として考えられているのは、「いかなる場合にも処罰される国際法の違反」であり、その例としては、すべてのものに共通の地域である公海上、あるいは、特定国の滅亡したところに世界的な帝国を設立しようとすること、その維持が国際関係の重要な基礎である外交官に認められた権利の侵害、普遍的に認められた要求（例えば、海賊行為禁止、奴隷制禁止など）に応ずることを拒絶すること、が挙げられている。[16]

ロシアのセント・ペテルスブルグ大学教授であったマルテンス（Fedor Fedorovich Martens）は、ヘフターの議論を引用しながら、国際法上の合法行為と違法行為から生ずる国際義務について論じている。ヘフターは私法と国際法とを混同しているとしながら、マルテンスによると、違法行為から生ずる義務（obligations ex delicto）として、被害を受けた政府に賠償をなすこと、原状回復を行うこと、精神的なサティスファクションを与えることをあげている。[17] また、私人と国の関係で国の責任が生ずる場合についてを連帯（solidarité）により説明している。[18] なお、国の違法行為で、すべての国の利益を害するものとして、海洋での掠奪、奴隷売買、海底電線の破壊などをあげているのは注目されよう。[19]

スイスのブルンチュリ（Johann Caspar Bluntschli）には、法典の形式で国際法を記述した著作があるが、[20] そこでは責任に関連して、国際法違反とその抑止の方法についてとりあげている。国が他国に対して負っている約束を履行しない場合には、後者の国は、その選択するところにより履行を要求するか、不履行より生ずる賠償を請求するか、または、規定の履行されなかった条約を無効とみなすことができる、[21] としている。また、国の名誉または威厳の毀損の場合には、被害国はサティスファクションを請求する権利を有しているとする。[22]

イタリアのフィオレ（Pasquale Fiore）は、在外自国民の保護についてと国の責任とを分けて記述しているが、在外自国民の保護をなす際に相手国に国際責任のあることが必要であるとする。また、国の国際責任については、帰属の問題を含め、基本原則を述べている。

在外自国民の保護に関しては、各国は国際法上合法であるとされる手段によりその保護・防御をする権利を有しているとしており、自国民が権利を侵害された場合には、不正な侵害に対してサティスファクションを得るための法的手続を支援しなくてはならず、状況によっては、同様の行為の再発を防止するための適当な保証を要求すると述べている。[23] 主権者はこのような保護の権利ばかりでなく、義務をも有するとしている点が注目される。また、国民（citizen）の権利として国籍国に対して外交的保護を求めることができるとされ、その基礎として国籍の意義が重要視されている。

自国民の保護が適法とされるためには、相手国の国際責任が根拠のあるものとされなければならず、この国際責任は政府または公務員の違法行為から生じ、これらの規則は革命または内戦の期間に外国人の受けた損害に適用されうる。また、責任は国と私人との間の契約的約束について、その不履行が政府の悪意によるものであり、法的保護を与えずに、裁判拒否となる場合に生ずることとなる[24]。

国の国際責任については、他国または私人の権利を侵害する行為をなしたすべての国は、責任を負い、生じた被害に対して賠償（compensation）をしなければならない。

なお、訳者のボーチャードによれば、フィオレの著作における法典は、既存の国際法の規則ではなく、あるべき法（de lege ferenda）の規定であると評価されている[25]。フィオレ自身もその著作の中で、体系的に集められた規則の一部は現在の国際法をなすものであり、一部は将来の国際法を意味していると述べている[26]点に留意する必要があろう。

トリーペル（H. Triepel）は一八九九年の著作である『国際法と国家法』[27]において、個人の行為、国の機関による国の責任、などをとりあげて論じている。

ルテールはトリーペルがヴァッテルにおいてすでに主張された個人の国際法における法人格性の否定から、多くの原則を導き出し、国際法と国内法の峻別をしたが、責任の分野では個人と国の共犯の可能性を否定したことが、その結果であるとしている。この点でルテールは、トリーペルがグロティウスの寛容（tolérance）と参加（participation）とを区別していなかったことを批判し、共犯は寛容ではなく参加によりなされるが、個人と国には同一行為についての参加はありえないとしていることを評価しつつ、依然として過失概念を援用している点には問題があったと指摘している[28]。

国際法の体系化ではなく、その実行を記録した著作の例としては、ルアー・デ・カー（E. Rouard de Card）は、一八九五年の中国と日本の事件の解決、外国人の受けた損害に関する紛争の二国間での解決の一三の事例をあげている。(29)

(11) Ian Brownlie, System of the Law of Nations: State Responsibility Part I, at 7 (Oxford: Clarendon Press, 1983).
(12) Reuter, supra note 3, at 391-392.
(13) August Wilhelm Heffter, Le droit international public de l'Europe, 204 (Berlin: Schroeder, traduit sur la 3 edition de l'original allemand par Jules Bergson, 1857).
(14) Id.
(15) Id., at note 2.
(16) Id., 207-208.
(17) F. de Martens, Traité de droit international, 561-562 (Paris: Marescq, traduit du russe par A. Léo, 1883).
(18) Id., 563.
(19) Id., 563-564.
(20) J.C. Bluntschli, Le Droit international codifié (Paris: Guillaumin, traduit de l'allemand par M.C. Lardy, 2e éd., 1874).
(21) Id., 262.
(22) Id., 263.
(23) Pasquale Fiore, International Law Codified and Its Legal Sanction or the Legal Organization of the Society of States 259 (New York: Baker, Voorhis & co., translated from the Fifth Edition with an Introduction by E.M. Borchard, 1918)
(24) Id., 260-261.
(25) Id., vii.

(26) Id., 78-79.
(27) H. Triepel, Völkerrecht und Landesrecht, (Leipzig: Hirschfeld, 1899). なお仏語訳として、Heinrich Triepel, Droit international et droit interne, viii, 448 (Paris/Oxford: Pédone/Oxford University Press, traduit par René Brunet, 1920) がある。
(28) Reuter, supra note 3, at 396-397.
(29) E. Rouard de Card, Les Destinées de l'arbitrage international 131-132, 162-171 (Paris: G. Pedone- Lauriel, 1892).

第三節　アンツィロッティの国際責任理論

アンツィロッティ以前のヘフターやトリーペルによる責任に関する著作は、責任の部分を独立して取り扱ってはいるが、国際法に関する概説の一部として、あるいは、特定の問題を扱った著作の一部として書かれたものである。これに対して、アンツィロッティが一九〇二年に著した責任に関する論考[30]は、責任理論一般を意識的に取り上げたものである。また、そののちに出版された国際法の講義録[31]においても責任について詳細に記述されている。

アンツィロッティがこの著作を表したこの頃に、リソルジメントを経た当時のイタリアの関与した国際的な事例には、一八八八年のフィレンツェのフランス領事の文書についての免除の侵害事件、ラテンアメリカにおいてイタリア人が戦争、革命、暴動等でこうむった損害をめぐる事例、一八九一年の米国のルイジアナ州ニュー・オーリンズにおけるイタリア人のリンチ事件などがある。これらのうちのいくつかは典型的な外国人の取扱、自国民の保護をめぐる国際責任の問題を含んでいた。

このようなイタリアの置かれた国際的状況下で唱えられた学説として、アンツィロッティの国際法理論の特色としては、実証主義、二元論、法主体性、そして、責任理論をあげることができる。実証主義については、当初はトリーペルの集合的合意、さらにケルゼンの根本規範の影響を受けて展開されたとされている[32]。また、国際法と国内法の関係については、異なる法秩序に属する両者の間に牴触を認めることはできないとする。この点がアンツィロッティを二元論者とするところであろう。ただし、理念的に二元論に立つのと同時に、国際的な関係を有する国内法と有しない国内法の区別、両者の法秩序の間で移送（rinvio, renvoi, Verweisung）が可能であることを認めている。理念的であるとされる彼の二元論は、現実の国際社会の状況、また、イタリアの置かれた状況を踏まえたものと解される。国際法の法主体性に関するアンツィロッティの主張の特色は国のみが国際法主体とされる点にあるといえる。ただ、国のみが国際法の主体でありうるというのではなく、その主張は、民族、国を形成しない遊牧民、個人、国の機関、教会などの様々な法主体の可能性を実定法規範を検証した上で否定したものであることに留意しなければならない。

アンツィロッティの責任論においては、客観責任主義を採用したこと、賠償の概念についての考察、一般理論の構築、が特徴的な点である[33]。

（30） Dionisio Anzilotti, Teoria generale della responsabilita dello stato nel diritto internationale (Firenze: F. Lumachi, 1902).

（31） 参照したテキストは以下のものである。Corso di Diritto Internazionale (Roma: Athenaeum, 1912); Corso di Diritto Internazionale, Volume Terzo (Roma: Athenaeum, 1915); Principi di Diritto Internazionale (Roma: Athenaeum, 1919); Corso di Diritto Internazionale (Roma: Athenaeum, 1923); Corso di Diritto Internazionale (Roma: Athenaeum, 1928); Cours de droit international, traduction francaise par Gilbert Gidel (Paris: Sirey, 1929); Lehrbuch des Voelkerrechts (Berlin und Leipzig: Walter de Gruyter, von C. Bruns u. K. Schmid, 1929); 一又正雄訳『國際法の基礎理論』（東京：巖松堂、一九四二年）。アンツィロッティの著作については Opere di Dionisio Anzilotti が出版されており、一九二八年の講義録が収録されているが、これには若干の補足がなされている。

(32)　Giorgio Gaja, Positivism and Dualism in Dionisio Anzilotti, 3 European J. Int'l L 123 at 127-129 (1992). 実証主義のアンツィロッティに対して、サルビオリ（Gabriele Salvioli）は自然法の立場に基づく批判をなした。

(33)　デュピュイは、アンツィロッティによる国の国際責任の分野での貢献は、第一は国際違法行為概念を過失の概念から解放したこと、第二は行為の国への帰属についての分析、第三は国際責任の結果に関する考察である、と指摘している。P.-M. Dupuy, Dionisio Anzilotti and the Law of International Responsibility of States, 3 European J. Int'l L 139-148 (1992).

1　客観責任主義

アンツィロッティは客観責任主義の立場に立ったと言われているが、彼は「過失」の語を個人の意思の存在状態と考えていたことに留意する必要がある。そして、この意味での過失は、国際違法行為により国が責任を負う際に要件とはされないと主張している。

しかしながら、外国人の保護を取り上げ、外国人に対する大衆運動について、義務の存するところは、相当の注意をはらうことにあり、この種の運動を予防するために、あるいは、運動勃発に際しては、脅威を受ける外国人に有効な保護を与えるために、適当な手段をとることにある、とする。そして、この種の場合においては、過失の伝統的観念との類似が一目瞭然であることは否定できないとし、次のように述べている。

> 単純で適当な類推を越えて行くべきではないと信ずるが、言うべき価値のあるのは、国の過失の語により、特定の事件の発生を防止するための監督をなすことを意味する特別の内容の義務の不履行で、アプリオリに定義することのできな

い事例全体を総括して表わすことは可能である。[34]

これは、アンツィロッティが特定の場合に「過失」の語により表わされる状況が国際法においても存在することを容認するものと考えることができる。

このような立場にたったうえで、しかし、一般的に、過失は、国際法の責任の条件であることを排除しなければならないと信じている、とし、さらに、通常、諸国の機関の過失は捕捉しえず、したがって、無益な一つの抽象となる、と述べている。このことは、特定の状況下で過失の語が用いられる状況がありうるにしても、国際責任法の一般原則として責任発生に過失が必要であるとすることはできないという考え方に立つものと解される。

なお、不作為による違法行為について、不作為が過失に基づく場合にのみ責任を負うべきであるという主張に対しては、アンツィロッティはこれを全く否定してはいない。彼は責任の発生は各規範の解釈によるという立場をとっているので、このような考え方が国際法の一般原則が適用されなければならない範囲において過失を排除するという考え方と抵触するものではないとする。ただし、作為と不作為との区別の可能性、また、作為の場合と不作為の場合に異なる帰属の規準を認めることの合理性には議論の余地があるので、この主張についてはさらに検討が必要であるとする。[35]

このアンツィロッティの批判した過失責任論はあまりに単純化されたものであるとの批判がなされており、[36] また、国際法における過失の問題は現在でも論議の対象とされている。[37]

(34) Corso (1928) 449; Gidel 505: Bruns u. Schmid 393; 一又訳、五三〇頁。

(35) Corso (1928) 446-447; Gidel 502: Bruns u. Schmid 391; 一又訳、五二七頁。

(36) Reuter, supra note 3, at 398.

(37) 過失の問題については、日本において、田畑教授、波多野教授、広瀬教授、山本教授による詳細な先行研究があるが、最近のものとして、安藤教授は「過失」の本質が注意義務違反にあるとし、この注意義務違反とは、「私人または国家機関が何らかの行為をなすに当って、それがもたらすであろう好ましくない結果を避けるように注意する義務」であるとしたうえで、「……国際法上、外国人の生命・身体・財産に対する損害の防止または救済のために〝相当な注意〟を尽くすべき領域国家の義務についても、個々の場合に関係する国家機関の執った措置が国際的に要求される一定の基準に達していないならば、これを『過失』と表現することに問題はない……」とする。ただし、「『過失』の内容が拡張されすぎるため、国際法上の国家責任にかかわる『過失』は、司法機関や行政機関の特定の行為についてのみ用い、それ以外の国家機関の行為については用いないようにすることが肝要である」と指摘されている。安藤仁介「国際法上の国家責任にかかわる「過失」の実態」『京都大学法学部創立百周年記念論文集第二巻』三三四―三三五頁（一九九九年）。これは一定の国の機関の特定の行為についてのみ「過失」を用いることが可能であるとの立場と解される。なお、兼原敦子「国際違法行為責任における過失の機能」『国際法外交雑誌』九六巻六号一―四六頁（一九九八年）参照。

2　賠償 (reparation)

アンツィロッティが賠償の問題を詳細に取り上げているのは一九二八年に出版された講義録からである。一九一二年の講義録は賠償の問題について簡略に述べているだけであるが、内容的には様々な点に言及している。一九一八年の講義録はそれ自体が簡略なものであり、責任の部分についても詳細には論じていない。なお、一九二三年の講義録では違法行為の分野にまで達していないため、この講義録からは責任論の展開を知ることができない。一九二八年の講義録は従来のものと構成が変わっており、その意味ではいつの時点で賠償に関する考え方が体系化されたのかは不明である。時期的には少なくとも、一九一八年から一九二八年の間には一層の明確化・

体系化がなされたものと推測される。

アンツィロッティは違法行為より生ずる法的関係として、引き起こされた侵害を賠償する義務とこれに対応する賠償を請求する権利に具体化されるとし[38]、賠償の様々な側面を検討している。賠償との関係で分析の対象とされるのは、賠償の性質、損害概念であり、賠償の方法としてはサティスファクションと狭義の賠償とを分析している。

賠償の性質としては、国内法において刑罰と損害賠償が対立しているようには国際法では対立しておらず、すべてを通じてサティスファクションの要素と賠償的要素、違法行為の懲罰の観念と、蒙った害悪の賠償の観念が見られるとし、この二要素間の割合が変化すると述べている。

損害の概念に関連しては、国際法においては、国の名誉、威厳が重要な位置を占めているとし、如何なる物質的損害が生じていなくとも精神的損害（danno morale）は被害国による法秩序の再建の対象となると指摘している[39]。そして、このような物質的損害と精神的損害の区別にたって、サティスファクションと狭義の賠償を説明している。

サティスファクション概念の根底には非物質的損害（danno immateriale）の概念があるとし、この具体的な形式としては、謝罪、国旗への敬礼、遺憾の意の表明、特使派遣、謝罪式への参加、金銭の支払、を挙げている[40]。狭義の賠償の概念の根底には、物質的損害（danno materiale）があり、この形態としては、まず、原状回復がなされ、それが不可能か不充分な場合には、損害賠償（risarcimento, dommages et interets）がなされるとしている。

（38）　Corso (1928) 460; Gidel 517: Bruns u. Schmid 403; 一又訳、五四四頁。

（39）　Corso (1928) 446-447; Gidel 523: Bruns u. Schmid 409; 一又訳、五五二―五五三頁。

(40) 仏語訳、独語訳、日本語訳では、ドイツのBusse、イタリア刑法第三八条、第三八九条二項とともに、英国の懲罰的損害賠償（exemplary or vindicative damages）に言及されているが、Corso (1928), Opere vol.1, 426にはない。翻訳の各版がどの程度原著者の意向を反映して補足をしているのかは詳細な比較研究が必要と思われる。例えば、一九二八年のホルジョウ工場事件本案判決はCorso (1928)にはないが、各翻訳では言及がなされている。

3　責任に関する一般理論の構築

責任に関する一般理論を唱えている側面として、責任発生要件、間接責任、責任の発生を妨げる事由を分析している点があげられる。

まず、責任発生の要件として、アンツィロッティは第一に他国の権利の違法な侵害、第二に帰属可能性の二つを挙げていた[41]。これはまた、違法行為により責任が発生するという観点からは違法行為の要件として、帰属可能性と行為の違法性の二つに区分されている。この帰属可能性については、国の機関の行為、個人の行為、が検討され、行為の違法性については、義務違反の決定は各規範の解釈問題として解決される問題であり、一般的に国際法違反の行為が如何なるものであるかを論ずることはできないとする。アンツィロッティが、一般原則として無過失の考え方をとりながらも、過失が規範の解釈次第では必要とされる可能性を認めていることとともに、これは、第一次規範と第二次規範の区分に通ずると考えられる。

次に、間接責任について、国は自国に帰属する違法行為により一般的に責任を負うことになるが、例外的に他の国に帰属する行為について責任を負う場合がある。これが間接責任であるが、この例として、アンツィロッティは被保護国の違法行為による保護国の責任、ヴェルサイユ条約に定められたダンチッヒ自由市とポーランドの関係などを挙げながら、これらの関係の性質ではなく、この関係が被害国に対抗しうることが必要であるとする。[42]

第三に、それ自体は違法である行為が、違法行為の本来の結果を発生させず、あるいは、違法性を喪失するような場合があるとして、責任の発生を妨げる事由を考慮している。この例としては、緊急避難、自衛行為などが挙げられている。

イタリア国際法の特徴として、その理論性が指摘されるが、このアンツィロッティの体系もまたその一つの現われであると解される。なお、すでに述べたようにアンツィロッティの国際法の特徴として法主体を国に限定していることが挙げられるが、責任についても国のみが責任主体であるとしている。

（41）　Anzilotti, supra note 30, at 83.
（42）　Corso (1912) 258; Corso (1928) 473; Gidel 533-534; Bruns u. Schmid 417; 一又訳、五六四頁

第四節　第一次大戦後の国際責任論

第一次大戦後から一九三〇年の第二回のハーグ法典編纂会議までのあいだにも多くの責任に関する著作がある。このなかで責任論の特に賠償について記述している部分に注目をしてこれらを概観することとする。

米国においては、ボーチャード、イーグルトン、ダンなどの学者が責任に関して多くの著作を残している。ボーチャードはその在外自国民の外交的保護に関する著書において、自国民の受けた損害を取り扱い、これが

国際法と国内法の規定の両者により規律の対象となるとの立場に立って、受けた損害についてなされた決定と賠償の支払いの問題を考察している[43]。個人の外国における権利・義務についてとともに、国と国との関係で外国人に対する義務違反の救済を外交的な措置により行ってゆく実行の中で明確な原則が生じているとしている[44]。このような観点から詳細に実行を検討してゆくが、ボーチャードの考察の焦点は外交的保護という手続きを通して個人の受けた被害がいかに救済されてゆくのかにあり、これが国際社会の秩序維持とはどのように係わっているかの記述はなされていない。ただし、懲罰的損害賠償には肯定的であることが注目される[45]。

イーグルトンは、国のコントロールが領域内の事項にますます強く及ぶようになると、逆説的に、対外的な国の責任は徐々に増加すると指摘している[46]。これは、領域における国の機能と責任とが密接に関係していることを容認したものと解される。このことをまた、排他的管轄権は国際法上の権利であると同時に義務をも意味すると言い表わしている[47]。さらに、責任は制裁により履行されるが、この制裁が強化されるようになり、このことが単に被害国に対してばかりでなく、国（nations）よりなる共同体全体に対しても国は責任を有するのかという問題を提起することとなると述べている[48]。賠償を責任に必然的に伴う救済の措置と理解しており、賠償の具体的方式および賠償額の算定について詳細な議論をしているが、賠償の根拠についての考察はなされていない。

ダンは、自国民の保護に関する著書のなかで、損害賠償額の算定についてを取りあげて論じている部分で賠償の性質に言及している。国際法においては、損害が生じたにもかかわらず、金銭賠償の判決を通じて、既存の経済的、社会的関係を継続してゆくことが可能となるとする[49]。また、ジェーンズ事件および類似の事件を引用しながら、判決の判断は、違法な行為を行った国の行為に異議を唱え、将来、同様の行為が行われないようにすることが目的であるとしている[50]。このことは、ダンが賠償の性質を、生じた損害の補塡以上のものであり、国際社会の秩序と関連させて考えているものと解される。

ドイツでは、例えば、シュトルップは一九二七年の著作[51]において、国際違法行為（délit international）を独立の章としてとりあげ、責任に関する直接責任と間接責任、過失の問題などをとりあげて論じている。過失については、伝統的な理論とアンツィロッティの理論、そして、シュトルップ自身の理論として作為と不作為を区別した理論を説明している。[52]なお、ドイツの責任を規定したヴェルサイユ条約第二三一条については、道徳的価値を有するだけで、法的価値は有さないと述べている。国際違法行為の法的結果については、損害が物に対してでなく、非物質的な場合には、金銭賠償はサティスファクションの性質を有しうると指摘している点が注目される。[53]また、国際違法行為は、決して刑事秩序の刑罰ではありえず、ヴェルサイユ条約第二二七条、第二二八条はアドホックにつくられた特別の規定で、国際法の歴史上先例がないものとする。さらに、違法性が阻却される事由として緊急避難および復仇を挙げている点も注目されよう。この著作においては、米州での法典化作業、連盟の法典化の準備作業資料に言及していた。改訂の行われた一九三〇年の著作中では、一九二七年の万国国際法学会の決議、米州委員会の案を引用しているが、[54]一九三〇年の法典化会議は良い結果を出すことができなかったと述べている。

この時期に国際責任の著作を残しているベルギーの国際法学者にド・ヴィッシェがいる。一九二三年のハーグ・アカデミーで国の責任の問題を取り上げているが、そこでは、責任の法的根拠、実際上の適用、責任の生じないことの正当化事由と並んで国際責任の結果について言及している。この責任の結果の部分では、国際責任は国と国との間の法的な関係であるとされている。[55]また、賠償に関しては、直接的なものとして原状回復を、間接的なものとして金銭賠償、責任者の訴追・処罰をあげている。[56]賠償のなされる損害については、物質的種類と精神的種類の損害とがあるとし、物質的種類の損害については金銭賠償がなされなければならず、これには逸失利益が含まれるとする。[57]精神的種類の損害については、国の名誉や威厳に対するものがあり、これらについては遺憾の意の公式表明、国旗への敬礼、公務員の行為の政府による取消などがあるとされている点が注目される。[58]

ド・ヴィッシェは責任の根拠については深く考察しており、また様々な形態の賠償に言及しているが、賠償の性質については論じていない。

この時期のイタリアの学者としては、キャヴァリエリは、一九二九年のハーグでの講義において、国の国際責任の問題を独立してではなく、国の国際的活動から生ずる問題のひとつとして扱っている。そこでは、国際義務の違反から生ずる法的関係は、責任を有する国と直接に侵害を受けた国との関係であるが、他の諸国も違反が賠償され、国際社会の法秩序が再確立されることに利益を有すると指摘している。ただし、紛争に干渉し、責任を有する国に対して強制措置、処罰をなすようないかなる権利も有さないと述べている。さらに国際連盟規約の規定に言及し、一般法では認められていないが、この規約を遵守しない場合に加盟国が強制措置をとることが認められていると指摘している[59]。キャヴァリエリはまた、過失責任と客観責任の問題に触れる際に、万国国際法学会の決議、アンツィロッティの著作に言及してこれを説明しており[60]、さらに現在では違法性阻却事由と解されている自衛、緊急状態について説明しているが[61]、賠償に関しては、国による権利の請求の部分で紛争解決、自助とともに説明をしている[62]。

同じく一九二九年のハーグでの講義で、オーストリアのフェアドロスは、責任について独立の章を立てて説明をしているが、量的にはわずかに五頁が割かれているだけである[63]。この他に、外国人に対する国の国際的義務の章で、外国人の取扱に関する規則を説明している点が注目される[64]。

第一次大戦後の責任論の流れについて、ルテールはアゴーの一九三八年に行われたハーグでの国際違法行為に関する講義[65]を他のそれまでの著作とは切り離される新しい内容のものであると評価している[66]。これは一九三〇年の法典編纂会議より後になされたものであるが、国際法委員会の作業で中心的な役割を演じていることに鑑みてここで検討することとする。

この講義でアゴーは、国際違法行為の概念を定義し、その行為が客観的要因（élément objectif）と主体的要因（élément subjectif）とから構成されることを説明している。(67) 賠償の観点から注目されるのは、刑事的国際違法行為（un délit international pénal）と民事的国際違法行為（un délit international civil）の区別である。アゴーはアンツィロッティの賠償に民事的および刑事的要素が含まれているという説にも、ケルゼンの賠償義務は違法行為と強制活動の間にある二次的な義務であるとする説にも反対する。(68) 彼は国際法において特定の違法行為には賠償のみが、また、他のものには制裁が対応するとの主張をした。(69) この脈絡において、賠償義務は慣習上の規制、すなわち、国際法上の第一次的・基本的法源から直接に生ずる規則により確立されているとするが、(70) 賠償の性質については深い考察はなされておらず、具体的な賠償の方式についても言及していない。

セル（Georges Scelle）の考え方もまた独特である。彼は、責任の問題が、出発点の損害と到着点の賠償とを含むものとしており、この出発点と到着点のあいだには必然的な結びつきはなく、責任の根拠は、社会倫理と制度的な技術により定められる法政策（une politique juridique）であるとしている。(71) 国内の私法および公法の責任が主観的責任から客観的責任へと移行したように、国際法においてもこのような道筋を認めることができるが、その発展段階は完成されておらず、容易には認識できないとしている。(72) このような立場に立って、国際法上の責任について、帰属と賠償を明らかにすることが必要であり、刑事責任、個人間の関係を除外し、国と個人との関係および国と国との関係より生ずる責任について考察している。(73)

国際社会が国王のような主権者間の関係であった時には、国際法の責任の技術は国内私法の技術と混同され、個人の過失理論に基づく不法行為責任、契約責任が主張され得たが、国王にかわり、国が主体とされると、このような責任理論の適用は困難となったと指摘し、そこでは責任の基礎は主観的なものにとどまったとしている。(74)

このようななかで、客観的責任への動きは過失概念を用いずに、責任発生を単に実定国際法規則に違反してさえいれば充分であるとする立場により実現され、これは、常設国際司法裁判所の判例で認められているとしている。この際に影響力のあった者としてセルはアンツィロッティを挙げている。[75]

以上のような責任論の立場に対して、セルは、批判的な考察を行っている。まず、責任の客観化に関しては、過失を離れて議論をするが、過失に類似の行為のあることを指摘している。また、国際法の法源である条約、慣習法に責任がよって立つ限り、そこにある意思主義に最終的には基づくことになり、契約的な（contractuelle）責任となり、客観責任ではありえないと述べている。国の主体性から出発し、国際法規則の意思主義概念に基づく限り、これからは逃れられないと解されている。[76]

さらに、国際法に違反する行為という概念が本当に過失概念よりも明確であるのかという点に疑問を呈している。「相当の注意」の基準が用いられたが、これは当時においては国の過失概念について明確化されたものであり、これは国際法を遵守する義務という「法的義務」と同じ意味である。したがって、国際法の規則に反することと、法的過失とはここでは同一の概念なのではないかという点を強調している。

学説の動きを概観すると、責任理論の取り扱いが国際法において大きく変化したのはヘフターをはじめとする学者が責任理論を独立して取り上げて以降、理論的な精緻化がアンツィロッティによって行われ、国連の国際法委員会の法典化に何らかの影響を及ぼしているものと考えられる。

現在の国際法委員会の責任に関する法典化作業の最初の特別報告者であったアゴーは、アンツィロッティとの出会いを述べた文章のなかで、一九三九年のハーグでの講義に触れ、アンツィロッティがその講義の間に不在であったために、批判や助言を得ることができずに残念であったと回顧している。[77] しかし、ハーグでの講義の内容やアゴーの他の論文[78]を検討すると、例えば過失の取扱に関してアンツィロッティとアゴーの間には大きな違いがある。

責任論に関しては、イタリアの国際法学者のなかで、アンツィロッティの客観責任理論を継承した学者としてロマーノ（S. Romano）が挙げられている。これに対して責任の発生には過失が必要であるとするアンツィロッティと同時代の学者としてはバラドール・パリエッリ（G. Balladore Pallieri）が挙げられている。そして、この過失責任主義の新たな後継者としてアゴーがいると指摘されている(79)。

このように過失責任主義に立っていたとされるアゴーは、国際法委員会の法典編纂作業においては無過失責任の立場を採用したと言われている。この点では、アゴーは法典化作業においてはアンツィロッティに近い立場を採用したと考えられる。ただし、第一次規範と第二次規範の峻別と法典化の対象を第二次規範にのみ限定していることからは、第一次規範の範囲では国際法が過失責任を採用することが可能であると解することもできる。

アンツィロッティの主張した無過失責任を念頭に置きながら、アゴーがこの論争を避けるために、責任論の第二次規範のみの法典化を目指したとすれば、現在、国際法委員会が行っている法典化作業にアゴーを通じてアンツィロッティは大きな影響を与えたと解される余地がある。

最後に、法典化作業からの学説への影響と学説からの法典化作業への影響とについて述べておくこととする。学説の発展を見て行くと、その記述において法典化作業へ言及していることに気がつく。例えばセルは国の機関による権限踰越の行為に関する責任に関してハーグの法典編纂会議の討議の基礎と万国国際法学会の決議に言及している(80)。また、フランソワも、一九三〇年の法典編纂会議で国際責任の問題についてはいかなる結論にも達しなかったとしつつ、準備された「討議の基礎」に言及し、責任原則を説明している(81)。これは法典化作業の規定に肯定的に、あるいは、論旨の補強のために言及している例である。これに対して、論旨とは逆の規定を掲げている例として、あるいは、作成された規定の内容に反対の立場を述べるために引用している場合もある。

法典化作業への影響は、作業の基礎となった多くの文書をみると理解されるように、そこでは様々な文献に言及し、学説を検討している。また、作業に携わった人々の構成が多くの場合、国際法学者であったことは、学説からの法典化作業への影響を無視し得ないものとしている。ただし、このような影響は、かつてのような国際法が学説法とされた時代のものと同様のものではなく、特定の学説がそのまま法典編纂作業で採用されることはない。むしろ、国際法委員会の手続で言えば、報告書の段階では学説の引用が多くなされ、特別報告者の立場を反映した特徴を有しているが、国際法委員会での検討・審議を経て作成された条文草案は、もとの報告書の内容とは大きく変わっているのが通常である。また、外交会議を経て採択される条約本文もこの草案と異なっている。その意味では、作成された条文草案における学説の影響を明確に認定することは現在の作業過程では困難なものと言える。

法典化の過程に繰り返して国の参加を求めていることは、法典化作業が学説によってのみ成立するものでないことを意味している。しかしながら、国の合意形成のためであるとすれば、特に法典化の準備作業を経ることなく、各国の直接の合意により条約を作成することで足りることにもなる。法典化の意義はやはり国連憲章作成時の理解のように、国際立法ではないものの、そのような性質を志向した作業であり、外交会議への橋渡しとして、各国政府の立場からは距離をおいた草案作成作業をその第一の目的とする。

各国の意思は作成された草案に対して表明される機会があり、また外交会議において表明されることとなる。最終的には、採択された条約に参加するか否かの判断により充分に反映されていると解される。その意味では、現在の責任理論の展開において、困難であるとは言え、学説と法典化作業の相互関係がどのような意味を有しているのかを明らかにすることが依然として注目される。

（43） Edwin M. Borchard, The Diplomatic Protection of Citizens Abroad 381-382 (N.Y.: Banks Law Publishing, 1916).

（44） Id., 178.

（45） Id., at 419. この他にボーチャードの国際責任に関する主要な文献としては、E. M. Borchard, Important Decisions of the Mixed Claims Commission, United States and Mexico, 21 Am. J. Int'l L. 516 (1927); E. M. Borchard, Theoretical aspects of the international responsibility of States, 1 Zeitschrift für ausländisches öffentliches Recht unt Völkerrecht (1929); E. M. Borchard, "Responsibility of States," at the Hague Codification Conference, 24 Am. J. Int'l L. 517-540 (1930); E. M. Borchard, La responsabilité des Etates à la Conférence de codification de la Haye, 12 Revue de droit international et de législation comparée, 3rd series (1931) がある。

（46） Clyde Eagleton, The Responsibility of States in International Law, 206 (New York: New York Univ. Press, 1928).

（47） Id., 207.

（48） Id., 208.

（49） F. S. Dunn, The Protection of Nationals: A Study in the Application of International Law 174 (Baltimore: Johns Hopkins Press, 1932).

（50） Id., 185.

（51） Karl Strupp, Eléments du droit international public, Universel, Européen et Americain 220-231 (Paris: Rousseau, 1927)

（52） Id., 222-223.

（53） Id., 227.

（54） Karl Strupp, Eléments du droit international public, Universel, Européen et Americain, vol. I, 333-337 (Paris: Les Editions internationales, 2e ed., 1930).

（55） Charles de Visscher, La responsabilité des Etats, 2 Bibliotheca Visseriana 116 (1924).

（56） Id., 118.

（57） Id.

（58） Id., 119.

（59） Arrigo Cavaglieri, Règles générales du droit de la paix, [1929-I] 26 Recueil des cours 540 (1930).

（60） Id., 550-552.

（61） Id., 554-560.

（62） Id., 561-564.

（63） Alfred Verdross, Règles générales du droit internationales de la paix, [1929-V] 30 Recueil des cours 463-467 (1931).

（64） Id., 438-448.

（65） Roberto Ago, Le Délit international, [1938-II] 68 Recueil des cours 419-554 (1939).

（66） Reuter, supra note 3, at 399.

（67） Ago, supra note 65, at 441.

（68） Id., 524-526.

（69） Id., 529-539.

（70） Id., 529.

（71） Georges Scelle, Manuel élémentaire de droit international public 680 (Paris: Domat-Montchrestien, 1943).

（72） Id.

（73） Id., 681-682.

（74） Id., 682-683.

（75） Id., 683-684.

（76） Id., 685-686.

（77） Roberto Ago, Rencontres avec Anzilotti, 3 European J. Int'l L 97 (1992).

（78） Roberto Ago, La colpa nell' illecito internazionale, Scrittigiuridici in onore di Santi Romano, volume III, 177-206 (1939).

（79） A.P. Sereni, The Italian Conception of International Law 263-264 (New York: Columbia U.P., 1943)．安藤仁介教授もアゴーがもともと「過失責任論者」であると指摘されている（安藤前掲注（37）三一一頁）。

（80） Scelle, supra note 71, at 686 n.2.

（81） J.-P.-A. François, Règles générales du droit de la paix, [1938-IV] 66 Recueil des cours 276-283 (1938).

第三章　第一次規範と国際責任法

第二次規範としての国際責任法の存在は、第一次規範における国際責任に関する規定の存在を否定するものではなく、むしろ、一般原則として特別な規定の存在しない場合の補完的な規則であるとも解されている。その意味では、それぞれの第一次規範のなかで規定されている責任に関する規則についても考慮することが必要である。もとより、すべての国際法の分野における国際責任に関する規則について説明することは困難であるが、ここでは、宇宙法と戦争法・武力紛争法の分野を取りあげてそこにおける責任規則の特徴に関して分析を行うこととする。

第一節　宇宙法

宇宙法と呼ばれる法分野は、国際法に限られず、様々な国内法をも包含すると考えられているが、ここでは、国際法の、特に国の国際責任という観点から宇宙法における責任原則の分析を行う。新しく登場してきた宇宙法の体系において、国の国際責任は如何なる特徴的な構造を有しているのか、さらに、この分野における法体系が既存の国際法とどのような関係、繋がりを有するのか、という問題について見て行くこととする。その際に、特に、保証責任と損害賠償責任の両者を中心として検討をして行くが、前者の保証責任とは、ここでは、「国が特定の活動について国際法に従って行われることを確保する責任」という意味で用いることとする。[1]

（1）保証（guarantee）の語および概念は、これまでにも用いられて来ている。例えば、1 L. Openheim, International Law 964-968 (8th ed., H. Lauterpacht, 1955); G. Ress, Guarantee and Guarantee Treaties, 8 Encyclopedia of Public International Law 109-120 (R. Bernhardt ed., 1984); ゲオルグ・レス「国際法における保証及び保証条約についての諸問題」『法学研究』第五八巻一〇号一〇六―一二三頁（一九八五年）参照。しかし、ここでいう保証責任とは若干異なるものである。

1　宇宙活動をめぐる国の責任に関する国際法の展開

(1)　宇宙条約以前

一九六七年の宇宙条約以前において、宇宙活動に関する国際法の主要な文書としては、宇宙条約の前文においても言及されている一九六三年一二月一三日国連総会決議一九六二（XVIII）がある。この決議は「宇宙空間の探査及び利用における国家活動を律する法的原則の宣言」というもので、通称、「法原則宣言」と呼ばれている。[(2)]この法原則宣言は宇宙空間の探査・利用において各国が従うべき諸原則を規定しており、この第五および第八原則が国の責任を取り扱っている。

原則の第五は、国は政府機関によるものか非政府機関によるものかを問わず、宇宙空間における自国の活動について国際的責任を有すること、また、自国の活動が宣言中の諸原則に従って行われるよう確保する国際的責任を有すること、さらに、非政府団体の活動に対する国の許可・継続的監督および国際機構に関して規定している。原則の第八は、国が宇宙空間に物体を発射する場合、発射させる場合、領域から物体が発射される場合、施設から物体が発射される場合、において、その物体または構成部分が、地球上、大気空間、または、宇宙空間において、外国またはその自然人もしくは法人に与える損害について国際的に責任を有すると規定している。この法原則宣言の第五原則は保証責任を含むものであり、第八原則は損害賠償責任についての原則と考えられる。

この法原則宣言の他にも、前後に様々な国連総会決議が宇宙活動に関する国の国際責任に関連してなされている。[(3)]これらの決議は、それ自体、法的な拘束力を有するものではないにしても、この分野での国際法の発展に大きな役割を果たして来ている。[(4)]なお、学界においても宇宙活動の法的な規制について様々な対応をしている。万国国際法学会（Institut de Droit International）は、一九六三年のブリュッセル会期で「宇宙の法的レジーム」と題する決議を採択した。[(5)]この決議の第二項および第一三項が責任について次のように規定している。[(6)]

………

2　いかなる宇宙物体も国の権限（autorité, authority）の下になければ打ち上げてはならない。各国は自国の権限の下で打ち上げられた宇宙物体の利用が適用のある国際的規則に合致するよう確保する（garantir, ensure）。

………

13　自国の権限の下で宇宙物体の打上げが行われた国は、過失にかかわりなく、生ずる損害の賠償を負う。この原則の適用形式は特別の条約により定められる。賠償額の限度も同様の方法により規定されなければならない。

国際法協会（International Law Association）は、一九六〇年の第四九回ハンブルグ大会において、「空域主権と宇宙空間の法的地位」と題する決議[7]を採択しているが、責任に関する規定はおかれていない[8]。ハンブルグ大会ののち、航空・宇宙法委員会の空域主権および宇宙空間の法的地位に関する小委員会は、四つの作業グループに分かれて研究を行ったが、その第四作業グループの扱ったのが「宇宙機器の運行より生ずる傷害または損害に対する賠償責任の規則」という主題であった[9]。一九六二年の第五〇回ブリュッセル大会では、第四作業グループの成果を付した報告書が航空・宇宙法委員会で討議されたが[10]、「航空・宇宙法」と題する決議には責任についての具体的な規定はおかれていない[11]。

一九六三年に国連において法原則宣言が採択されたことから、一九六四年の国際法協会第五一回東京大会では、宇宙法についての決議がなされ、その中の決議Dが責任に関して規定していた。そこでは、法原則宣言の第五原則と第八原則に留意しつつ、そこで述べられた国際的な賠償責任とともに、宇宙機器の運行者の民事責任（private（civil）liability）についての規則を設けなければならないとしている。そして、国連において審議中の損害賠償条約がこの問題を扱うよう注意を喚起するとともに、次回大会までにこの問題についての条約案を準備するよう要請している[12]。

(2) 宇宙条約

一九六七年の宇宙条約成立に至る過程では三つの問題をめぐって討議が続けられた。第一は条約への普遍的参加の問題で、西側諸国が国連加盟国のみに限定しようとしたのに対して、東側諸国は東ドイツを含めたすべての国の参加を主張していた。第二は紛争解決手続に関する問題で、西側諸国が国際司法裁判所の利用を主張したのに対し、東側諸国は紛争解決手続として交渉のみを主張していた。第三の問題は宇宙条約における国際機構の地位に関するものであり、西側諸国が条約体制への国際機構の参加について賛成の立場に立っていたのに対し、東側諸国はこれに否定的であった。

一九六七年の宇宙条約においては、これらの三つの点、すなわち、参加、紛争解決、国際機構に関して、ほぼ東側諸国の見解が優先した形で規定されている(13)。

国の国際責任に関連して、宇宙条約の第六条および第七条に規定がおかれている。宇宙条約第六条は、一九六三年の法原則宣言の第五原則に、また、宇宙条約第七条は第八原則にそれぞれ対応する内容を有している(14)。

宇宙条約第六条は、条約当事国が自国の宇宙活動について、政府機関によるものか非政府団体により行われるかを問わず国際的責任を有すること、自国の活動が宇宙条約の規定に従って行われることを確保する国際的責任を有すること、非政府団体についての許可・継続的監督および国際機構に関して規定している。

宇宙条約第七条は、条約当事国が宇宙空間に物体を発射する場合、発射させる場合、その領域から物体が発射される場合、その施設から物体が発射される場合に、その物体または構成部分が、地球上、大気空間または宇宙空間において、他の条約当事国またはその自然人もしくは法人に与える損害について国際的に責任を有すると規定している。

法原則宣言の第五原則、第八原則と、宇宙条約第六条、第七条では、前者が「国」(State) の語を用いていたのに対し、後者は「条約の当事国」(State Parties to the Treaty) に明示的に言及している点、宇宙条約では宇宙空間を月その他の天体を含む宇宙空間としている点、が異なっている。

宇宙条約の第六条および第七条は、宇宙活動に関する国際法について、特に国の国際責任について前進をしたものと考えられるが、他方また不充分な点もあると言われている。例えば、第六条については、「自国の活動」(national activities) の意味が不明確であり、国が管轄権または管理の下にない活動について責任を負う可能性があることが指摘されている。[15] また、第七条に関しては、この条文において損害賠償責任は無過失 (absolute) であり過失に基づくものではないとも解されるが、他方、そこまで述べているものではないとの主張もなされている。[16] さらに、本条においては、潜在的に四つのカテゴリーの国が賠償責任を負う可能性があるが、そのような場合の内部的な責任の分配、第三者に対する責任についてまでは規定していない。[17]

宇宙条約が不充分であると考えられる最も重要な点は、条約中に迅速な賠償を確保するための手続について何ら規定を設けていないことにある。[18]

(3)　宇宙損害責任条約

一九六七年の宇宙条約成立の後、この条約内容をより一層具体化するために、幾つかの条約が作成されている。一九六八年の宇宙救助返還協定、[19] 一九七二年の宇宙損害責任条約、一九七五年の宇宙物体登録条約、[20] 一九七九年の月協定[21]がこれまでに作成された条約である。

このうち宇宙活動をめぐる国の国際責任の問題、特に損害賠償責任については、一九七二年の宇宙損害責任条約が詳細な規定をおいている。この条約は一九七一年一一月二九日の国連総会決議第二七七七号により推奨され、一九七二年三月二九日署名開放、同年九月一日に発効しており、日本についても一九八三年六月二〇日に発効している。[22]

宇宙損害責任条約の起草過程においては、“New Delhi points” と呼ばれる五つの問題があった。[23] 第一は国際機構の問題、第二は原子力損害について、第三が適用法の問題、第四に賠償責任の限度について、第五は強制的第三者仲裁の問題であった。これらの問題のうち、原子力損害については一九六九年の宇宙空間平和利用委員会の法律小委員会第八会期でソ連が草案中に含まれることに同意した。国際機構の条約への参加問題は、ソヴィエトブロックの歩み寄りにより、一九六八年の救助返還協定と同様の取扱をすることとなり、賠償責任の最高限度の問題も落ちていった。残された適用法と紛争解決手続については、一九七一年の宇宙空間平和利用委員会法律小委員会第一〇会期で処理され、草案が作成された。[24]

ここでは宇宙損害責任条約に関して、いくつか特徴的と思われる点について見てゆくことにする。

(i)　条約の適用範囲に関しては、人的な適用範囲と地理的な適用範囲とが考えられるが、まず、宇宙損害責任条約は前者の人的適用範囲について、条約の適用されない損害に関する規定をおいている。同条約第七条（a）は、打上げ国の国民に対して引き起こされた損害を除外している。これは、通常、国際法は国とその自国民との関係を取り扱わないためとされている。第七条（b）は、運行に参画しているか、または、招請された外国人について生じた損害を除外している。これは、“volenti non fit injuria” の原則に基づくものとされる。[25] 次に、条約の地理的な適用範囲については、宇宙損害責任条約の起草過程で、地球上および飛行中の航空機に適用を限定しようとする主張もあった。しかしながら、宇宙条約の規定が既に宇宙空間を含めていたので、宇宙損害責任条約も宇宙空間を含むと解される規定となっている。その際に、同条約は、第二条および第三条において地理的範囲を区分し、第二条は地表および飛行中の航空機について、第三条は地表以外の場所で宇宙物体等に生じた損害について、それぞれ規定している。これらの規定に対しては、大気空間および宇宙空間に関し限定的であるとの主張もなされていた[26]。

(ii)　請求の国籍については、これまでの規則の緩和という特徴がある。原則として、国は他国の国籍または無国籍のものについて、その損害に関して請求を提起しえないと考えられているが、宇宙損害責任条約の第八条では、被害者志向の条約にふさわしく、国籍国の他に、被害発生国、被害者の永住国が一定の条件の下で請求を行いうると規定されている。これにより、無国籍の被害者に関しては、被害発生の領域国か、または、永住国により請求が可能となっている[27]。

(iii)　損害賠償責任を負う当事国についても特徴がある。宇宙損害責任条約は、第二条、第三条、第四条、第五条において打上げ国の責任を規定しており、第二二条ではこれらの規定が国際機構にも適用されるとしている。宇宙損害責任条約の第一条（c）は、宇宙条約第七条と同様に、四つのカテゴリーの打上げ国を認めている。即ち、宇宙物体を打上げる国、打上げを行わせる国、領域から宇宙物体が打上げられる国、施設から宇宙物体が打上げられる国である[28]。これらのカテゴリーの国について、第一次的責任と第二次的責任を負うものに区別をしようとする議論もあった。例えば、単に打上げに際し領域を提供する国についても他の国と同様の責任を課すことは、国際協力の観点から望ましくないとするものである[29]。しかしながら、現在ではそれぞれのカテゴリーの国は賠償責任に関して、同等の地位に立つと解されている。なお、共同打上げ国については、「連帯して」(jointly and severally）損害に対する賠償責任を負うと規定されている（第五条）。

(iv)　国際機構に関しては、これは New Delhi points のひとつとして問題にもなっていたが、ソヴィエト陣営が国際機構に消極的な態度をとり、宇宙条約の規定を出発点とすべきと主張したのに対し、その他の国々は国際機構容認の立場から、救助返還協定を出発点とすべきであるとしていた。宇宙損害責任条約では、第二二条において、国とは異なるものの、宇宙活動を行う政府間国際機構の独立した国際法上の存在と法人格性とを認めている。

ただし、当該機構が条約上の権利義務の受諾を宣言し、かつ、当該機構加盟国の過半数が宇宙損害責任条約と宇宙条約の締約国でなければならないという条件が付されている[30]。

(v)　宇宙物体についての規定の仕方に関しては、宇宙条約第七条が「宇宙空間に物体を発射」という語を用いているのに対し、宇宙損害責任条約では「宇宙物体の打上げ」という用語になっている。これは、長い間議論されて来ている大気空間と宇宙空間の境界の問題を巧妙に避けるための規定ぶりであるとされる。宇宙損害責任条約第一条（b）では成功しなかった打上げをも打上げの中に含ませているので、宇宙空間の語を使用せずに、宇宙空間がどこから始まるのかについての議論と切り離した「宇宙物体」の語を用いている。しかし、この用語は、新たに「宇宙物体」の定義の問題を生みだすことになる。宇宙損害責任条約は「宇宙物体」には、宇宙物体の構成要素ならびに宇宙物体の打上げ機およびその部分を含む、と規定している（第一条（d））が、「宇宙物体」それ自体についての定義を行っていない[31]。なお、宇宙物体に関しては、宇宙損害責任条約第二条にいう国と「自国の」宇宙物体との関係の問題がある。例えば、宇宙物体登録条約に従い、打上げ国に登録されている物体が自国の宇宙物体に含まれることは明らかであるが、それ以外のものについてどのような結びつきにより自国の宇宙物体とされるかは明確ではない。

(vi)　損害の範囲について、宇宙損害責任条約は第一条（a）に定義規定をおいている。この定義についてはすでに一九六七年に合意があり、ほぼ現在の規定と同一の草案が作成されていた。この損害の範囲に、間接損害および後発損害（delayed damage）が含まれるのかについては、第一条の定義中ではこれらの概念に言及していないが、因果関係が明らかとなれば含まれうるので条約に明記する必要はないとされている。損害との関連で、原子力損害[32]の取扱が問題となった。旧ソヴィエト陣営は、この原子力損害の問題を別個の条約または原子力損害に対する民事責任に関する一九六三年ウィーン条約の改正で処理すべきとしたのに対して、他の諸国は、このような重要な問題を条約より除外すべきではなく、異なる条約の可能性も少ないとしていた。結局、一九六九年に旧ソヴィエトは条約の適用範囲に原子力損害を含めることを認めている。宇宙損害責任条約は原子力を利用した衛星の使用についていかなる制限もしておらず、また、損害の定義が広範であることから、原子力損害についても適用されると解されている。

(vii)　用語の問題でもあるが、宇宙損害責任条約は、条文の中で「国」(State)の語を用いている点に特徴がある。これは起草グループの採用した方針であったが、一部徹底せずに「締約国」(State Parties)の文言も使用されている。国際法上、条約の非当事国は、「条約は第三国を益しも害しもしない」という原則により、条約自体によっては基本的には影響を受けないとされている。宇宙条約第六条、第七条が条約当事国間の関係を規律するものであることは、「条約の当事国」(State Party to the Convention)の用語より明らかである。他方、宇宙損害責任条約が「国」(State)の語を用いていることから、条約を作成した諸国は一般国際法上の原則を述べようと意図したのではないかという問題が生じうる。[33]いずれにせよ、各条文の内容に関して、条約規定と第三国との関係が検討されなければならないだろう。

宇宙損害責任条約の様々な特徴について触れたが、この条約の最も大きな特徴は、無過失責任の原則を導入していることにある。この点については、これまでの国の国際責任法との関係における損害賠償責任の部分で詳しく述べることとする。

以上が宇宙活動をめぐる国の国際責任に関する国際法の展開の概略であるが、この他にも一九七五年の宇宙物体登録条約も深い係わりを有すると考えられる。また、一九八四年七月一一日に発効した月協定も、第一四条に責任に関する規定をおいている。同条第一項は締約国は月における自国の活動について政府機関によるものであれ、非政府団体によるものであれ国際的責任を有すること、自国の活動がこの協定に従って行われることを確保する国際的責任を有すること、非政府団体の活動が許可・継続的監督の下に限って行われることを確保すること、を規定している。第二項は、締約国は月における活動の進展の結果、宇宙条約、宇宙損害責任条約に加えて、月における損害の賠償責任に関する詳細な取極めの必要なことを認識するとしている。なお、一九八二年の「国際直接テレヴィジョン放送のための人工衛星の国による利用を律する原則」[(34)]、一九八六年の「宇宙空間からの地球の遠隔探査に関する原則」[(35)]、および、一九九二年の「宇宙空間における原子力源の使用に関する原則」[(36)]にも責任に関する規定がおかれている。

（2）　G.A. Res 1962 (XVIII), 13 Dec. 1963 (unanimous). 法原則宣言の責任関連条項について、安藤仁介「領域外の私人行為に関する国家責任―原子力事故、宇宙活動、海洋汚染にかかわる諸条約の検討を手掛かりとして―」『神戸法学雑誌』第三〇巻二号三二八―三三五頁（一九八〇年）参照。

（3）　例えば、G.A. Res 1802 (XVII), 14 Dec. 1962; G.A. Res 1963 (XVIII), 13 Dec. 1963; G.A. Res 2130 (XX), 21 Dec. 1965 などがある。

（4）　宇宙法形成における国連総会決議の役割について、Bin Cheng, United Nations Resolution on Outer Space, 5 Indian J. Int'l L. 23 (1965). なお、国連宇宙空間平和利用委員会でのコンセンサス方式の採用については、例えば、Courteix, La méthode du consensus dans l'élabolation du droit de l'espace, Mélanges offerts a Charles Chaumont 223 (1984) 参照。

（5）　ジェンクス（C. W. Jenks）を報告者とする第二委員会が宇宙の問題を扱い、全体会議で討議がなされ、決議が作成された。50-I Annuaire de l'Institut de droit international 128-496 (1963); 50-II, id., 60-187, 361-364, 369-372.

（6）　50-II, id., 362, 364, 370, 372.

（7）　International Law Association, Report of Forty-Ninth Conference, xx (1960).

（8）　決議中にはないが、責任の問題についての議論は、航空・宇宙法委員会の討議中には見出せる。Id., 245-289.

(9) International Law Association, Report of Fiftieth Conference, 71 (1962).

(10) Id., 31-69, 96-100.

(11) Id., viii.

(12) International Law Association, Report of Fifty-First Conference, xxxii-xxxiii (1964).

(13) Bin Cheng, International Liability for Damage caused by Space Objects, 1 Manual on Space Law 83, 86 (N. Jasentuliyana & R. S. K. Lee, ed. 1979).

(14) 宇宙条約は、法原則宣言に対応すると同時に、前文に述べられている国連総会決議第一八八四号を反映しており、その意味で軍事的側面をも取り扱っている。

(15) Bin Cheng, The 1967 Space Treaty, 95 Journal du Droit International 532, 586 (1968).

(16) Bin Cheng, supra note 13, at 87.

(17) Id. この点について一九七二年の宇宙損害責任条約第四条、第五条が規定をおいている。

(18) Id.

(19) 「宇宙飛行士の救助及び送還並びに宇宙空間に打ち上げられた物体の返還に関する協定」（一九六七年一二月一九日国連総会決議第二三四五号にて推奨、一九六八年四月二二日署名開放、同年一二月三日発効、一九八三年六月二〇日に日本加入書寄託）外務省条約局『条約集（昭和五八年多数国間条約集）』一八九―一九六頁。

(20) 「宇宙空間に打ち上げられた物体の登録に関する条約」（一九七四年一一月一二日国連総会決議第三二三五号にて推奨、一九七五年一月一四日署名開放、一九七六年九月一五日発効、一九八三年六月二〇日に日本加入書寄託）外務省条約局『条約集（昭和五八年多数国間条約集）』二一七―二二六頁。

(21) 「月その他の天体における国の活動を律する協定」（一九七九年一二月五日国連総会決議34/68にて推奨、同年一二月二八日署名開放、一九八四年七月一一日発効）。

(22) 「宇宙物体により引き起こされる損害についての国際的責任に関する条約」外務省条約局『条約集（昭和五八年多数国間条約集）』一九七―二一五頁。なお、宇宙救助返還協定、宇宙損害責任条約、宇宙物体登録条約への日本の加入について、山本草二「宇宙三条約の締結の承認」『ジュリスト』第七九五号五〇―五四頁（一九八三年）参照。

（23）Bin Cheng, supra note 13, at 87-88.

（24）宇宙損害責任条約の起草経緯について、Foster, The Convention on International Liability for Damage Caused by Space Objects, 10 Canadian Y. B. Int'l L. 137 (1972); C. Q. Christol, The Modern International Law of Outer Space 59-128 (N.Y.: Pergamon Press, 1982); 関口雅夫「宇宙物体により引き起こされる損害についての国際的責任に関する条約」『駒沢大学法学論集』第二三号二九―六二頁（一九八一年）参照。

（25）Foster, supra note 24, at 147-149.

（26）Bin Cheng, supra note 13, at 112-114.

（27）Id., 99-101.

（28）J. E. S. Fawcett, Outer Space 25 (Oxford: Clarendon, 1984).

（29）E. R. C. Bogaert, Aspects of Space Law 171 (Deventer: Kluwer, 1986).

（30）これまでに、欧州宇宙機関（European Space Agency, ESA）、および、欧州電気通信衛星機構（EUTELSAT）が受諾宣言をしている。

（31）宇宙物体登録条約第一条(b)も同様の規定であるが、同条約第二条一では、宇宙物体が「地球を回る軌道に又は地球を回る軌道の外に」打上げられた場合に登録の対象となる。フォスターは宇宙物体の定義について機能的および時間的考慮をしている。Foster, supra note 24, at 145-147. なお、宇宙空間で組み立てられた物体について、および、スペースシャトルが米国の一九五八年の連邦航空法（Federal Aviation Act）の下での航空機として取り扱われないとされていたことについて、C.Q. Christol, International Liability for Damage Caused by Space Objects, 74 Am. J. Int'l L. 346, 349 n.10 (1980) を参照。

（32）原子力損害については、原子力衛星による場合と、宇宙物体が地球上の原子力設備に損害を与える場合とが考えられていた。このような事態について、関口前掲論文注（24）五七―五八頁参照。

（33）Bin Cheng, supra note 13, at 94-99.

（34）G.A.Res. 37/92 (10 Dec. 1982) (107-13-13).

(35)　G.A.Res. 41/65 (3 Dec. 1986).
(36)　G.A.Res. 47/68 (14 Dec. 1992).

2　これまでの責任法との関係

このような宇宙活動をめぐる国の国際責任に関する国際法について、次に、これまでの国際責任法との関係を見てゆくが、ここでは保証責任と損害賠償責任の二点を中心に論ずることとする。

(1)　保証責任

まず、保証責任に関しては、宇宙条約第六条および月協定第一四条に規定がある。それは、「……自国の活動がこの条約の規定に従って行われることを確保する（assure）国際的責任を有する」というものである。一九六三年の法原則宣言の第五原則にも同様の規定がおかれていた。ジェンクスは、責任について遵守を確保する責任と、損害に対する国の直接責任とがあるとし、この責任は新しいものでも、受け入れられないものでもないとする。そして、前者の遵守を確保する責任について、国際電気通信条約の当事国が運用企業に規則を強いるため、必要な措置をとる義務を負うのに相応する、と述べている。[37]

国際法上、これと類似の規定は、例えば一九七二年のストックホルム人間環境宣言第二一原則に見出すことができる。ここでは、「……各国は……自国の管轄権内または管理下の活動が他国の環境または国の管轄権の範囲を越えた地域に損害を与えないことを確保する（ensure）責任を負う」とされている。[38]

同様に環境に関してであるが、一九八二年の国連海洋法条約第一九四条二項は、海洋環境の汚染について、「いずれの国も、自国の管轄又は管理の下における活動が他の国及びその環境に対し汚染による損害を生じさせないように行われること……を確保する（ensure）ためにすべての必要な措置をとる。」と規定し、陸上起因汚染や船舶起因汚染等の防止、軽減、規制について述べている。

また、深海底に関しては、同条約第一三九条一項で、「締約国は、深海底における活動（締約国、国営企業又は締約国の国籍を有し若しくは締約国若しくはその国民によって実効的に支配されている自然人若しくは法人のいずれにより行われるかを問わない。）がこの部の規定に適合して行われることを確保する責任を負う（the responsibility to ensure）。……」と規定している。[39]

人間環境宣言第二一原則および国連海洋法条約第一九四条二項は、自国の管轄下にある地域において行われる活動のみならず、それ以外の場所で行われる自国の管轄または管理の下にある活動についても国の保証責任を定めている。[40] これに対し、深海底は主権もしくは主権的権利の主張もしくは行使または専有が認められない地域であり（国連海洋法条約第一三七条一項）、そこでの特定の活動について国の保証責任が規定されている。ここでの保証責任の対象となる深海底における活動の主体は、締約国の国籍を有する自然人もしくは法人のみならず、締約国もしくはその国民により実効的に支配されている（effectively controlled）自然人もしくは法人をも含んでいる点に特徴がある。

このように、環境法および海洋法においては、私人による活動を広く認めながら、これらの活動に関して環境保護の観点等から国の役割を重視し、国の一定の行為を要請するという形で保証責任が規定されているが、宇宙活動については、国への責任集中という脈絡の中で保証責任が規定されている。

このような保証責任という概念は、国際法における責任の捉え方によっては若干疑問の生ずる余地があるように思われる。現在、国の国際責任に関する法典化作業を続けている国連国際法委員会の準備した草案[41]では、まず、国の国際法上の義務が存在し、当該義務の不履行により国の国際責任が生ずると基本的には考えられている。これは国際違法行為より生ずる国の国際責任と呼ばれている。[42] このような立場に立つと、保証責任とは、条約上、各国に保証の義務を課すものなのか、それとも一般的な用語法として原則あるいは目標を示すものにすぎないと解されるのかが問題となる。これは、保証責任を負う国が特定の措置をとらない場合における法的関係にもかかわっている。

保証責任を保証の義務と読みかえることができたとしても、問題はその個別具体的な内容であることに変わりはない。これについては、国内立法措置、注意義務の「定型化」、情報提供義務、協議を要請する他国の権利等が環境損害については考えられている。[43]

宇宙法の分野では、保証責任については、損害賠償責任と異なり詳細な条約規定が存在せず、また、紛争が発生した場合の解決手続も宇宙条約においては不明確のままで残されている。

(2)　損害賠償責任

次に、損害賠償責任に関して、宇宙条約第七条では明確に無過失責任の原則のみが採用されたとは言えないと考えられるが、これに対して、宇宙損害責任条約では宇宙物体が引き起こした特定の損害について無過失責任原則が導入されている。この導入の理由としては、宇宙活動の有益性、予防措置にもかかわらず損害の生ずる高度の危険性、被害者の保護等が考えられている。[44]

宇宙損害責任条約第二条では、「打上げ国は、自国の宇宙物体が、地表において引き起こした損害又は飛行中の航空機に与えた損害の賠償につき無過失責任を負う。」と規定されている。また、第四条一（a）も、宇宙物体の衝突等によって第三国に与えられた損害に関し、無過失責任を連帯して負う、と規定している。なお、第六条一では、無過失責任が免除される事由が規定されているが、請求国又は請求国により代表される自然人もしくは法人の故意、重過失により損害が生じた場合に限定されており、さらに、第六条二で国際法に適合しない活動[45]により損害が引き起こされた場合には、いかなる免責も認められないとされている。この宇宙損害責任条約で認められた無過失責任原則は、これまでのものとは異なる新たな法理である[46]。

他方、この条約は、第三条、第四条一（b）、第四条二で、過失責任原則をも採用しており、地表以外の場所で生じた損害については過失による場合に賠償責任を負うとしている。これは、宇宙物体相互の衝突等によるものと考えられるが、この場合には加害側と被害側の負う危険に差はなく、宇宙活動を行う国に相当の注意義務を課すことが適当であるからである[47]。この点では宇宙損害責任条約はこれまでの国際法における責任の法理と同じ流れの中で理解されるものであろう。ただし、通常、過失が国の「相当の注意」義務違反という意味で捉えられて来ているのに対し、同条約第三条では国の「過失」と「自国が責任を負うべき者の過失」とを並記している点は注目される[48]。これらの過失責任原則が適用される場合にも、無過失責任原則による場合であっても、被害者保護の観点から損害賠償については無限責任を負うとされている。ただし、この点については、限度額を定めた方が保険問題を解決するのには役立っただろうとする立場もある[49]。

損害賠償責任に関しては、損害額の算定基準となる適用法についての問題があった。条約草案を作成した宇宙空間平和利用委員会の法律小委員会における討議の際には、打上げ国法を適用法とする立場と被害者国法、損害発生地法を適用法とする立場とが対立しており、この妥協の必要から、「国際法並びに正義及び衡平の原則に従って」という現行の条約第一二条の規定となった。この規定は、原状回復（restitutio in integrum）を補償の目的とするものであるが、その妥協的性格ゆえの一般性・不明確性を有している。例えば、「衡平及び正義」の意味について、これは国際法上のいわゆる「衡平と善」（ex aequo et bono）とは一応区別されるものと解されるが、その正確な意味については一層の検討が必要であろう[50]。なお、宇宙損害責任条約第一条に言う損害の定義との関係で、

第一二条の規定は損害の枠を広げるものであるとする意見、あるいは、被害者保護の観点から損害の概念を補充するものであると解する立場もある。[51]

宇宙損害責任条約は、損害賠償の請求手続について規定しているが、これは、適用法の問題とともに条約草案作成の最終段階まで対立のあった点である。[52] 同条約第九条によれば、損害賠償の請求は、まず、外交交渉により行われる。当該請求が一定期日内に外交交渉で解決されない場合には、いずれかの一方の当事国の要請により請求委員会が設置される（同条約第一四条）。このようにして設けられた請求委員会について最も重要な点のひとつは、委員会の判断の拘束力の問題であるが、宇宙損害責任条約第一九条では、当事国が合意している場合には、最終的な、かつ、拘束力のある決定（decision）をなしうるが、当事国が合意していない場合には、最終的で勧告的な裁定（award）を示すものとされている。

請求委員会の設置は一方当事国の要請によりなされうるが、当事国が合意しない限り判断は拘束力のないものである、とされるにせよ、損害賠償責任の問題と請求手続とが結びつけられて規定されていることは、紛争解決手続が基本的には国の合意に依拠せざるをえない現在では、肯定的な評価が一応は与えられると解される。なお、国連総会決議第二七七七号が、「……各国は、条約の当事国となる際に、同様の義務を受諾する他の国との関係において、自国が当事国となる紛争に関する請求委員会の決定を拘束力のあるものと認めることを宣言しうる……。」としていることから、第一九条二の規定を国際司法裁判所規程第三六条二の選択条項に類似した規定であるとする見解がある。[53]

（37）　C.W. Jenks, Space Law 211 (1965). なお、国際電気通信条約（一九八二年ナイロビ条約）第四四条二参照。
（38）　U.N.Doc. A/CONF.48/14 and Corr.1.

(39)　日本語の公定訳では「確保する義務を負う」とされている。

(40)　人間環境宣言第二一原則における「管理の下にある活動」について、ソーンは自国民、自国の旗を掲げる船舶、自国内で設立された法人に原則は適用されるが、在留者、自国民が所有するが外国の旗を掲げる船舶、自国内で設立された法人により管理されている外国子会社への適用は疑わしいとしている。L.B. Sohn, The Stockholm Declaration on the Human Environment, 14 Harvard Int'l L. J. 423, 493 (1973). 国連海洋法条約第一九四条について、R. J. Dupuy et D. Vignes, Traité du Nuveau Droit de la Mer 1029-1045 (Paris: Economica 1985) 参照。なお、国の経済的権利義務憲章第三〇条にも同様の規定がおかれている。

(41)　国際法委員会の条文草案とコメンタリーについては、村瀬信也監訳「『国家責任』に関する条文草案注釈（一）（二・完）」『立教法学』二三号一五二—二二一頁（一九八四年）、二四号一四一—二五二頁（一九八五年）、植木俊哉他訳「『国際責任』に関する条文草案注釈（一）（二）（三・完）」『法学』六二巻二号、三号、五号（一九九八年）参照。なお、この後、条文草案は第二読ののちに暫定的に採択され、大幅な変更が加えられている（A/CN.4/L.600）。

(42)　国連国際法委員会は同時に、「国際法により禁止されていない行為に起因する被害に対する国際賠償責任」のテーマについても法典化作業を進めている。

(43)　山本草二「環境損害に関する国家の国際責任」『法学』四〇巻四号三一頁（一九七七年）。

(44)　山本草二『国際法における危険責任主義』二三六—二三七頁（東京大学出版会、一九八二年）。フォスターは無過失責任原則導入の主要な根拠として、過失立証の困難なこと、および、宇宙活動に付随する危険を挙げるが、報償責任の考え方には疑問があるとしている。Foster, supra note 24, at 150-151.

(45)　デローはこのような活動の例として、非平和的活動やスパイ活動を挙げている。Deleau, La Convention sur la responsabilité internationale pour les dommages causés par des objets spatiaux, 17 Annuaire français de droit international 876, 880 (1971).

(46)　Foster, supra note 24, at 150.

(47)　E.R.C. van Bogaert, supra note 29, at 167.

(48)　J.E.S.Fawcett, supra note 28, at 27.

（49）　I. H. Ph. Diederiks-Verschoor, Similarities with and Differences between Air and Space Law primarily in the Field of Private International Law, [1981-III] 172 Recueil des cours 317-423 (1982).
（50）　宇宙損害責任条約第一四条以下により設置される請求委員会は、第一九条一により、第一二条の規定に従って活動するとされている。この限りにおいて、第一二条の「衡平及び正義」の意味は、「衡平と善」との共通性を有するとも考えられる。
（51）　J. A. Burke, Convention on International Liability for Damage caused by Space Objects: Definition and Determonation of Damage after the Cosmos 954 Incident, 8 Fordam Int'l L. J. 255, 283-285 (1984-1985).
（52）　この対立を解消させるために、国連総会決議もなされている。G.A. Res. 2733B (XXV) (16 Dec. 1970) (108-8-2).
（53）　Bin Cheng, supra note 13, at 140-141.

3　宇宙法における責任理論の問題点

宇宙活動をめぐる国の国際責任に関する国際法、および、これまでの国際責任法との関係について述べてきたが、最後に若干の問題点に触れておく。

まず、ここでは、考察の対象を国の国際責任の特定分野に限定している。しかしながら、国際責任の問題は、国のみならず国際機構および私人等についても関連するものである。特に国際機構は独自の法人格を国際責任についても有するが[54]、さらに、このような場合に国際機構との関係で国の国際責任がどのように生じうるのか、あるいは、「商業化」の側面において私人の宇宙活動への参加にともなう国の国際責任について検討する必要がある。

次に、宇宙活動をめぐる国の国際責任の法制度については、被害者保護の観点から無過失責任原則、および、保証責任が注目されるが、前者に関してはこれまでの国の国際責任の法理とは異なる性質のものと考えられることから、その運用を通じて法制度の意義を検討して行く必要がある[55]。後者の保証責任に関しては、環境保護等についての国際法の規定とともに、宇宙法に限定されず一般化する可能性を有するとも解されるが、その際には保証責任がつくりだす権利・義務関係、その具体的内容を明確にしてゆく必要がある。[56]

最後に、損害賠償の脈絡で捉えるか、保証責任の個別化の問題として考えるのかは別として、国内法の立法措置の問題がある。国内法については、例えば、一九八二年の国連海洋法条約第二三五条二では海洋汚染から生ずる損害について、「……自国の法制度に従って迅速かつ妥当な補償その他の救済のための手段が利用できることを確保する。」としており、ここでは国内法の存在が前提とされている。他方、宇宙法に関しては、国内立法は各国の裁量に委ねられていると解される。国内法が新たに制定されなくても被害者に対する損害賠償に対応しうる場合には特にそうであろう。宇宙損害責任条約第一一条一においても、国内的救済措置の完了を請求の要件とはしていない。しかしながら、同条約第一一条二では、国内的救済をまったく排除しているものではないことから、国内法の規定によっては国内手続による賠償も可能であると解される。この意味では、国の権利と個人の権利との調整を含めた国内法の制定も、被害者保護の観点からは望ましいと考えられる。[57]

(54)　例えば、宇宙損害責任条約第二二条。なお、宇宙活動に関して国際機構の負う国際責任について、拙稿「国際機構の国際責任―宇宙損害責任条約における意義―」『法学研究』四六巻五号一九―四七頁（一九九一年）参照。

(55)　一九七八年一月にカナダに落下した旧ソ連の原子力衛星コスモス九五四号に関して、カナダは両国が当事国である宇宙条約、宇宙損害責任条約、および国際法の一般原則に基づいて、旧ソ連に六、〇四一、一七四ドル七〇セント（カナダドル）の請求を提起した。旧ソ連は様々な反論をしつつもカナダに三〇〇万カナダドルの支払いをなした。カナダは請求の中で、宇宙損害責任条約に定められた請求委員会の設置を前提とする留保を行っている。18 Int'l Legal Materials 899, 905-908. 20 id.689. なお、コスモス九五四号のケースについて、Stephen Gorove, Cosmos 954: Issues of law and Policy, 6 J. Space L. 137 (1978); Peter P. C. Haanappel, Some Observations on the Crash of Cosmos 954, id. at 147 参照。

（56）損害賠償責任と保証責任の関係については、例えば、国連海洋法条約第一三九条二の規定は特定の場合に両者を結びつけていると解されるが、宇宙法において両者がどのような関係におかれるのか、一層の検討を必要としよう。

（57）日本は宇宙三条約への加入の際に国内法の制定を予定していた模様である。泊秀行「宇宙事故への対応」『立法と調査』九一号三六頁（一九七九年）。しかしながら、現在までのところ制定されていない。

日本が宇宙損害責任条約により打上げ国として賠償責任を負う場合には、当面新たな立法措置は必要ではないとされた。ただし、商業打上げの観点から一九九八年に宇宙開発事業団法が改正されている。国民等が損害を被り日本が請求国となる場合には次のような手続を予定していた。

（1）科学技術庁は、損害の調査を行う。

（2）被害者は、科学技術庁に損害の届出を行うことができる。

（3）科学技術庁は、国が打上げ国に請求しようとする賠償金の額及び国が打上げ国と同意しようとする賠償金の額等を被害者に通知するとともに、被害者が裁判等により自ら損害賠償の請求を行う意思を有していないことを確認する。

（4）国が打上げ国から賠償金の支払いを受けた場合には、科学技術庁は、被害者に賠償金を支払うために必要な措置をとる。

目賀田周一郎「宇宙物体により引き起こされる損害についての国際的責任に関する条約」『法令解説資料総覧』三六号一八七頁（一九八三年）。なお、米国の国内法について、Joseph A. Bosco, Liability of the United States Government for Outer Space Activities which result in Injuries, Damages or Death according to United States National Law, 51 J. Air L. Commerce 809 (1986) 参照。

第二節　戦争法・武力紛争法

戦争法の分野は長い歴史を有しているが、ここでは、今世紀に戦争法、武力紛争法における国の国際責任に関する規則がどのように発展してきたかについて検討する。

戦争法、武力紛争法において国際法の規定に違反した場合に国が賠償を行うべきことについて規定した例としては、一九〇七年の陸戦の法規慣例に関する条約（ハーグ第四条約）第三条がある。発効はしなかったが、一九〇九年の海戦法規に関する宣言（ロンドン宣言）では中立船の破壊に伴う賠償に関する規定が置かれていた。[58] また、一九二三年空戦規則案第二四条五項においても、「交戦国は、その士官または軍隊がこの条の規定に違反したことによって生じた身体または財産に対する損害について賠償を支払う責任がある。」と規定されていた。[59]

（58）　第四八―五三条、D. Schindler and J. Toman, The Laws of Armed Conflicts 852-853 (Dordrecht: Nijhoff, 3rd revised and completed ed., 1988).

（59）　コメンタリーについては、32 Am. J Int'l L (1938) Supplement 24 を参照。この規定は第二四条一～四項に定められた空爆の際の軍事目標主義についての規定である。これに対して、規則全体の違反についてオランダが提案をしているが、そこでは「故意又は過失により」（intentionally, or through negligence）の文言が用いられている。この提案は受け入れられ、一般報告書に入れられることとなった。id., 55-56.

1　一九〇七年陸戦の法規慣例に関する条約第三条

ハーグで開催された第二回の平和会議において、陸戦の法規慣例に関する条約が採択され、同条約の第三条は、責任に関して、「前記規則ノ条項ニ違反シタル交戦当事者ハ、損害アルトキハ、之カ賠償ノ責ヲ負フヘキモノトス。交戦当事者ハ、其ノ軍隊ヲ組成スル人員ノ一切ノ行為ニ付責任ヲ負フ。」と規定している。

この規定と同種の規定は一八九九年に採択された条約中には存在しない。この条文はドイツ提案により採択されている。このドイツ提案は使用者責任（the master is responsible for his subordinates or agents）の原則に基づくものであるが、ドイツの提案は中立国人と敵国人とを区別して二ヵ条の提案をしており、中立国人に対しては速やかに（as soon as possible）、敵国人には平和条約時に賠償するとしていた。この提案に対して、審議過程において両者が一つにされたのが現在の条文である。[60] この第三条は、敵国または中立国の私人（civilians）が被った損害に対してのみ適用されることを意図しており、小規模な問題より生ずる場合のみを対象としていた。

一九〇七年の第四条約第三条は、条約違反に対する処罰という観点からは必ずしも肯定的に評価されていない。戦争に関する規則違反は政府の命令なしになされた場合にのみ戦争犯罪であるとされたことがあるが、[61] 現在では上官の命令によった場合であっても責任を免れないと考えるようになりつつある。このような戦争犯罪をなした者の処罰という考え方は一九〇七年の段階ですでに存在していたが、第四条約中には規定されていない。同条約第三条は、戦争法違反により生じた損害に対して金銭賠償を行うことを規定しているのみである。この条約以前にも戦争法違反が国際法に違反する行為であるとされてはいたが、このように金銭賠償を定めた規則は存在せず、平和条約締結ののちに規則違反より生じた損害について請求を提起することもなかった。[62] その意味では第三条の規定は新たな規定であるが、それは、軍隊の構成員に関しての側面ではなく、規則違反に対して賠償を支払わなくてはならないとしている点でこれまでにはない規定であると解されることもある。[63]

この規定と平和条約中に定められる金銭の支払についての規定との違いが問題となる。平和条約中に金銭の支払の規定が入れられる原因は様々であるが、「償金」（indemnities）と呼ばれてきた。この意味での償金は、第一次大戦後の平和条約中には挿入されていないが、一九一九年のドイツとの平和条約第八部には「賠償」（reparation）に関する規定があり、戦争中の損失、損害に対する金銭賠償を定めていた。第二三一条はドイツが責任を負うことを受諾しており、第二三二条は附属書一に明示された損害に対してドイツが金銭賠償をなすとしていた。賠償額の決定と賠償支払を監督するために「賠償委員会」が設立された(64)。

このような平和条約中の規定が敗戦国の戦争法違反に対する戦勝国側の請求を含んでいるものか否かが問題となる。他方、歴史的には戦勝国の軍隊のなした戦争法違反より生ずる損害についての請求は、戦争状態を終了させる条約により敗戦国により放棄された。ただし、平和条約中に特別の条項がない場合には放棄をしたものと解するか否かについては対立がある(65)。このような平和条約の実行により一九〇七年第四条約第三条は適用されなくなったと解されていた。

（60）The Proceedings of the Hague Peace Conference, vol. 1, at 101-102, vol. 3, at 13-14, 25-26, 139-143.
（61）Oppenheim's International Law, (5th ed., by H. Lauterpacht, 1935) vol.2, 453. なお、第六版改訂版（一九四四年）ではこのような立場を否定している。
（62）Oppenheim's International Law, (7th ed., by H. Lauterpacht, 1952) vol.2, 592-593.
（63）Id., 593.
（64）Id., 594-595. 第二次世界大戦ののちに、ドイツからの賠償に関する原則は一九四六年の条約により定められたが、以前は一般的な賠償が強調されたのに較べて、賠償にともない経済的困難が発生することの経験から、請求を違法に持ち出された財産の返還に限定するようになる傾向にあると述べられている。

(65)　A.V. Freeman, Responsibility of States for Unlawful Acts of Their Armed Forces, [1955-II] 88 Recueil des cours 296-297 (1956).

2　一九七七年第一追加議定書第九一条

一九〇七年の陸戦の法規慣例に関する条約第三条から、一九七七年の第一追加議定書第九一条までの期間において武力紛争法に現われた賠償責任に関連する規則としては、一九四九年のジュネーヴ四条約がある。これらの条約ではジュネーヴ規則違反について個人の処罰をするために、条約加盟国が国内立法を行うことを定めている。これは、国際的手続ではないが、規則違反について国内裁判所における処罰を行うための規定が作成されることが求められている。また、「引渡しか処罰か」の原則を取り入れて、ジュネーヴ四条約違反の行為をなした個人に対する手続を広く確保しようとしている。

このような個人の処罰に関連する規定とともに、国の責任についての規定が置かれている。これらは、第一条約第五一条、第二条約第五二条、第三条約第一三一条、第四条約第一四八条である。これはイタリアの提案により挿入された規定である。ただし、これらの規定の文言は一九〇七年第四条約第三条の規定とは異なっている。

これに対して、一九七七年の第一追加議定書第九一条は、一九〇七年条約とほぼ同一の規定となっている。この議定書の起草過程では、一九四九年の四条約中の責任に関する規定も同時に挿入されることが提案されたが、同議定書の性格が「追加」であることから、四条約中にすでに含まれている条約規定を繰り返し規定する必要はないとされた。一九四九年の条約中の規定を理由に、提案された条文案が削除されたことは、一九四九年の諸条約の責任に関する条項と一九七七年の追加議定書に規定された条項とが同一の内容ではなく、異なる意味を持つものと解することができる。

一九七七年第一追加議定書第九一条はベトナムの提案により採択された。この条の文言は一九〇七年の第四条約第三条に似ているが、これが同じ意味を有しているか否かが問題となる。起草過程からすると、ベトナムおよび共同提案国（アルジェリア、ユーゴスラヴィア）は一九〇七年第四条約第三条の規定が敵国および中立国の私人の被った損害に対する賠償の規定であるとは考えなかった。ベトナムの理解とそれに続く沈黙は一九〇七年条約第三条のもとの意味を損なうものではない。しかし、一九七七年議定書の第九一条を解釈する場合にはベトナムの代表が明らかにした意図を考慮しなければならない。これらのことから、紛争当事者の関係において新旧の規定が一体となって国に対してと個人に対しての賠償を規定していることになる。

以上のことからは、一九〇七年第四条約第三条の規定と一九七七年追加議定書第九一条の規定とが、外見上は、ほぼ同一の内容を有しているのにもかかわらず、両者の意味は異なる脈絡において把握されなければならないと考えられる。(66)

なお、一九〇七年の陸戦の法規慣例に関する条約第三条に関する日本の国内判例としては上敷香韓人虐殺事件に基づく陳謝等請求事件(67)がある。この事件について東京地裁は、第三条の規定は、交戦当事国の間の責任を明らかにしたものにすぎず、国が交戦当事国の被害者個人に対して直接損害賠償責任を負う趣旨とは解せられない、と判断しているが、一九〇七年の陸戦の法規慣例に関する条約第三条の起草過程からは同条が交戦国または中立国の個人に対して当事国の軍隊の構成員が与えた損害を賠償することを意図していたとも解される。(68)

(66)　F. Kalshoven, State Resonsibility for Warlike Acts of the Armed Forces, 40 Int'l Comp. L. Q. 846-847 (1991).

(67)　一九九五年七月二七日、東京地裁、平三(ワ)一一四六五、『判例タイムズ』八九四号（一九九六）一九七―二〇二頁、『判例時報』一五六三号（一九九六）一二一―一二五頁、浅田正彦「国家の国際人道法違反の個人に対する責任」『ジュリスト』一〇九一号（一九九六）二四五―二四七頁。本件は控訴されたが、この判断を東京高裁はほぼ踏襲した。一九九六年八月七日、東京高裁、平(ネ)三五六八、『訟務月報』第四三巻七号（一九九七）一六一〇―一六一五頁。なお、本件は上訴されず確定している。

(68) 一九〇七年第四条約第三条解釈と個人の請求権については、藤田久一他編『戦争と個人の権利』（日本評論社、一九九九年）に収録された専門意見書、特に小寺彰教授およびカルスホーフェン教授による意見書、ならびに、広瀬善男「戦争損害に関する国際法上の個人請求権」『明治学院大学法学研究』第六九号一五七―二四二頁（二〇〇〇年）参照。

3　戦争法・武力紛争法と責任法の関係

一九〇七年条約および一九七七年条約の国の責任に関する規定が、責任法理論との関係でどのように位置付けられるのかが問題となる。

米西戦争中にフィリピンで起きたザフィロ号事件は国の機関の過失による責任を認めた事例とされている。[69] 相当の注意を欠いていたことが根拠とされているが、事件の起きたのは一八九八年のことである。こののち、一九〇七年に第四条約が採択されるが、ザフィロ号事件を含む事件を取り扱うために英米が条約を締結したのは一九一〇年であり、判決は一九二五年に出されている。本件が一九〇七年第四条約第三条の対象となるのであれば、相当の注意は問題とはならないと解することも可能であろう。ザフィロ号の水夫たちが第三条にいう軍隊の構成員に該当するとすれば、米国は発生した損害に対して賠償責任を負うことになるからである。このような一九〇七年の条約規定がザフィロ号事件判決に影響を与えたのかは不明であるが、[70] 条約発効後は条約当事国はこの条の規定により賠償義務を負うことになり、その慣習法化も検討される必要がある。しかしながら、一九〇七年条約がその後の実行により適用されなくなったと解すると、現在では一九七七年条約の意義を検討する必要がある。

アンツィロッティは責任論に関連して、過失を論じた部分で一九〇七年第四条約第三条を引用し、[71] その条文に

「其ノ軍隊ヲ組成スル人員ノ一切ノ行為ニ付責任ヲ負フ。」とされていることについて、「準備交渉からもまた規定の正文からも、同条が純粋に客観的な責任制度を設けようとしたことに、疑問の余地がないようである。」としている。[72] ただし、この規定については、過失責任を支持する学者もこれを認めており、また、特定の規定に基づいて過失か無過失かの問題を解決することは不可能であるとして、過失の概念について詳細に検討している。

これは、この第四条約第三条の規定だけで客観責任の制度が国際法上の国際責任に関する一般原則であるということはできないと判断するものであり、条約規定が客観責任という一般原則を体現したものであるのか、過失責任にたったうえでの例外的規定であるのかを慎重に検討する必要のあることを強調する。アンツィロッティのこの立場に立てば、条約が成立していることから直ちに一般原則を導き出すことはできないことになる。

一九〇七年、一九四九年、一九七七年の諸条約を考察すると、ジュネーヴ規則の違反について個人の責任を規定しているのは一九四九年条約であり、国の責任を規定しているのは若干不明確な形で一九四九年条約、および、一九七七年の第一追加議定書であると解することができる。ハーグ規則違反については、国の責任が一九〇七年の第四条約第三条で規定されているが、同条約中には個人の処罰に関連する規定は置かれていない。ただし、個人のハーグ規則違反が処罰されなかったのではなく、これは、通常の、あるいは、狭義の戦争犯罪という類型により、国内裁判所、さらには、国際法廷で裁判の対象とされてきている。この意味では、ハーグ規則違反に関しては明確な国の責任が一九〇七年第四条約で規定されているが、個人に関する規定は、他の国内立法、国際条約に委ねられていると解することができる。

次に、戦争法・武力紛争法への責任法理論の影響については、責任論が第二次規範をめざしたことにより、影響を受けつつあると解される。個人の被った損害から生ずる責任に関しては戦争を除外することもあったが、責任論が一般原則を目指したことから様々な分野での検討が可能になり、戦争法・武力紛争法においても国際責任法の発展を踏まえた研究が行われている。一九〇七年条約、一九七七年条約をこの責任論の一般原則という観点から分析しうる情況が生まれてきていると解される。

第一次規範と責任について、ひとつの分野において成立した責任規則が責任の一般原則との関係でどのように把握されるのであろうか。アンツィロッティが無過失責任の理論の考察の際にとった立場のように、あくまでもひとつの条約規定は一般原則の証拠と簡単には言うことはできないであろう。他方、一般原則についてなされている法典化作業があくまでも残存規則であるとする点について、これは条約法条約においても同様であるが、国の合意に依然として大きな地位を与えていることを意味している。

いずれにせよ、第一次規範中で規定された責任規則は、その効力は限定されたものであることに留意しつつ、それらの規則の有する意味を考えて行くことも必要である。個別の分野、ここでは宇宙法と戦争・武力紛争法を取り上げたが、そこで成立した規則が一般原則からどのような影響を受けているのか、逆に、どのような影響を与えているのか、が問題となる。その意味では、残存規則であるとされながらも、基本的に第二次規範を目指しているとすれば、その相互関係での整合性を有することが必要である。両者を一般法と特別法との関係でとらえるとすれば、一般後法と特別前法の調整が必要なこととされる。

現時点では、国内法のような立法機関が存在していない国際社会において、最終的に国の意思に法の抵触関係の解決を委ねるとすれば、後からなされた最新の合意が優越すると解される場合がある。その意味では、後法優位を原則的なものと考えて一般後法は特別前法を破る可能性がありえよう。

責任原則が一般原則として確立しているのであれば、各分野における責任規則については、その一般原則を踏まえて、それが適用される範囲では特に責任規則をおく必要はない。責任に関する特別の規則を条約中で作成するのは一般原則の適用を排除する、あるいは、変更することを意図してなされることになろう。しかしながら、このような形で責任に関する一般原則が確立していない以上、やはり第一次規範中に設けられた責任規則は慣習法化の観点からも大きな意義を有し、ここに責任規則の発展の方向を見出さざるを得ない状況があると考えられる。

（69）石本泰雄、ザフィロ号事件、田畑茂二郎・太寿堂鼎編『ケースブック国際法』二九五―二九七頁（有信堂、新版、一九八七年）。

（70）A.V. Freeman, supra note 65, at 364.

（71）もう一つは、義務違反により生じた損害を賠償する責任があるという原則を説明した部分で、この原則が慣例となっているのと同時に、条約規定にも見い出すことができるとして、第三条を参照している。Corso di Diritto Internazionale 416 (Roma: Athenaeum, 1928); Cours de droit international 467, traduction francaise par Gilbert Gidel (Paris: Sirey, 1929); Lehrbuch des Völkerrechts 360 (Berlin und Leipzig; Walter de Gruyter, von C. Bruns u. K. Schmid, 1929); 一又正雄訳『國際法の基礎理論』四九二頁（東京：巖松堂、一九四二年）。

（72）Corso (1928) 444; Gidel 499; Bruns u. Schmid 388; 一又訳、五二四頁。

第二部　国際責任の履行方式

第一章　履行方式の種類

一般的に、国際法違反に対する救済を自助以外に求める方法としては、外交経路、交渉、調停、仲裁、司法裁判などの方法を通じて、違法行為の停止、課されている義務の履行、違反前の状態の回復、生じた損害の賠償、陳謝・責任者の処罰・権利義務の宣言の形態を含むサティスファクションなどを求めることが挙げられる。

国際違法行為を扱う国際責任法に関しては、現在では、国際法を三つのカテゴリーに分けて考えている。第一は、第一次規範（primary rule）と呼ばれる行為の合法性を判断する規範であり、第二は、責任の発生に関する規範である。さらに、第三のカテゴリーとして責任の履行の分野があり、ここには国際請求の取り扱いを含む規範が含まれる。第二、第三が第二次規範（secondary rule）と呼ばれる責任に関する一般原則である。これは、現在行われている国際法委員会の国際責任に関する法典編纂作業において取られているアプローチである。[1]

国際責任の法制度が国際法においてどのような働きをするのかは、様々な観点から論じられるところである。違法行為の法的結果を明示することは、事後的な損害の賠償とともに、事前の違法行為の防止にも間接的に貢献することになる。このような作用に着目して責任制度をより広く捉え、評価する考え方もある。

他方、国際法委員会の責任に関する法典化作業が四〇年以上もつづけられているのにもかかわらず、成果の出ないことを、国際責任法の分野にあらゆるものを含めたためであるとする考え方もある。例えば、ヒギンズは責任法の法典化作業には実体法の義務の分野、対抗措置の分野、そして、賠償・補償の分野を取り込むべきではないとする。(2) このような考え方は、法典化作業に枠をはめるという観点からは肯定できるものと考えられる。他方、法典化という制約のある作業を離れて国際責任法を考えた場合には、責任の履行、賠償の問題は、責任法とは切り離して考えられないものと解される。(3)

ここでは、このうち国際責任の履行方式の部分に焦点を当て、賠償の問題についてを取り扱うことにする。国際義務違反となる国際法主体に帰属する行為により生じた責任を、どのような方法により履行するかの問題である。(4) 用語としては、「国際責任の解除」(5)「違法行為の法的結果」「国際責任の効果（責任の解除）」(6) 等も用いられているが、ここでは責任の履行（implementation）の語を用いることにする。

また、責任の履行の方式は通常、賠償の語をもって論じられてきた。正確には、国際違法行為より責任が発生し、その責任を履行する手段として賠償がある。ここではこの意味で賠償の語を用いることにする。

賠償の形態としては、原状回復、金銭賠償、サティスファクション、が伝統的に認められてきた。例えば、ブラウンリーは、賠償とは、「訴える側が訴えられる国によりなされることを期待するすべての措置を指し示すもの」であるとして、補償の支払（または原状回復）、陳謝、責任者の処罰、義務違反が再度起きないようにするための手段を採ること、他のサティスファクション、を挙げている。(7)

このような責任履行の方式のそれぞれの形態・機能を明らかにするためには、各々について学説、判例、条約、法典化作業、諸国の実行を検討する事が必要とされる。また、賠償の各形態間の相互関係を明らかにする必要があり、そのうえで、賠償が国際法上果たす役割についてを検討すべきである。

国際責任の問題は、また、紛争の平和的解決と密接な関係を有している。平和的解決手段のうち、司法的解決手段における救済手段についてはグレイによって詳細な研究がなされている[8]。国際責任の法理が非司法的解決手続にまで浸透しうるかの問題は、各解決手段ごとに救済方法を検討することを必要としている。例えば、交渉手続による解決において責任理論がどのように反映しているのか、また、解決が責任理論にどのように影響しているのか、という問題である。

紛争解決の各手続においては、考慮される要因が異なっている。厳格な国際法の適用が要求される場合と、弾力的な運用がなされる場合とがありうる。弾力的な運用であり、厳格な法の適用ではなくとも、その法的部分を抽出することが可能であれば、非司法手続においても国際責任の法理を分析する意義はあると考えられる。

違法行為に対する救済手段に関する原則を述べたとされる常設国際司法裁判所のホルジョウ工場事件判決では、賠償に関して次のように述べている。

違法行為の実際の概念に含まれた本質的原則で、国際実行、なかんづく、仲裁裁判の決定により確立されたと考えられる原則は、賠償は、可能な限り当該違法行為の結果を消し去らなくてはならず、当該行為がなされなかったならば存在したであろう状況を再生しなければならないというものである。原状回復、または、これが不可能な場合には原状回復が有する価値に相当する金額の支払い、必要ならば原状回復またはそれに代わる金銭の支払いによって対象とならない損失に対する金銭賠償の付与、といったものが国際法に違反する行為に対する金銭賠償額の算定に考慮されるべき原則である[9]。

責任の履行、賠償の方式としては、ここでいう原状回復、金銭賠償の他に様々な方法が用いられて来ているが、ここでは、まず、国際法においてこれまで認められてきた方式のうち、違法行為の停止、原状回復、金銭賠償についてをとりあげる。このうち原状回復および金銭賠償については、多くの研究がすでになされているが、これまでの法典化作業の概略を述べ、それらの方法にともなって生じている若干の問題点に触れることとする。

さらに、第二章および第三章において、賠償との関連で問題とされている懲罰的損害賠償、サティスファクション、宣言判決、を取り上げて詳述し、これらの手段の賠償における位置づけを明らかにしたいと思う。なお、国際法の違反については、「強制的解決」と呼ばれる分野が存在している。この分野において、国際責任の法理がどのように適用されているかについても検討する必要があるが、ここでは、まず、伝統的な賠償の方式に関して見てゆくこととする。

（1） これに反対する立場もあるが、一般的にはこのような考え方は受け入れられているものと考えられる。例えば、Oscar Schachter, International Law in Theory and Practice 202 (Dordrecht: Martinus Nijhoff, 1991) 参照。

（2） Rosalyn Higgins, Problems and Process: International Law and How We Use It 162 (Oxford: Clarendon Press, 1994).

（3） 義務違反と賠償の問題の中間に、責任の問題はそもそも不必要であるとする立場について、Philip Allott, State Responsibility and the Unmaking of International Law, 29 Harv. Int'l L. J. 1-26 (1988) 参照。この場合にも賠償の存在自体は認めている。

（4） ケルゼンは、責任を義務の違反から生ずる法的状態ではなく、制裁のなされる可能性との関係でとらえている。義務違反は、賠償をなす義務を新たに生じさせるのであり、そのような義務が履行されない場合に、責任が問題となるとしている。Hans Kelsen, General Theory of Law and State 358 (Cambridge, Mass.: Harvard University Press, 1945).

（5） 山本草二『国際法』六五六頁（有斐閣、新版、一九九四年）、臼杵知史「国家責任」杉原高嶺他著『現代国際法講義』三六五頁（有斐閣、第二版、一九九五年）。

（6）田畑茂二郎『国際法Ｉ』四九二頁（有斐閣、新版、一九七三年）。
（7）Ian Brownlie, Principles of Public International Law 460 (Oxford: Clarendon, 5th ed., 1998).
（8）Cristine D. Gray, Judicial Remedies in International Law, xix, 247 (Oxford: Clarendon Press, 1990).
（9）Chorzów Factory (Germany v. Poland), 1928 P.C.I.J. (ser. A) No.17 at 47 (Sept. 13).

第一節　違法行為の停止

国際法に違反する行為がなされた場合に、それが引き続きなされるような性質の行為である場合には、当該行為の停止が問題とされることがある。

1　国際法委員会案

国際法委員会の法典化作業においては、国際義務違反がなされた場合に、それが継続的性質の違法行為である場合には、当該行為を停止することが問題とされている。このような継続的性質を有する行為については、当初、法典草案第一部の第一八条三、第二五条に次のように規定されていた。

第一八条［国にとって国際義務が有効となる条件］

3　国際義務により要求されているところと一致しない国の行為が継続的性質を有する場合には、当該義務の当該国にとっての有効期間に、かかる行為が継続した期間に対してのみ、当該義務の違反が存在する。

第二五条［時間的に継続している国の行為による国際義務の違反の時期と期間］
1　継続的性質を有する国の行為による国際義務違反は、かかる行為が始まるときに生ずる。ただし、違反が行われた時間は、国際義務と一致しない行為が継続している間のすべての期間に及ぶ。
2　別々の事項に関する一連の作為または不作為が混成された国際義務違反は、その混成行為の存在を確定する一連の作為または不作為が完了したときに生ずる。ただし、違反が行われた時間は、国際義務と一致しない混成行為を構成する最初の作為または不作為がなされたときから、かかる行為または不作為が繰り返される間のすべての期間に及ぶ。
3　国の同一または異なる期間によってなされた同じ事項に関する作為または不作為の連続からなる国の行為による国際義務違反は、その複合行為の最後の構成要素が完了したときに生ずる。ただし、違反が行われた時間は、かかる違反を開始させる作為または不作為がなされたときから、違反を終了させる作為または不作為がなされたときまでのすべての期間に及ぶ。

これらの規定は、違法行為のなされた時期（tempus commissi delicti）の決定のための規定である。

また、第一部では、継続的行為に対比されるものとして、第二四条では、時間的に継続しない国の行為による国際義務の違反の時期と期間について規定している。この場合には、時間的に継続しない国の行為による国際義務の違反は、このような行為が行われたときに生ずるとし、国の時間的に継続しない行為の効果が後に続く場合でも、違反が行われた時期は、当該期間を超えるものではない、と規定している。

さらに、第二六条においては、一定の事態を予防する国際義務の違反の時期と期間に関する規定をおいて、一定の事態を予防することを国に要求しているような国際義務の場合には、その違反は、その事態が始まるときに生ずるとされる。ただし、その違反の行われた時期については、その事態が継続するすべての期間に及ぶとされている。

継続的行為の例としては、国際的に廃棄が求められている法令の効力を維持する行為、国際的に求められている法令を成立させない行為、他国の領域を不当に占領する行為、外国船舶の海峡における無害通航を妨げる行為、外国の沿岸、港の違法な封鎖、などが考えられていた。(10)

特別報告者アランジオ・ルイズは、以上のような継続的行為の存在を前提として、一九八八年の第一報告書において、停止に関して次のような草案を準備した。(11)

第六条　継続的性質の国際違法行為の停止

その作為または不作為が継続的性質［の］［を有する］国際違法行為となる国は、自国がすでに負っている国際責任を害することなく、当該作為又は不作為を停止する義務を負っている。

第四〇会期における説明の中で、特別報告者は、措置、対抗措置へと早急に向かわずに、まず、停止、賠償、処罰のような実質的な問題を検討すべきとしている。また、第一に、停止について草案中で明示的に規定されるべきこと、第二に、対応する義務について明示的に定められること、第三に、停止についての条文は様々な賠償の形式、特に原状回復とは別個とすべきことを指摘した。(12)

国際法委員会は、この条文草案をもとに検討をし、次のような条文草案を採択した。

第六条　違法行為の停止
その行為が継続的性質を有する国際違法行為となる国は、自国がすでに負っている国際責任を害することなく、当該行為を停止する義務を負う。

この条文草案は第一読の終了ののち、第二部第二章の第四一条とされて、各国政府からのコメントが求められた。

特別報告者のクロフォードは、この停止と再発防止とをひとつの条文とする条文案を提案しており、第二読で起草委員会が暫定的に採択した条文では第三〇条として以下のようにされている。(13)

第三〇条　停止および再発防止
国際違法行為に責任を有する国は以下の義務を負う、
（a）継続している場合には、当該行為を停止すること、
（b）状況により必要な場合には、再発防止の適切な保証を提供すること。

（10）　A/CN.4/416 at 12.
（11）　A/CN.4/416/Add.1, at 33.
（12）　[1988] I Y.B. Int'l L. Comm'n 265.
（13）　A/CN.4/L.600 (11 August 2000).

2　学説・判例

国際違法行為がなされるときに、その行為が継続的性質を有し、それが引き続き行われている場合には、その行為を停止しなくてはならないという点に関しては、合意が存在している。しかしながら、この停止の義務がどのような性質のものとして把握されるのかという点では見解が別れている。特に、停止の義務が、行為を違法行為とする第一次規範の延長であるのか、第二次規範の範疇に含まれるのか、が賠償との関係では問題となる。特別報告者のアランジオ・ルイズは第一次規範と第二次規範の区別自体が相対的であり、停止に関する規則は両者の中間に存在するものと考えられる、と説明している。(14)この立場は国際法委員会のコメンタリーにおいても採用されていた。

デュピュイ（P.-M. Dupuy）は、原状回復、損害賠償、サティスファクションの他に、報告者のアランジオ・ルイズが継続的違法行為の停止を掲げている点について、これは賠償ではなく本来の義務への回帰を意味するものであるとする。そして、回復という大きな目標のなかには含まれうるが、明確な賠償の形式とは区別されると解している。(15)

禁止されない行為との関連で、クエンティン・バクスターは、賠償責任（Liability）についての法制度における賠償を検討している。(16)その考え方は、損害を生じさせる活動を停止し、以前の状態を回復し、生じた損害を十分に補償するという絶対的義務はないとするものと解されている。(17)

バルボザの草案では、損害を防止し最小にするために合理的な措置をとる義務があり、評価可能（appreciable）な損害については賠償をなす義務が規定されている。ただし、利益のバランスが補償に上限を設定し、「適法」な活動の結果は違法行為に伴うような広範なものではないとしている。(18)

ブラウンリーは違法性との関係で、違法な状態を終了させる義務について言及する。この違法の認定は権限を有する国連の機関が行うが、状況は決議の内容に依存する。通常は「不承認の義務」を含んでいるとする。[19] このブラウンリーの言う終了させる義務が、国際法委員会で問題とされている停止の個別分野での問題なのか否かは明確ではない。

違法行為の停止を、賠償の一形態とし、違法行為が継続的行為である場合についてのみこの方式が適用される意味を有する、とポーウェリンは述べている。[20]

違法行為の停止に関連する判例としては、レインボー・ウォリアー号事件の仲裁裁判判決がある。[21] ここでは、違法な作為・不作為の停止を命ずる権限は、効力のある国際義務の継続的な違反に直面した裁判所に固有の権利である、として、国際司法裁判所のテヘラン人質事件、ニカラグア事件を引用しながら、このような場合に、違反された第一次規範の義務がすでに効力を有しない場合には、停止の命令は目的がなくなり、それを命ずることはできないとしている。

（14） Supra note 12, at 266.

（15） Pierre-Marie Dupuy, Droit international public, 362-363, (Paris: Dalloz, 2e éd., 1993).

（16） [1982] II-1 Y.B. Int'l L. Comm'n 63-64.

（17） Alan E. Boyle, State Responsibility and International Liability for Injurious Consequences of Acts Not Prohibited by International Law: A Necessary Distinction?, 39 Int'l & Comp. L. Q. 17-18 (1990).

（18） [1989] II-1 Y.B. Int'l L. Comm'n 135, 141.

（19） Brownlie, supra note 7, at 517-519.

（20） J. Pauwelyn, The Concept of a "Continuing Violation" of an International Obligation. Selected Problems, [1995] 66 Brit. Y. B. Int'l L. 447-448 (1996).

（21）　82 I.L.R. 499-590 (1990).

3　違法行為の停止の意義

このような停止に関して、その要請をいつ行うことができるのかの時期の問題がある。この点について、特別報告者のアランジオ・ルイズは、国際違法行為が開始されない限りは停止の要請は合法的になされ得ないとする。ただし、違法行為へと結びつきそうな行為の初期段階において、国内問題不干渉の原則に正当な考慮をしながら、友好的な方法で当該行為の調整（adjustment）を示唆することは可能であるとしていた。[22]

一九八八年のアランジオ・ルイズによる報告で提案された「違法行為の停止」は、それまでは学説においても注目されてこなかった概念と考えられる。例えば、ルテールは、パリ大学の一九五五―一九五六年の学期での責任に関する講義の際には、責任の効果として原状回復、損害賠償、サティスファクションに言及していたが、違法行為の停止には言及していなかった。[23] 停止の概念は、司法的解決においては、仮保全措置と結び付けられて考えられていた。

違法行為の停止の前提には、違法行為の類型として継続的性質の行為の存在がある。このような行為がある場合に違法行為の停止が問題となる。その意味では、すべての違法行為に関して生ずるのではなく、特定の性質を有する行為に関してのみ「停止」が関わってくる。

このような「違法行為の停止」がどのような性格を有するのかとともに、この概念を踏まえた責任の発生、履行に関する問題が生じうる。違法行為の「停止義務」があり、さらに、この停止義務違反が国際違法行為ととらえられ、これから責任が生ずるという法的構成をするのか、もともとの義務違反に含まれたものととらえられるのか、継続的性質の行為をどのように把握するかを含めて問題となる。

違法行為の停止については、これが単なる二国間関係ではなく、違法行為国と国際共同体の他のメンバーとの関係であり、被害国以外にも重要な意味を持つものであるとの指摘がなされている。このことは、違法行為の停止が被害国の要求を必要としないことにも現れている。国際法秩序の回復という観点からは、違法行為の停止は重要な意義を有している。

(22)　A/CN.4/416 at 14-15.

(23)　Paul Reuter, Le développment de l'ordre juridique international: Écrits de droit international 376-560 (Paris: Economica, 1995).

第二節　原状回復

前述のホルジョウ工場事件判決で述べられているように、原状回復が賠償の一方式であることは一般に認められているが、それがどのような範囲に及び、いかなる方法によるのかについては、学説および慣行は一致していない。

1　法典化作業

一九三〇年のハーグ会議案では、原状回復に関して次のような討議の基礎が準備されていた。

第一四項　生じた損害の賠償

「討議の基礎第二九項」

責任には、関係国が国際義務に従わなかったことから生ずる限りにおいて発生した損害を回復する（make good）義務が伴う（involve）。状況により、また、国際法の一般原則から導き出される場合には、自国民が身体に損害をこうむった国に、陳謝（適当な厳粛を備えていること）及び（適当な場合には）責任ある者の処罰の形態によりサティスファクションをなす義務を伴う。

賠償は、正当な場合には、損害をこうむった者に対して、精神的被害についての賠償を含みうる。

国の責任が損害を引き起こした行為がなされた後に適切な措置をとることを怠ったことからのみ生じた場合には、当該措置をとることを全体として又は部分的に怠ったことより生じた損害についてのみ回復をなす義務を負う。

他の諸国の活動に責任を有する国は、当該国が他の諸国にそのようにすることを依頼した限りにおいて、他の諸国が責任をともなう措置をなすことを監視しなければならない。そうすることが不可能な場合には、同等の補償（compensation）をなさなければならない。

原則として、なされた賠償は、被害国の自由とされる。

この案が主として原状回復に関してを定めた規定であるのか、金銭賠償を念頭に置いているものかについては明確ではない。

国際法委員会の国の責任に関する法典化の最初の特別報告者であったガルシア・アマドールは、賠償のうち、原状回復と金銭賠償について次のような草案を準備していた。(24)

第二六条　原状回復と金銭賠償

1．外国人の受けた損害の賠償は、原状回復または金銭賠償のうち、責任国に帰属する作為または不作為の結果を消し去るのに最も適当ないずれかの形態をとりうる。

2．前項の規定にかかわらず、原状回復が、法の廃止、司法上の決定の無効、もしくは執行上・行政上の措置の不適用に係わり、かつ、責任国の国内法上問題を引き起こすか、もしくは、両立しない場合には、賠償は原状回復の形態をとってはならない。

3．金銭賠償の金額は、外国人の身体または財産の受けた損害、もしくは、死亡の場合には権限のある相続人の損害の性質に従って決定されなければならない。これゆえ、賠償の性質またはそのなされる目的にかかわらず、金銭賠償は損害を受けた外国人に不当利得をもたらしてはならない。

4．賠償の性質および方法を決定する場合には、損害を受けた外国人に帰属する過失および本草案第一七条四項に規定された軽減事由のような他の状況を考慮に入れなければならない。

国の国際責任に関する法典化が第二次規範を対象とすることとなったあと、国際法委員会特別報告者のアランジオ・ルイズは、原状回復について以下のような草案を提案した。[25]

第七条　原状回復

1．被害国は、国際違法行為をなした国から、その受けた損害について原状回復を請求する権利を有する。ただし、原状回復は、以下の条件に従い、その限度においてなされる。

（a）物理的に不可能でないこと、

（b）一般国際法の強行規範から生ずる義務の違反をともなわないこと、
（c）国際違法行為をなした国にとって、過度の重荷とならないこと。
2．原状回復は以下の場合を除いて過度の重荷であるとはみなされない。
（a）違法行為により生じた損害と比例しない負担に相当する場合、
（b）国際違法行為をなした国の政治的、経済的又は社会的システムを過度に危うくする場合。
3．本条の一項（c）を害することなく、国際違法行為をなした国の国内法から生ずるいかなる障害も被害国の原状回復に対する権利を排除するものではない。
4．被害国は、時宜にかなった方法により、原状回復の全部又は一部にかえて、〔同等物による賠償〕〔金銭賠償〕を請求することができる。ただし、この選択は、国際違法行為をなした国を損なって不当な利益となってはならず、一般国際法の強行規範から生ずる義務の違反をともなってはならない。

国際法委員会は、この提案について討議し、次のような草案を採択した。

第七条　原状回復
被害国は、国際違法行為をなした国から原状回復、すなはち、違法行為がなされた以前に存在した状況の再生を得る権利を有する。ただし、原状回復は、以下の条件に従い、その限度においてなされる。
（a）物理的に不可能でないこと、
（b）一般国際法の強行規範から生ずる義務の違反をともなわないこと、
（c）被害国が金銭賠償にかえて原状回復を得ることから獲得する利益と比例しない負担をともなわないこと、または、

（d）国際違法行為をなした国の政治的独立又は経済的安定性を過度に危うくしないこと。ただし、被害国が原状回復を得られない場合に、同様の影響を受けることはない。

この条文は、第一読を終了したのち、第四三条とされている。

こののち、第二読を終了し、暫定的に採択された条文草案では、原状回復は第三六条で規定されており、以下のように変更された。[26]

第三六条　原状回復

国際違法行為に責任を有する国は原状回復、すなはち、違法行為がなされた以前に存在した状況の再生、を行う義務を有する。ただし、原状回復は、以下の条件に従い、その限度においてなされる。

（a）物理的に不可能でないこと、

（b）金銭賠償にかえて原状回復を得ることから獲得する利益と比例しない負担をともなわないこと。

ここでは、強行規範へ言及した部分と違法行為国の政治的独立、経済的安定性についての規定が削除されている。

（24）　F. V. García-Amador, Louis B. Sohn, R. R. Baxter, Recent Codification of the Law of State Responsibility for Injuries to Aliens 102 (Leiden: Sijthoff, 1974).

（25）　A/CN.4/416/Add.1, at 33-34.

（26）　A/CN.4/L.600 (11 August 2000).

2　学説

原状回復としてとられる手段に関しては、原状回復が法的に不可能な場合があり、国際法違反の国内の確定判決や国際義務の履行に必要な国内法の制定を怠ったことについて、被害国はこれらの違法行為の原状回復を請求することはできず、他の救済方法で満足しなければならない、との考え方がある。(27)

これに対して、国際法違反の法令、判決または行政行為により国際違法行為が存在する場合には、国は原則としてこれらの行為を改廃するかその他の是正措置をとる義務を負う。特に国際紛争の解決手続の過程で国際法違反と認定された国内裁判所の判決については、当該国はこの判決を取り消す義務を負い、国内法上、確定判決の取消しが不可能であれば、少なくとも恩赦・減刑または損害賠償などの措置をとって、国際違法行為の結果を除去せざるを得ない、との立場もある。(28)

ルテールは原状回復には法的賠償（réparations juridiques）と物質的賠償（réparations matérielles）とがあるとし、前者には、法律の撤回、違法に拒否された許可の付与等が含まれ、後者には、違法に逮捕された者の解放、没収された財産の回復、破壊された建物の再建等があるとしている。(29)国際法委員会のコメンタリーもこの区別を認めているが、これを条文草案に反映させる必要はないとする。それは、両者の要素を備えた現状回復が多いこと、国際法上は国内法、国内判決等は単なる事実と考えられていること、などから、法的賠償と物質的賠償は同じ救済の異なる側面に他ならないと解されているからである。

ブラウンリーは、侵略国に違法な占領に対する賠償を求めるときには、原則は金銭賠償であり、例外的に被害者は芸術品、歴史的または考古学的価値のある物の回復を求めることができるとしている。(30)なお、違法行為の結果についての部分で、マンは無効（nullity）に言及している[31]。

多くの学者は原状回復を権利として認めており、ケルゼンは例外として、認めない者はほとんどいないとされる[32]。

（27）杉原他、前掲書注（5）三六七頁。
（28）山本、前掲書注（5）六五七―六五八頁。
（29）Paul Reuter, Droit international public 268 (Paris: PUF, 6e éd., 1983).
（30）Ian Brownlie, System of the Law of Nations: State Responsibility Part I, at 222 (Oxford: Clarendon Press, 1983).
（31）F. A. Mann, The Consequences of an International Wrong in International and National Law, [1976-77] 48 Brit. Y. B. Int'l L. 4 (1978).
（32）Id.

3　国際判例

これまでの国際判例で原状回復を認めたものとしては、例えば、プレア・ビヘア寺院事件および在テヘラン米国人質事件における国際司法裁判所の判決、テキサコ事件の仲裁判決があげられる。

プレア・ビヘア寺院事件では、タイが持ち去った美術品についてカンボジアに返還すべきとしている[33]。在テヘラン米国人質事件においては、一九七九年一一月四日の事件およびその後に起きた事態について救済をなすために、人質を解放し、外交文書等を利益保護をなすもののもとに移管するよう決定した[34]。テキサコ事件においても仲裁人は契約の履行を求めた[35]。

このような事例に対して、在テヘラン米国人質事件では、国際司法裁判所は意図的に原状回復をなす権限の問題をとりあげず、イランの欠席がこれを可能にしたと解する立場がある。[36]

また、テキサコ事件では、上述のように仲裁人は契約の履行を求めたが、最終的な解決は一億五〇〇〇万ドル相当の原油を引き渡すとの合意によりなされた。[37] 国際判例のなかには、原状回復を否定した事例もある。

なお、一九二八年国際紛争平和的処理に関する一般議定書の第三二条は、判決の効力について、司法又は仲裁判決が、紛争当事国の一方の司法官憲又は他の一切の官憲の行った決定又は命じた措置が全部又は一部国際法に違反していることを宣言し、且つ、当事国の憲法が右の決定又は措置の結果を抹消することを許さないか又は単に不完全に抹消することを許すにとどまる場合には、当事国は、司法又は仲裁判決により、被害当事国に公正な満足を与えることに同意する、と規定している。同様の規定が、ヨーロッパ人権条約第五〇条および紛争の平和的処理に関する欧州条約第三〇条にある。

これらの規定は、法的原状回復が部分的に不可能な場合を予定したものと解され、その範囲では法的原状回復の限界を認めるものである。しかしながら、これらの規定が存在していることから、法的原状回復が行われないことが原則であるのか、行われることを前提として、その例外について規定していると解されるのかは明確ではない。

(33) Temple of Preah Vihear (Cambodia v. Thailand), 1962 I.C.J. 37 (June 15).
(34) United States Diplomatic and Consular Staff in Tehran (U. S. v. Iran), 1980 I.C.J. 44-45 (May 24).
(35) Texaco Case, 53 I.L.R. 389 (1979).
(36) Cristine D. Gray, Judicial Remedies in International Law 95 (Oxford: Clarendon Press, 1990).
(37) Robert B. von Mehrenn and P. Nicholas Kourides, International Arbitration Between States and Private Parties: The Libyan Nationali-

zation Cases, 75 AM. J. INT'L L. 476 at 546 (1981).

4　原状回復の意義

このように用いられている原状回復については、被害国が金銭賠償にかえて原状回復を得ることから獲得する利益と、違法行為国の負担とがバランスを失してはならないとされているのが注目される。厳密な秩序維持の観点から言えば、このバランスよりも秩序の回復に重点をおくこととなり、このような考慮がなされないか、重要でないとされる可能性がある。その意味では、原状回復に付されたこの条件は、国際法の秩序維持よりも、違法行為国と被害国との関係に重点をおいた規定と解される余地もある。しかし、この条件が付された背景には、被害国が過度の要求を行って利益を得るような状況をもたらしてはならないとの考慮が働いている。したがって、本来、二国間関係から生ずることのある特定の状況に国際的な観点からの制限を加えているのがこのバランスの考慮であると解される。さらに、違法行為の重大性によっては、このバランスの考慮が二国間関係から違法行為国と他の諸国、国際法主体との間でのものになる可能性を有している。

例外的に原状回復が制限されるこのような場合を除いて、原状回復は違法行為から生ずる責任の履行として、国際法上の基本的な方式であるといわれている。この方式のもたらすのは違法行為のなかった場合の状況であるが、このことが同時に国際法秩序の維持と言う観点からも評価される可能性がある。

第三節　金銭賠償

国際違法行為にともなう最も一般的な方法は、金銭賠償である。この分野については判例は豊富にあり、詳しい研究もなされて来ている。しかし、個別の事例を通じてどのような適用すべき原則が成立しているのかは明確とはいえず、それは、各事例において、紛争当事国が適用する規則を個別に合意しうることから一層助長されている。

これまで金銭賠償をめぐって問題とされたのは、賠償の範囲に関する直接損害と間接損害の区分、賠償額の算定に関連する利子、逸失利益の問題があり、さらには、賠償に関して設けられている基金の制度、保険制度等がある。

1　法典化作業

金銭賠償に関しては、原状回復とともに法典化がなされてきた。原状回復についての法典化作業のところで見たように、一九三〇年のハーグ法典編纂会議の討議の基礎、ガルシア・アマドールの草案第二六条に金銭賠償に関連する規定がおかれていた。

国際法委員会の法典編纂作業において、特別報告者は金銭賠償に関して、次のような二ヵ条の条文案を第二報告書において提案した。[38]

第八条　同等物による賠償

1．（a）案　被害国は国際違法行為をなした国に原状回復の対象とされないいかなる損害についても、当該違法行為がなされなければ存在したであろう状況を再生するために必要な程度において、金銭賠償を請求する権限を有する。

（b）案　国際違法行為がなされなければ存在したであろう状況が前条の規定に従って原状回復により再生されない場合には、その限度において、被害国は原状回復の対象とされないいかなる損害をも救済するのに必要な限度で当該違法行為をなした国に金銭賠償を請求する権利を有する。

2．本条による金銭賠償は、被害国の国民の受けた精神的損害を含む、違法行為から生じた被害国のいかなる経済的に評価可能な損害をも対象とする。

3．本条による金銭賠償は、国際違法行為から生じた利益の喪失を含む。

4．本条の目的のために、国際違法行為から生ずる損害は中断されない因果関係により当該行為に結びつけられたあらゆる損失をいう。

5．問題となる損害が、ありうべき被害国の寄与過失を含め、国際違法行為以外の原因に部分的に基づく場合には、金銭賠償は事情に応じて減額される。

第九条　利子

1．逸失利益になされるべき金銭賠償が金額についての利子からなる場合には、利子は、

(i)　金銭賠償のために、元金として命じられた賠償額の計算において考慮されなかった最初の日から課せられ、

(ii)　実際の支払の日まで課せられる。

2．複利は、完全な金銭賠償を確保するために必要な場合は命ぜられる。利子率はこの目的を達成するために最も適切なものでなければならない。

この草案に基づいて検討がなされ、国際法委員会で採択された草案には、金銭賠償について、次のような簡単な一般原則が規定されているだけである。

第八条　金銭賠償
1．被害国は国際違法行為をなした国から当該違法行為により生じた損害に対して、損害が原状回復により救済されない場合には、その限度において、金銭賠償を得る権限がある。
2．本条の目的のために、金銭賠償は被害国が受けた経済的に評価可能なあらゆる損害を対象とし、利子及び適当な場合には逸失利益を含むことができる。

この条文草案は、第一読の終了ののちに、第四四条とされている。
第二読ののちに、暫定的に起草委員会により採択された条文は以下のとおりである。(39)

第三七条
1．国際違法行為に責任を有する国は、当該行為より生じた損害が原状回復により救済されない限りにおいて、当該損害について金銭賠償を行う義務を有する。
2．金銭賠償はすべての金銭的に評価可能な損害を対象としなければならず、立証される限度において逸失利益を含む。

この条文草案では第二項にあった利子に関する規定がなくなったが、それは、この条とは別に第三九条において利子についての条文が定められたためである。

(38)　A/CN.4/425/Add.1, at 24-25.

(39)　A/CN.4/L.600, Article 37 [44] (11 August 2000).

2　金銭賠償をめぐる問題点

(1)　間接損害

賠償の範囲に関しては、間接損害の問題が存在した。これは、原因行為と直接関係のある直接損害に対比される概念であり、原因行為と特定の関係の下で発生したと考えられる間接損害についても賠償の範囲とするかについては対立があった。国際判例には間接損害に対して賠償を認めないとするものと、これを容認するものとがあり、統一されていなかった。

アラバマ号事件においては、中立国の改装した船舶による商船の攻撃に関連して、保険料が増額されたこと、戦争が長期化したこと等が間接損害に当たるとしてその賠償を否定された。これに対して間接損害を賠償の対象とした例としては、逸失利益を賠償に含ませた例がある。

一九三〇年のハーグ法典編纂会議の国の国際責任に関する準備作業では間接損害の問題が各国宛のクエスチョネールには掲げられていたが、直接損害と間接損害の区分自体に対する批判もあり、討議の基礎のなかにはこの問題についての条項は規定されなかった。学説の中には、間接損害の理論は目的がなく、国際法上は認められないとするものもあった。

間接損害は損害賠償の限定をする際の一つの要因とされることもあるが、直接損害と間接損害の区分自体が明確でなかったこと、また、間接損害に対してもこれを賠償の対象とする考え方とこれを否定するものとがあることから、他の基準によって賠償の対象となるべき損害を明確化する必要性が唱えられた。

この点について、原因行為と損害の間の因果関係、疎遠性の観点から問題が考えられている。

一般的には、客観的基準として「通常または自然」の結果が用いられている。ルジタニア号事件では、中立国の国民が交戦国の船舶に乗船していたが、同船の沈没により死亡した際に、精神的苦痛を含む家族の受けた損害の賠償は認められたが、被害者に保険金を支払った保険業者の請求は、その損害は沈船行為の「通常または自然」の結果ではないとして退けられた。特定の場合には、主観的基準である「予見可能性」が因果関係の存否の決定に用いられることもある。

金銭賠償については、また、賠償の基準をどこに求めるか、とくに外交的保護をなす場合の国の「固有の権利」と個人の損害との関係について、後者が前者の基準とされる点について、外交的保護の欠点が指摘される。さらに賠償金の配分について、国の裁量とされてきたが、フランス、英国、米国ではそのための機関が存在し、このことから損害を被った個人が他の方法により救済される方向へと移行しつつある傾向が認められるとされている。(40)

(2)　利子・逸失利益

賠償利子については多くの判例はこれを肯定している。しかし、利子が認められるか否かは、個別の事例により定められることになる。国際法委員会の第二読後に暫定的に採択された法典草案第三九条一項においても、完全な賠償を達成するのに必要な場合に利子を付すことができるとしており、完全な賠償という目的は示されているが、具体的な方式は定められていない。以前には金銭賠償と同一の条文草案中にあったが、利子の問題の重要性から独立の一ヵ条とされている。条文草案は以下のとおりである。

第三九条

1. 本章により支払われる元本合計についての利子は、完全な賠償を確保するために必要な場合には支払われなくてはならない。利子率と計算方法はこの目的を達成するように定められなければならない。

2. 利子は元本合計が支払われなければならなかった日から支払義務が履行された日まで課せられる。

このように利子について以前の草案より詳しい規定がおかれることとなった。

国際法上は適切な利子率については合意が存在していない。例えば、六パーセントを示した常設国際司法裁判所のウィンブルドン号事件の判例(41)もあるが、世界の財政状況や公的ローンなどを考慮して事件ごとに決められている。

利子の課される期間については、一般的には違法行為の日からと考えられるが、決定的な規則はない。どの時点まで課されるのかについては、判断のなされた日あるいは請求の最終的に解決される日があげられる。米国の外国請求解決委員会の判断には、支払のなされる日を採用するものもある。(42)国際法委員会の草案第三九条二項では、賠償金の支払われるべき日から履行された日までとされている。

逸失利益に関しては、国際法委員会は、どのような場合に、どのような期間について、いかなる計算方法で、逸失利益を回復することが認められるのかについて先例には統一性がないことを理由に、明確な基準を条文草案ではおいていない。特に国有化において適法な場合と違法な場合とで異なる取扱をすべきか否か、これまで主に用いられてきた計算方法（Discount Cash Flow）の妥当性について判例は異なる立場をとっている。いずれにせよ、原則は賠償が完全になされることにあり、この点で必要とされる場合には、その範囲で、逸失利益の回復を認めることとなる。

なお、金銭賠償にかかわる問題として、海洋汚染の分野で用いられるようになった基金の制度がある。「油による汚染損害の補償のための国際基金の設立に関する国際条約」により設立された基金から英国で起きたブレア号事件や新潟のナホトカ号事件の際に請求がなされている。国による国際違法行為に関するものではないが、船舶の活動にともなう油の流出、排出による汚染から生じてくる損害の被害者に適正な補償をすることを目的としている。

(3)　保険制度

保険の取扱いも金銭賠償との関係で注目されている。国際法においては、被害者と保険者の国籍の異同、請求提起をなす国と保険者の国籍の問題等がある。[43]

民間の航空活動に伴って生ずる損害には、乗客の生命、身体、財産に生ずる損害、航空機自体について生ずる損害、航空機に起因して地上第三者の生命、身体、財産に与える損害などがある。

乗客に関する損害については、一九二九年のワルソー条約が規定していたが、一九九九年に国際民間航空機関（ＩＣＡＯ）は新条約を採択し、それまでの賠償限度額を撤廃した。これは一九九二年に日本の航空会社が限度額の撤廃をしたのに続き、欧米の各社もこれにならっていたものを条約化したものである。

航空機に起因して地上第三者の生命、身体、財産に与える損害に関しては、一九五二年の地上第三者に対して航空機により引き起こされた損害に関する条約（ローマ条約）[44]および一九七八年のローマ条約改正議定書（モントリオール議定書）が規定している。

ローマ条約では、前文において、国際民間航空運送の発展を妨げないように地上第三者に対して生じた損害に対する賠償責任の範囲を限定しつつ、被害者に適切な補償を確保することをその目標としている。第一条では、被害者は損害の発生について証明すれば、条約による補償を受けられるとしているが、第一一条では、賠償責任の範囲の限度を航空機の重量により定めている。第六条では損害が損害を受けた者の過失、その他の違法な作為・不作為による場合には運行者は賠償責任を負わないとされており、寄与過失等については補償額の減額を認めている。第七条では航空機の衝突による場合について規定している。

モントリオール議定書はローマ条約の改正のために締結されており、ローマ条約第一一条に規定された限度額を増加させている。また、損害賠償の請求額が限度を越えた場合には、生命、身体についての損害の賠償を財産に対する損害の賠償に優先させるよう規定が変更されている。

この二条約において注目されるのは、締約国が航空機の運行者に地上第三者に生じた損害補償のための財政的保証について、保険等の措置をとることを求めることを規定している点である（ローマ条約第一五条、モントリオール議定書第六条）。国の役割は直接に賠償責任を負うのではなく、運行者に適切な措置をとることを確保することに求められている。このことは、航空活動に従事する民間企業の育成を目的とするとともに、活動にともなって生じた損害の被害者保護のための措置を国がとることを要求するものである。かつては航空会社は国の所有であったり、補助金を受けていたことから国の強い支配のもとにあったが、現在では商業化の趨勢にあるものと考えられる。

航空活動とならんで、宇宙活動にも保険制度が用いられている。現在宇宙活動のひとつの特徴はその商業化にあるといえる。特定の、例えば軍事活動や科学調査のための利用は依然として国の関与するところであるが、様々な分野で国以外の例えば民間企業の宇宙活動への参加が顕著である。このことから、国際的な責任制度をこのような状況でどのように維持あるいは変更して行くのかの問題が生ずる。この動きは、かつて航空産業で国の関与が大きかった状況から、民間企業の割合が増加して行った状況と類似しているように思われる。この点について宇宙保険の観点からこのことを見てみると、実体として国の活動である限りは保険を付すことは一般的ではないが、商業化に伴い、関係する打ち上げ機関や企業のリスク管理の観点から保険制度が利用されることになる。米国では民間企業の宇宙産業への参入を拡大するための政策がとられてきた。一九九八年の米国商業宇宙法では、商業宇宙活動の機会を促進するために、国際宇宙基地の商業化、スペースシャトルの民間化の研究を提案するとともに、商業打上げに関しては国内法を改正し、地球への帰還を認めることにより再利用可能な打上げロケットの商業打上げを可能にしている。

米国の商業打上げ法では、打上げに従事する企業に保険を付することを規定して宇宙損害に対応しようとしている。また、欧州に関しては一九八〇年のアリアン宣言で宇宙活動に関する保険制度の適用に言及している。日本の宇宙活動に関しては、一九九八年に宇宙開発事業団法が改正され、第二四条の二第一項で事業団は他人に生じた損害を賠償するために必要な金額を担保することができる保険契約の締結をしていなければ、人工衛星等の打上げを行ってはならないとされた。同第三項はまた、宇宙開発事業団が受託打上げをする際の保険に関して規定している。事業団はすでに一九七五年の打上げより保険に加入しており、一九八三年の宇宙損害責任条約加入に伴いこの条約により生じうる責任についての措置を取っていた。今回の法改正は、受託打上げに関して生じうる問題について対応するために、欧米と同様の措置をとったものとされている。

これらの実行および国内法規定は日本における宇宙活動が商業利用に向かっていることから必要となったものと解される。ただし、文部省の宇宙科学研究所による活動に関しては保険制度は適用されてこなかった。また、国際法上は宇宙損害責任条約により日本が打上げ国とされる場合には日本政府が賠償責任を対外的には負うことになる。前記の事業団法の改正は、日本の宇宙活動が商業利用の段階に到達しつつあることを示すひとつの指標と考えられるが、そこではそれまでの宇宙活動における国の位置付けが変化していることを示している。しかしながら、依然として宇宙活動においても国の役割の大きい部分が存在し、また、国際法上の規定としては国への責任集中と地上第三者損害等の場合の無過失責任が維持されたままであり、この点は変化していない。しかし、実体的な活動が商業利用へと変化していることを考慮すると、その展開にあわせて国以外の行動主体に責任を負わせることの可能性も出てくる。過渡的な状況として国による保険制度の利用強制がなされていると理解することができよう。ただし、依然としてロケットの開発等は国の機関またはそれに準じた機関が行っており、この点では宇宙活動は航空活動、航空保険とはまだ異なる状況にあると解される。この点が宇宙活動において国の関与が依然として大きいことの主要な理由と考えられる。

とはいえ、宇宙活動の結果生ずる損害の可能性は宇宙活動が広範になるにつれて高まることになる。確かに技術の発達はその可能性を低くするにしても生じうる損害の規模と性質は他の活動に較べると大規模なものとなる危険性を有している。国際競争力をつけて行くためのひとつの手段として商業化の手法が採用される結果、コストを増加させる保険の問題が改めて検討される可能性があるが、国際法上は被害者保護の観点からその必要性が強調されるべきと思われる。

保険の観点から第三者損害賠償責任に関して興味深いのは、宇宙活動の第三者損害責任保険は航空保険のグループにより行われている点である。このことは宇宙についての市場が小さいことから保険をカバーできないためであるが、航空との類似性を示す一つの指標であろうか。

(40)　Dominique Carreau, Droit international 448-456 (Paris: Pedone, 4e éd., 1994).

(41) S. S. Winbledon (U.K., France, Italy, Japan, Poland v. Germany), 1928 P.C.I.J. (ser. A) No.1 at 33 (August 17).
(42) Brownlie, supra note 30, at 227-229.
(43) Charles Rousseau, 5 Droit international public 229-232 (Paris: Sirey, 1983).
(44) この条約は、締約国間において一九三三年のローマ条約に優先するものとされている（第二九条）。

3　国際判例

多くの国際判例が金銭賠償を取り扱ってきたが、損害額の算定基準についても合意された明確な基準があるわけではない。国際司法裁判所は強制管轄権受諾の対象として、国際義務の違反に対する賠償の性質と範囲を規定しているが、これまでの国際司法裁判所の判決において、賠償額の算定がなされたのは、コルフ海峡事件においてのみである。

この事件において一九四九年四月九日の本案判決の後、損害賠償額決定のために判決が同年一二月一五日になされた。損害額は駆逐艦ソマレズ号が完全に失われたための再建、駆逐艦ボラージュ号の受けた損害、海軍の兵員の死亡および被害に対するもので、裁判所は金額を八四万三九四七ポンドとした。アルバニアは裁判所は金額を決定する管轄権を有しないとして訴訟手続に参加しないことを決定した。裁判所は、欠席判決の手続に従って決定をしている。

デンマークがグレート・ベルトに橋を建設することについて、海峡の通航権の侵害という観点からフィンランドが国際司法裁判所に提訴したグレート・ベルト通航事件では、最終的に、裁判外で、両国の合意がなされ、デンマークが九〇〇〇万デンマーク・クローネを支払うこととされ、事件は国際司法裁判所の総件名簿から削除された[45]。この金銭の支払いについては、両国で見解が異なり、フィンランドの声明が金銭賠償（compensation）に言及しているのに対し、デンマークの声明は、支払いがフィンランドの権利を侵害したことに対する金銭賠償としてなされたものであることを明確に否定していた。[46]

ナウルがオーストラリアとの間の燐鉱をめぐる事件を一九八九年に国際司法裁判所に提起した事件において、ナウルが要求したのは、長期間にわたる燐鉱石の採掘により破壊された国土の一部の復旧であった。ナウルの訴えに対してオーストラリアは先決的抗弁を主張し、裁判所の管轄権、事件の受理可能性を争ったが、国際司法裁判所は抗弁をしりぞけた。[47] 紛争はナウルとオーストラリアとの間の法廷外での交渉により解決され、事件自体は裁判所の総件名簿からはずされた。[48]

事件が取り下げられたため、責任の認定はなされなかった。一九九三年八月一〇日のオーストラリア・ナウル間の協定では、合計一億七〇〇〇万オーストラリアドルのナウルに対する支払が規定されているが、同時に、この金銭の支払がオーストラリアの長年採用してきた責任を有しないという立場を害するものではないと述べられている。[49]

オーストラリアは、本件において、共同の信託統治国とされていたニュージーランドと英国の関係を主張していたが、両国も責任は認めずに金銭の支払を負担することに同意した。

このような責任を認めずに金銭を支払うことは国際法で認められてきた方式であり、恩恵による（ex gratia）支払いと呼ばれてきた。これまでの例としては、サン・マリノに対する英国の爆撃による損害について、賠償義務を認めることなく金銭の支払をなした。[50] また、第五福龍丸事件における日本に対する米国の金銭支払も、法律上の責任の問題と関係なく、「慰謝料として（ex gratia）」なされており、[51] この恩恵による支払いの例とされている。

金銭賠償については、国際法上、懲罰的金銭賠償を認めることができるか否かで学説はわかれている。この点については次章で取り上げるが、金銭の支払の形態による賠償が二国間の関係での違法行為がなされる以前の、本来の状態の回復にのみその機能が限定されるものであるか、その関係を越えて何らかの意味を付与されたものとして用いられうるものであるのか、が焦点となる。

（45）Passage through the Great Belt (Finland v. Denmark), 1992 I.C.J. 348 (Order of Sept. 10).
（46）32 I.L.M. 103 (1993).
（47）Certain Phosphate Lands in Nauru (Nauru v. Australia), 1992 I.C.J. 239 at 268-269 (Preliminary Objections Judgment of June 26).
（48）Certain Phosphate Lands in Nauru (Nauru v. Australia), 1993 I.C.J. 322 (Order of Sept. 13).
（49）97 I.L.R. 110 (1994).
（50）NGUYEN QUOC DINH, DROIT INTERNATIONAL PUBLIC 780 (Paris: L.G.D.J., P. Daillier & A. Pellet ed., 6e éd., 1999).
（51）237 U.N.T.S. 197-207.

第二章　懲罰的損害賠償

国際法上の懲罰的損害賠償に関して、判例には、これを肯定するものと否定的なものとがあり、学説もまた、この概念を認めるものと否定的なものとに別れていた。各国の国内法・判例においては、特定の分野についてこの法制度を採用しているものもある。また、国際責任に関する国際法の法典化作業のなかで、この制度が検討されたことがある。

現在においても、懲罰的損害賠償を支持しているものとして引用される事例を詳細に分析したうえで、かつては認められていたとしても、今では国際法上は、もはや支持されないとする意見[1]があると同時に、他方、国および裁判所の実行には、実際に生じた損害とは無関係の金銭的救済の形態により、処罰と区別できない損害賠償があるとして、懲罰的損害賠償を肯定する意見[2]もある。

国の国際責任の性質を考える上で、懲罰的損害賠償についてを国の国際犯罪の脈絡で取り上げた[3]が、ここでは、この概念が国際責任論の賠償という枠組みの中で、国際法において有しうる意味を整理しようと試みるものである。国際責任に関する国際法の法典化、研究の動向は流動的であるが、その中で国際違法行為あるいは適法行為により生ずる責任の履行の一部として賠償がどの様な形態でなされるのかについての観点から考察を行うものである。

賠償には金銭賠償とサティスファクション（satisfaction）[4]が含まれるが、懲罰的損害賠償がどちらに分類されるのかを見て行くことにより国際法における賠償の位置づけについても若干触れたいと思う。

（1）Eibe Riedel, Damages, 10 Encyclopedia of Public International Law 68, at 71 (1987).

（2）1 Oppenheim's International Law 533 (Robert Jennings & Arther Watts, eds., 9th ed. 1992).

（3）大森正仁「国家の国際犯罪と国際責任」『法学研究』五九巻三号二八—三二頁（一九八六年）。

（4）「満足」あるいは「外形的行為による救済」「謝罪」と訳されることがあるが、ここではとりあえずサティスファクションを用いることにする。

第一節　国際的事例における取扱

国際的な事例においては、懲罰的損害賠償に否定的なものと肯定的なものの両者が存在している。懲罰的損害賠償の考え方に反対する主要な事例としては、次のものがある。

ポルトガル対ドイツのナウリラ事件においては、ポルトガルが主権侵害および国際法に対する罪について二〇〇万マルクの懲罰的損害賠償を請求したのに対して、裁判所は、自己の任務は刑罰を課すことにはなく、平和条約の経済条項を扱っており、制裁については別個の条項があるとした(5)。

米国・ドイツの混合請求委員会のルジタニア号事件判決では、主権国の間での刑罰(penalties)を課す権利・権限の問題は法的と言うより政治的な問題であり、本委員会の管轄権の問題ではない、とした(6)。

一九一二年にイタリア・トルコ戦争の最中にフランスのカルタージュ号がイタリアに拿捕された事件において、損害を受けた当事者に対する損害賠償の他にフランスは金銭の支払いを請求した。それは、フランス国旗に対する犯罪についての一フラン、および、国際法を遵守しなかったことから生ずる精神的・政治的侵害の賠償としての一〇万フランの請求であったが、これらは認められなかった(7)。

懲罰的損害賠償についての最近の事例として、ルテリエー・モフィット事件(8)がある。これは、元チリ外相のルテリエー氏と同乗のモフィット夫妻が一九七六年九月二一日にワシントンDCにおいて車に仕掛けられた爆弾により死亡、負傷した事件である。遺族等がチリを相手として米国内で起こした訴訟で一九八〇年に約五〇〇万ドルの支払いを認める判決がなされたが、支払はなされなかった。チリの国営航空会社の財産に対して執行を求める試みは米国の裁判所により否定された。

一九八八年、米国政府は本件についてチリ政府に国際請求を提起した。続いて、米国は一九一四年の米国・チリの間に起こりうる紛争解決のための条約を援用した。チリ政府は本件についての責任を否定したが、恩恵による支払をなすと主張した。一九九〇年六月一一日、両国政府は協定を締結し、もし賠償責任がある場合には支払うであろうものと同等の恩恵による支払をチリがなすことに合意した。支払額は一九一四年条約により設立される委員会により決定されることとされた。

委員会に付託された争点は、チリの支払うべき金額についてのみであり、一九九二年一月一一日の決定では、チリは米国に二、六一一、八九二米ドルを支払わなくてはならないとされた。

委員会は決定の理由について、ホルジョウ工場事件の常設国際司法裁判所判決を賠償の意義について引用している。また、ルテリエーおよびモフィットの家族の国籍については考慮しないとする。その上で、請求者である家族の受けた物質的・精神的損害、財政的援助の喪失、請求された費用、について適当であるか否かを委員会は検討している。(9) なお、精神的損害については、チリの国内においてチリ政府および議会がとった人権の救済のための措置と被害者の家族に対する財政的賠償の努力に考慮をはらったとしている。この点は、国内の人権保護という一般的措置と責任の軽減とがどのような関係にあるのかについての興味ある事例と考えられる。

委員会の決定には以下のようなオレゴ・ビキューニャ教授の個別賛成意見（separate concuring opinion）が付されている。(10)

生命・身体の受けた損害の賠償に関する問題はデリケートなものである。国際法では、財産の損失については国際経済取引に関する法が取り扱い、生命・身体については人権法と密接に関係している。

委員会の決定により、伝統的な国際請求・外交的保護の実行についての重要な改革がなされた。それは被害者の家族についての国籍（チリ国籍、重国籍）が人道的考慮により問題とされなかったことである。また、米国による外交的保護は特別の性格を有しており、家族のためになされたもので米国には裁量がない。家族によるチリ政府に対する請求はすべて終了したものとされる。ただし、他の者に対する請求について判断するものではない。

恩恵による金銭賠償については、支払をなす国の明示・黙示の責任または賠償責任（responsibility or liability）の承認を意味するものではない。

個人の死亡または傷害により生じた損害の賠償について適用される国際法原則は、著作、決定、外交実行により明確化されてきた。国際法はその原則のひとつとして懲罰的損害賠償の概念を認めていない。本件ではこの種の賠償は求められていないが、問題は過大なまたは不均衡な額の賠償が同様の効果、つまり国の懲罰または抑圧という効果を持つことになることである。今回の委員会の決定は過大でも不均衡でもない。

国際法においては、「直接」および「間接」損害の区別よりも「近接」非「遠隔」の要件が用いられている。

精神的損害賠償については、チリ政府が執った措置（家族への謝罪、非司法的調査の命令、議会への賠償の立法措置要求、本件について刑事責任を有するとされた者のチリ裁判所による訴追）が賠償額の決定に影響している。サティスファクションについては、委員会は賠償額の決定のみを求められていること、請求の性質が米国自体に対する損害の賠償ではなく、被害者の家族に対するものであることから、影響を受けている。

一九八九年の選挙によりチリに新政権が発足した。米国政府は事件について責任を有する元公務員が裁判に付されるよう要求した。これは米国政府と市民に対する賠償の問題とは別のものとされた。一九九一年七月三一日に殺人についての新たな調査が開始され、二名が訴追期限の切れるまえに拘留された。また、一九九〇年および一九九一年にフロリダにて逮捕された共謀者二名に判決がなされた。[11]

なお、一九一二年に三名の米国人が中国において攻撃され、死亡、負傷した事件の際に、中国駐在の米国公使が懲罰的損害賠償を求めるべきであるとしたのに対して、米国務省は本件は懲罰的損害賠償を請求する事件とは考えられないと判断した事例がある。[12] この事件では、懲罰的損害賠償の適用は否定されているが、その概念自体は肯定しているとも解されうる。[13]

以上のような懲罰的損害賠償に否定的な事例に対して、これを肯定すると解されるうる事例としては以下のものが挙げられる。

米国とカナダの間で起きたアイム・アローン号事件[14]の概要は次のようなものである。カナダにおいて建造・登録されたアイム・アローン号は、カナダ法のもとで設立された会社により所有されていた。同号は一九二九年三月二二日に米国沖合二〇〇海里以上の公海において米国沿岸警備隊により沈められた。船長および乗組員は海に投げ出され、甲板長が溺死したが、他の者は米国沿岸警備隊の船舶に救助された。

アイム・アローン号は建造された後、酒類の密輸入に従事し、積荷は米国に不法に持ち込まれ、売却されていた。一九二八年一二月より一九二九年三月に沈められるまで、英領ホンデュラスのベリーズよりメキシコ湾まで酒類を運搬していた。そこで積荷は小型船舶に移し替えられ、米国に密輸・販売されていた。

一九二九年九月に米国・カナダは一九二四年条約の第四条に基づき二人の委員を指名した。外交経路によっては問題解決の合意にいたらなかったため、事件は二人の委員に付託された。

委員は、一九三三年六月三〇日に共同中間報告書を出し、一九三五年一月五日に共同最終報告書を作成した。事件の争点は、

1) 委員はアイム・アローン号の、または、同号を所有する会社の株主の最終的な所有者を調査することができるか。
2) 継続的追跡権について。
3) 米国政府がアイム・アローン号を沈めたことは法的に正当か。

というものであった。委員会の決定は、まず第一点については、委員はこれを調査することができ、アイム・アローン号はカナダに登録された英国船舶であるが、事実上、米国市民により所有、管理されていた。このことから、船舶およびその積荷の損失についてはいかなる賠償をなす必要もないとされた。第二点に関しては、委員

が同意に達しなかったこと、第三の論点との関係で回答は不必要とされたようであり、言及されていない。第三の争点である当該船舶を沈めた行為ついては、一九二四年条約によっても、他の国際法の原則によっても正当化されえないとされ、米国はカナダ政府に対し正式に違法性を認め、陳謝すべきであり、さらに、違法行為についての実質的賠償（a material amend）として二五、〇〇〇ドルを支払うべきである、と勧告した。乗組員およびその遺族については金銭賠償を勧告している。

乗組員等宛に支払われるべきものとされたのとは別個に米国よりカナダ政府宛に支払われるべきとされたこの二五、〇〇〇ドルの性質についての評価は、例えば、ハイドはこれを米国・カナダの友好関係の脈絡から、また、カナダが支出した手続のための費用という観点から解しており、これは懲罰的損害賠償（penal damages）を課した先例としての重要性を欠くとしている。[15] これに対して、フィッツモーリスは主権侵害への賠償と推定している。[16]

米国は、一九三五年一月一九日にカナダ政府に対して陳謝し、委員の勧告した金額について措置をとりつつあると発表した。[17] 一九三五年一一月七日に勧告された金額である五〇、六六六ドル五〇セントの支払いがカナダに対してなされた。[18]

一九一八年七月一〇日にメキシコにおいて鉱山会社の監督をしていた米国民バイロン・ジェーンズが元従業員のカルバヤルに殺害されたジェーンズ事件[19]では、カルバヤルの逮捕のためにいくらかの措置がとられたが同人を逮捕することはできなかった。

この事件における争点は、メキシコ当局が損害賠償判決を保証するカルバヤルの逮捕のために迅速かつ充分な措置をとったかというものであった。委員会の一九二六年一一月一六日の決定は、ジェーンズを殺害した者を逮捕・処罰しえなかったことにより請求者の受けた損害について、メキシコに一二、〇〇〇ドルの支払を命じた。

この決定をめぐる評価において、国の共犯（complicity）の概念についての問題が検討された。米国の主張は、メキシコが個人を処罰しなかったことにより、当該行為についての共犯となり、これを認めたことにより責任を負う（ニールセン委員の個別意見も同様）としたのに対して、委員会の多数は私人の行為と国の行為とは別個のものであり、個人の行為により生じた損害によって国の損害を算定するのは正しくないとした。損害賠償額の算定については「実質額」の方法を採用している。

ボーチャードは、私人と国の行為の完全な分離は夢想的であり、理論的であるが、委員会の立場は政府の様々な違法行為を認める点で、有益であり、また、賠償額の算定は恣意的なものになるが、このようなペナルティーにより司法行政の改善、将来の事件の防止が期待しうるという可能性もあるとしている[20]。

ニールセンが反対の立場をとりながら判決自体については賛成していることに言及し、この両者の立場の区別は実際的には同じ結果となるとの指摘もなされている[21]。

ブライアリーはジェーンズ事件の決定について、事後の犯人処罰を怠ったことによるメキシコ政府の責任について、これまでの理論とは異なるものと解している。このような私人の行為と国の事後の行為の厳格な区別に対して、国の「黙示の共犯（implied complicity）」「容認（condonation）」の存在する余地のあることを主張する[22]。また、懲罰的損害賠償（exemplary or vindictive damages）に関しては、その可能性に言及しつつも否定的である。

イーグルトンは、国の責任と個人の行為との関係についての問題を、ジェーンズ事件をとりあげて考察している。国が支払うべき損害賠償額の算定について私人の受けた損害を基準とすることと、国の責任は国自体の行為より生ずるとすることとの関係を如何にとらえるかの理論的説明について、1)共犯理論（theory of complicity）、2)容認理論（theory of condonation）、3)抗弁権喪失理論、4)直接責任理論、5)算定基準実質額理論をあげている。ジェーンズ事件、ホルジョウ工場事件で採用されたのは、現実的な理論の第五の立場であるとする[23]。この理論は、しかし、国の責任がいつ発生するのか、どのような行為に対して国が責任を負うのかという責任論の基本的問題についての疑問を生じさせ、責任発生の時点としては、1)損害発生時、2)国の機関による損害の発生時、3)国内的救済の失敗したとき（通常は裁判拒否）、が考えられると指摘している。

フェラーは、メキシコを一方の当事者とする請求委員会の決定を詳細に分析したのち、ジェーンズ事件が唯一、損害賠償の算定について言及している事例であるとしつつも、他の事例を分析すると、ジェーンズ事件で委員会の多数がとった、国の責任は犯人の不逮捕・不処罰によりジェーンズの妻および子供に生じた悲嘆・侮辱（grief and indignity）に対するものであるとして決定した賠償額と、他の同様の事例との間には統一性が存在しないと指摘している。このことから、フェラーは、ジェーンズ・フォーミュラは、古い慣行である妥協に便宜的な言葉の覆いをしたものであろうと述べている。[24]

ラングドン事件においては、米国・パナマ請求委員会は扶養すべき相続人がいない場合に、死亡より生ずる損害の算定方法が欠けているとして二、〇〇〇ドルをパナマが米国に対して支払うべきものとした。この点について、賠償が懲罰的な性質を有しているとの判断もある。[25]

なお、国際判例ではないが、国際的な性質を有する問題を取り扱った国内判例の中で懲罰的損害賠償に言及した事例がある。例えば、米国において、大使館の事務局増築をめぐって生じた訴訟について、国務省は主権免除は認められないと判断し、裁判所もこれを認めたが、懲罰的損害賠償の請求がなされた部分については、国務省は一九七五年に「国際法上現段階においては、懲罰的損害賠償は通常外国に対して課されない」との判断を下している。[26] また、一九七六年の主権免除法は、機関または媒介者（an agency or instrumentality）を除いて、外国は懲罰的損害賠償の責任を負わないと規定している。[27] ルテリエー・モフィット事件についての米国国内裁判所判例は懲罰的損害賠償を認める判決をなしていた。[28] さらに、フィラルティガ対ペナ・イラーラ事件において、一九八四年のニューヨーク地方裁判所の判決は、懲罰を意図した損害賠償が国際裁判所により決定されることはほとんどないが、主権国のパラグアイに対する請求ではなく、ペナ・イラーラ個人に対する請求であること、また、主権国に対する不法行為上の懲罰的損害賠償の先例もいくつかあるとして、懲罰的損害賠償を認めており、懲罰的損害賠償は単に行為を再び繰り返してはならないことを教えるのみならず、他の者が同様の行為をなすことを思いとどまらせることをも意図しているとし、様々な懲罰的損害賠償の金額についての先例を検討し、五〇〇万ドルの賠償額が国際共同体の拷問追放支持を反映しており、拷問の実施の抑制にふさわしいと判断している。[29]この他に、国内法における懲罰的損害賠償の法制に関して、英国では、懲罰的損害賠償が認められる分野として、三つのカテゴリーがあげられている。第一は政府の役人（servants）による抑圧的、任意的、非憲法的行為である。第二のカテゴリーには被告が原告に払う補償額を越える利益を得ることを計算していた場合である。これは、「不法行為は引き合わないことを行為者に教えるため」である。第三は立法により明示的に懲罰的損害賠償が認められている場合である。[30]

（5）　5 Annual Digest of Public International Law Cases 200-202 (1935); 2 RIAA 1076-1077; 波多野里望・東壽太郎編『国際判例研究国際責任』二二六頁［横田洋三］（三省堂、一九九〇年）。
（6）　2 Annual Digest of Public International Law Cases 209-211 (1933); 7 RIAA 32-44; 波多野・東前掲注（5）二九九頁［筒井若水］。
（7）　G.H. Hackworth, 5 Digest of International Law 725-726 (Washington D. C.: U. S. Goverment Printing Office, 1943) ;11 RIAA 460-461.
（8）　88 I.L.R. 727-748 (1992).
（9）　利子については現在の価値で賠償が評価されているので、必要なしと判断し、他の賠償については次の様な評価をしている。

ルテリエー氏の夫人および子供の財政的援助の喪失	一、二〇〇、〇〇〇米ドル
ルテリエー夫人の精神的損害	一六〇、〇〇〇米ドル
ルテリエー氏の子供の精神的損害（四×八〇、〇〇〇）	三二〇、〇〇〇米ドル
ルテリエー夫人の支払った医療費	一六、四〇〇米ドル
モフィット氏の夫人の死亡による財政的援助の喪失	二三三、〇〇〇米ドル
モフィット氏の精神的損害（妻の死亡を含む）	二五〇、〇〇〇米ドル
モフィット氏の費用	一二、〇〇〇米ドル
モフィット夫人の両親の精神的損害	三〇〇、〇〇〇米ドル
モフィット夫人の両親の医療費、費用	二〇、〇〇〇米ドル
事故について家族が共同して負った特別の費用	一〇〇、四九二米ドル

（10）　Supra note 8, at 737-746.

（11）　86 Am. J. Int'l L. 351-352 (1992). なお、米国が一九八八年の文書にてなした請求の性質、米国の受けた損害と国民の受けた損害との関係、通常なされる責任者の処罰の要求を米国が引き続き行い、これにチリが対応したことについての評価等が委員会の決定とどのように関連づけられるのかについては検討の余地がある。

（12）　G.H. Hackworth, supra note 7, at 725.

（13）　この他に、懲罰的損害賠償について否定的な事例として、フランシスコ・マレン事件 (4 RIAA 173; H. W. Briggs, The Law of Nations, 823 (New York: Appleton-Century-Crofts, 2nd., 1952); 波多野・東前掲注（5）五七八頁［森脇庸太］)、マヌーバ号事件 (11 RIAA 463; 7 Am. J. Int'l L. 629)、コルフ海峡事件 (1949 I.C.J. Reports 1)、などが挙げられる。なお、イラン・米国請求裁判所について、15 Iran-U.S. C. R. T. 248 (1988) 参照。

（14）　3 RIAA 1609-1618; Briggs, supra note13 at 385; 波多野・東前掲注（5）六〇四頁［横田洋三］。

（15）　Charles Cheney Hyde, The Adjustment of the I'M ALONE Case, 29 Am. J. Int'l L. 296, 300 (1935).

（16）　Gerald Fitzmaurice, The Case of the I'm alone,17 Brit. Y. B. Int'l L. 82, 94 (1936).

（17）　29 Am. J. Int'l L. 299, note 11(1935).

（18）　G. H. Hackworth, 2 Digest of International Law 707 (Washington D. C.: U. S. Goverment Printing Office, 1941).

（19）　4 RIAA 82 ; Briggs, supra note 13, at 605; 21 Am. J. Int'l L. 362; 波多野・東前掲注（5）三九四頁［広部和也］。

（20）　Edwin M. Borchard, Important Decisions of the Mixed Claims Commission, United States and Mexico, 21 Am. J. Int'l L. 516, 517 (1927).

（21）　3 Annual Digest of Public International Law Cases 219 (1929).

（22）　J.L. Brierly, The Theory of Implied State Complicity in International Claims, 9 Brit. Y. B. Int'l L. 42, 49 (1928).

（23）　Clyde Eagleton, Measure of Damages in International Law, 39 Yale L. J. 52, 55-59 (1929-1930).

（24）　A.H. Feller, The Mexican Claims Commissions 1923-1934, at 290-297 (N.Y.: Macmillan, 1935).

（25）　7 Annual Digest and Reports of Public International Law Cases 264-265 (1940); 波多野・東前掲注（5）六九三頁［尾崎重義］。なお、この他に懲罰的損害賠償に肯定的な事例として、ロバーツ事件 (Roberts case, 4 RIAA 77)、マール事件 (Maal case,10 RIAA 730; 波多野・東前掲注（5）一〇一頁［筒井若水］、メッツガー事件 (Metzger case,10 RIAA 417)、モークス事件 (Moses Moke case, Moore 4 Arbitration 3411)、デラゴア湾鉄道会社事件 (Moore, 2 Arbitration 1865)、などが挙げられている。

（26）　63 I.L.R. 37-38 (1982).

（27）　28 U.S.C. 1606. なお、国の商業活動に携わる機関の行為への独禁法の適用について、Outboard Marine Corporation v. Pezetel and Others, 63 I.L.R. 199 参照。

（28）　502 F. Supp. 259 (1980).

（29）　577 F. Supp. 860 (1984).

（30）　Ghandhi, Exemplary Damages in the English Law of Tort, 10 Legal Studies 182, at 184-190 (1990). なお、ドイツにおける取扱については、例えば、32 I.L.M. 1320-1346 を参照。日本での問題について、平成三年二月一八日の東京地裁判決および平成五年六月二八日の東京高裁判決に関する評釈参照。

第二節　学説の動向

懲罰的損害賠償をめぐる学説には、これに消極的立場をとる学者としてブラウンリーがいる。彼は、財政的損失の証明を伴わない金銭賠償としては、外交・領事特権の侵害、領海の侵犯、公海上の船舶の違法な拿捕に対してなされるものがあるとし、これらは「精神的」「政治的」損害賠償と呼ばれ、「精神的」「政治的」損害と結び付けられているが、この用語法から混乱が生じているとする。何故なら、この損害は法的義務の違反であり、これについて特徴的なのは損害を算定する方式が存在しないということである。このことから、特定の損害は個人の損害または「特別の損害」を責任の条件とすることがあると述べている。[31]

さらに、金銭賠償との関係で、ブラウンリーは国際法における刑罰的損害賠償（penal damages）の問題に言及しているが、例えば、非政治的損失、すなはち、法的義務の違反についての金銭賠償（例えば領海侵犯）は「刑罰的損害賠償」とは正確にはいえないとしている。また、前述のジェーンズ事件については賠償額の算定の問題と解している。[32]

グレイは、国際法における懲罰的損害賠償の可能性は、国際仲裁裁判所の決定に基づいて純粋に判断することはできず、政策的考慮が決定的であろうとし、この点については、損害賠償と宣言判決以外の救済の利用可能性の問題と同様に、国際裁判の役割の理解に依存している、と述べている。さらに懲罰的損害賠償は、国際法において、ふさわしい救済とはいえず、国際司法裁判所がこの救済を命ずる用意があると想像することは困難であると主張する。[33]

これに対して懲罰的損害賠償に肯定的な立場に立つ学者にディンスタインがいる。彼は、戦争違法化の脈絡において、国は法人であるので、監禁の様な刑事判決には服しえないが、軍事的、外交的、経済的措置は国に対する刑事的な制裁としてなされうるとの議論があり、さらに、潜在的軍事力を増加させる能力のある工場の破壊も制裁として考慮されるべきとの主張もなされたが、これらの措置は最終的に無罪の人々をふくむ国民への集団的処罰になるとして好ましくないとしている。懲罰的損害賠償については、一般的には認められないとしても、侵略国のような特別の場合には適当であろうと主張している。[34]

イーグルトンは、国際連盟の法律家委員会が常設国際司法裁判所を設立する際に、国際犯罪に刑罰を課す権限を有する高等国際裁判所を提案したが、連盟総会において拒絶されたものの、この権限は常設国際司法裁判所により裁判所規程第三六条に基づいて保持されていると解している。[35]

日本では、福井教授が国際不法行為の効果のひとつとして贖罪金の提供を挙げているが、その具体的内容について詳しくは論じていない。[36]

水垣教授は非物質的損害に対する効果に関し陳謝を取りあげて論じた部分において、「国家の名誉威厳信用の如き非物質的利益に対する侵害のなされた時には金銭の支払に依る陳謝は非常に稀にしか起らないのである。」としている。[37]

田畑教授は、責任の解除に関する記述において、賠償の概念を広義にとらえて、金銭賠償のほかに、陳謝、被害国国旗に対する敬礼、責任者の処罰、将来の保障などがあり、物理的損害に対しては金銭賠償がとられ、精神的損害に対しては陳謝などの方法がとられるのが普通であるが、どのような場合にどのように賠償をするかについては、国際法上定まった原則はなく、この点は当事国間の話合い、あるいは、国際裁判の判決によって決められると述べている。[38]

高野教授は、国際不法行為の責任を解除する主な手段としては、国際慣行上、原状回復、損害賠償、陳謝があるとする。国際不法行為による責任には民事的責任の他に刑事的責任が含まれることがあり、概して、原状回復・損害賠償は民事的責任を、陳謝は刑事的責任を解除する手段であると指摘したうえで、なお、一般に国際法上の責任については、これら三つの手段が、それぞれに民事責任あるいは刑事責任を解除する意味を未分化な形でもっているといえると述べている。[39] なお、陳謝には、広義で、国旗に対する敬礼、違反行為の否認、責任者の処罰、将来に対する保障などがあるとする。[40]

山本教授は、国際違法行為の結果として生じた法益侵害が人身・財産損害以外の非有形的損害に限られる場合には、原状回復とならんでまたはそれに代わって、外形的行為による救済（satisfaction; Genugtuung）が行われ、金銭賠償（刑罰的賠償を含む）の対象としないとする。この外形的行為による救済としては、陳謝、象徴的行為、再発防止の確約、があげられており、学説・国際判例上は国際違法行為の原因となった実行者に対する国内法上の制裁がこれに含まれることがあるとする。さらに、国際裁判所の宣言判決、国際機関の非難決議も責任を解除するための十分な措置と認められていると述べている。[41]

（31） Ian Brownlie, System of the Law of Nations: State Responsibility Part I, at 199-200 (Oxford: Clarendon Press, 1983).
（32） Ian Brownlie, Principles of Public International Law 467 (Oxford: Clarendon Press, 5th ed., 1998).
（33） Cristine D. Gray, Judicial Remedies in International Law 27-28 (Oxford: Clarendon Press, 1990).
（34） Y. Dinstein, War, Aggression and Self-Defence 109-111(Cambridge: Grotius Publications, 1988).
（35） Clyde Eagleton, supra note 23, at 63-64.

(36) 福井康雄『國際不法行為論序論』一二四頁（巖松堂、一九二六年）。
(37) 水垣進『國際法に於ける国家責任論』二九九頁（有斐閣、一九三八年）。
(38) 田畑茂二郎『国際法新講 下』六二頁（東信堂、一九九一年）。
(39) 高野雄一『国際法概論下』一四五頁（弘文堂、一九八六年）。
(40) 同右、一四八頁。
(41) 山本草二『国際法』六五九頁（有斐閣、新版、一九九四年）。

第三節　法典化作業における取扱

前章の金銭賠償の部分と重複する部分があるが、ここで法典化作業について見ておくこととする。

1　一九三〇年ハーグ法典編纂会議

外国人の取扱についての国の責任を法典化の対象とした一九三〇年のハーグ法典編纂会議の準備段階で、各国政府にクエスチョネールを送っているが、その中に懲罰的損害賠償に関連すると解されるものも含まれていた。それは、「損害賠償はなされた違法行為について単に刑罰（penalty）のために要求することがありうるか？」という質問であった。[42]

各国からの回答に基づいて「討議の基礎」が作成されたが、項目リストの第一四項が生じた損害の賠償について規定していた。この項目の下に作成された討議の基礎第二九項は次のような文言であった。

「討議の基礎第二九項」

責任には、関係国が国際義務に従わなかったことから生ずる限りにおいて発生した損害を回復する義務が伴う。状況により、また、国際法の一般原則から導き出される場合には、自国民が身体に損害を受けた国に、陳謝（適当な厳粛を備えていること）および（適当な場合には）責任ある者の処罰の形態によりサティスファクションをなす義務を伴う。

賠償は正当な場合には、損害を受けた者に対して、精神的被害についての賠償を含みうる。

国の責任が、損害を引き起こした行為がなされた後に適切な措置をとることを怠ったことからのみ生じた場合には、当該措置をとることを全体としてまたは部分的に怠ったことより生じた損害についてのみ回復をなす義務を負う。

他の諸国の活動に責任を有する国は、当該国が他の諸国にそのようにすることを依頼した限りにおいて、他の諸国が責任を伴う措置をなすことを監視しなければならない。そうすることが不可能な場合には、同等の補償をなさなければならない。

原則として、なされた賠償は、被害国の自由とされる。

ここには、サティスファクションの規定はあるが、懲罰的損害賠償についての規定はおかれていない。

（42）　24 Am. J. Int'l L. Supplement 71 (1930).

2　国際法委員会における法典化

(1)　ガルシア・アマドール報告書

一九六一年に提出されたガルシア・アマドールの第六報告書(43)は、損害の賠償を取り扱っている。そこでは、賠償をなす義務、損害と賠償の機能・形態一般、外国人の受けた損害の賠償、が対象とされている。

この報告書には改訂草案が付されており、第八章の「賠償の性質および方法」に、第二六条「原状回復および金銭賠償」、第二七条「損害発生行為の再発を防止する措置」の二ヵ条が配されている。

第八章　賠償の性質および方法

第二六条　原状回復および金銭賠償

1．外国人の受けた損害の賠償は、原状回復または金銭賠償のうち、責任国に帰属する作為または不作為の結果を消し去るのに最も適当ないずれかの形態をとりうる。

2．前項の規定にかかわらず、原状回復が、法の廃止、司法上の決定の無効、もしくは執行上・行政上の措置の不適用に係わり、かつ、責任国の国内法上問題を引き起こすか、もしくは、両立しない場合には、賠償は原状回復の形態をとってはならない。

3．金銭賠償の金額は、外国人の身体または財産の受けた損害、もしくは、死亡の場合には権限のある相続人の損害の性質に従って決定されなければならない。これゆえ、賠償の性質またはそのなされる目的にかかわらず、金銭賠償は損害を受けた外国人に不当利得をもたらしてはならない。

4．賠償の性質および方法を決定する場合には、損害を受けた外国人に帰属する過失および本草案第一七条四項に規定された軽減事由のような他の状況を考慮に入れなければならない。

第二七条　損害発生行為の再発防止のための措置

1．外国人の受けた損害を超えて、重大な事態となる事実をもたらす作為または不作為の場合であっても、賠償は国籍国に対する「サティスファクション」の形態をとってはならなず、これは責任国の名誉および威厳をそこなうものとなる。

2．前項の規定にかかわらず、同様の状況において、国籍国は外国人の受けた損害についてなされるべき賠償を害することなく、責任国が当該国に帰属するような性質の事件の再発を防止するために必要な措置をとるよう要求する権利を有する。

これらの条文においては、懲罰的損害賠償への言及はなされていないが、第一報告書のなかでは、「懲罰的」性格を有する賠償について言及していた。

(2)　アランジオ・ルイズ報告書

国際法委員会の国の国際責任に関する特別報告者であったアランジオ・ルイズは、その第二報告書[44]のなかで、懲罰的損害賠償について言及している。

懲罰的損害賠償はここではサティスファクションの一部として取り扱われており、また、アランジオ・ルイズはサティスファクションが懲罰的な性質を有するのか、あるいは、補償的な性質を有するのかを重要な問題点としてとりあげていた[45]。

サティスファクションの形態としては、特に、陳謝（責任を黙示的に認め、起きたことに対しての非難と遺憾をともなう)、責任者の処罰、政治的または司法的国際団体による行為の違法性の声明、違法行為の再発防止に対する保証、実質的損失とは比例しない金額の支払、がある。この最後のサティスファクションの形態は、良く知られたコモンローの概念により、原則の一部であるとされる「懲罰的損害賠償」と呼ばれているものの被害国への支払と明らかに同じものであると述べている(46)。

特別報告者はこのような立場に立って、次のような草案を作成した(47)。

第一〇条　サティスファクションおよび再発防止の保証

1. 国際違法行為が原状回復または金銭賠償による救済の可能でない精神的または法的損害を被害国にもたらす限りにおいて、違法行為をなした国は、陳謝、名目的もしくは懲罰的損害賠償、責任者の処罰、または再発防止の保証、またはこれらの組み合わせによる適切なサティスファクションを被害国になす義務を有する。
2. サティスファクションの形態の選択は、違反された義務の重要性、違反行為をなした国の故意または過失の存在または程度を考慮して行わなければならない。
3. 権限ある国際裁判所による行為の違法性の宣言は、それ自体、適切な形態のサティスファクションとなりうる。
4. いかなる場合にも、サティスファクションの請求は、国際違法行為をなした国に対する侮辱的要求または当該国の主権平等もしくは国内管轄権の違反を含んではならない。

一九八九年に提出されたこのアランジオ・ルイズの第二報告書は、時間の関係で次の国際法委員会第四二会期(一九九〇年)において検討された(二一六八～二一七五会合、二一八五会合)。そこでの主な問題は、同等物による賠償、サティスファクション、再発防止の保証であった。

特別報告者は、補償は国の受けた「物質的」損害に、サティスファクションは国の受けた「精神的」損害に原則として対応するとし、個人の受けた「物質的」「精神的」損害は金銭賠償により補われるとした。これにより国の「精神的」損害と個人の「精神的」損害とは区別されることとなる。(48)

委員会では、「物質的」損害と「精神的」損害の区分に関して、その区分は認めるものの、具体的な内容について、また、対応する救済の方法について異なる意見が出された。例えば、特別報告者が救済手段について不必要に厳格な区別をしており、サティスファクションと金銭賠償は、原状回復が不可能または困難な場合の同等物による賠償の二つの形態であるとの意見があった。これに対して報告者はレインボー・ウォリァー事件の仲裁判決を引用して、サティスファクションの特別な意味を主張した。(49)

また、特別報告者のアプローチが外国人の受けた損害の観点にかたよっており、他の条約違反の状況、例えば環境、貿易、軍縮等の例については触れていないとの意見が出された。ガットについては、経済的権利を保護し、経済的な期待を作りだすものであるので、条約違反は金銭賠償に結びつけられていないとされた。(50) これに対して、アランジオ・ルイズは、経済的な期待は法典化の対象である一般的規則のなかに含まれる必要があるのかを疑問としている。(51)

国が責任を認めずに、賠償を行って問題の解決を行う事例があり、一括協定、恩恵による支払、その他の政治的解決のなされる場合があるが、このような合意に基づく解決を賠償に関する規定は妨げるものではないとの条文をいれることが有益であるとの指摘がなされた。報告者は条文草案はこのような解決を妨げるものではないとしている。

サティスファクションの性質については、多くの委員は特別報告者により述べられた「懲罰的」性質に同意しなかった。懲罰的損害賠償の概念は国の主権平等と両立せず、第三者による判断を必要とし、また、懲罰の概念は人類の平和と安全に対する罪の条文草案の問題であるとされた。何人かの委員はサティスファクションが他の救済手段と比較してより懲罰的な性質を有しているという提案に同意しなくはないが、「懲罰的」という用語が不適当であり、第一部第一九条の国際犯罪の結果についてを決定する際に懲罰的な性質の制裁を取り扱わなければならないだろうとした。報告者はサティスファクションの報復的（retributive）な性質に言及しつつ、表現ではなく機能が重要であると述べ、この救済方法は、純粋に補償的な形態の賠償（金銭賠償、原状回復）と、報復的（retributive）な救済方法（報復（reprisals）、制裁）のあいだにあるものと位置づけている。[52]

「精神的または法的損害」という用語については、対象が広すぎるので、「法的損害」を削除すべきであるとの意見があった。また、「名目的または懲罰的損害賠償」に関しては、サティスファクションに懲罰的性質を与えるばかりでなく、サティスファクションが経済的に評価が不可能である損害に対応するという点とも矛盾するとの指摘がなされ、削除が求められた。特別報告者は人権、環境に関する国際法の規則の重要性に言及している。また、再発防止の保証については、これが国に対する精神的損害に限定されるべきであるという点には同意できず、サティスファクションとは別の条文とされなくてはならないとの主張がなされた。なお、権限ある国際裁判所による違法性の宣言は、特定の場合には、適切なサティスファクションであることについては、一般的に合意されていた。[53]

サティスファクションの「請求」の用語に関しては、これは不適当であり、国の権利、義務についての規定とされるべきこと、また、列挙されたサティスファクションの形態は限定的なものではないことについては合意があった。

国際法委員会での議論を踏まえて、起草委員会により作成された草案は次のとおりである。

第一〇条　サティスファクション

1．被害国は、国際違法行為をなした国より当該行為により生じた損害、特に精神的損害に対して、十分な賠償をなすのに必要な場合には、その程度において、サティスファクションを得る権利がある。

2．サティスファクションは以下の一以上の形態をとることができる。

a) 陳謝

b) 名目的損害賠償

c) 被害国の権利の重大な侵害の場合には、侵害の重要性を反映した賠償

d) 国際違法行為が犯罪行為または公務員の重大な違反行為より生じた場合には、責任ある者に対する懲戒的行為または処罰

3．サティスファクションを得る被害国の権利は、国際違法行為をなした国の尊厳を損なう要求を正当化するものではない。

第一〇条 bis　再発防止の保証

被害国は、適当な場合には、国際違法行為をなした国より違法行為の再発防止の保証を得る権利がある。

この起草委員会により準備された草案にはコメンタリーが付されていないため、第四二会期では全体会議に提出されず、文書とその説明がなされた模様である[54]。条文草案は特別報告者の提出したものと比較すると次のような幾つかの変更がなされている。

まず、懲罰的損害賠償の概念については、全体会議において議論の多かったものであり、この語は用いられて

おらず、被害国の権利の重大な侵害の場合には、侵害の重要性を反映した賠償という規定が盛り込まれている。名目的損害賠償については維持されている。

次に、全体会議ではあまり問題とされなかった宣言判決[55]に関する規定は、起草委員会の草案からは削除されている。なお、再発防止の保証については、他のサティスファクションとの性質の違いから、別の条文で規定されている。

特別報告者の草案との大きな違いは、アランジオ・ルイズがサティスファクションを全体として懲罰的なものと捉えていたのに対して、起草委員会の草案では、賠償（reparation）の脈絡で捉えられている点である。

上記の条文草案は、第一読の終了の後、条文番号が第四五条、第四六条と変更され、各国政府の意見が求められた。第二読の終了の後に暫定的に採択された条文草案では、懲罰的損害賠償への言及はなく、また、名目的損害賠償への明示的な言及もなされてない[56]。起草委員会議長の説明によれば、第一読終了後の草案第二項c)は懲罰的損害賠償の可能性を暗示していたが、全体会合の一般的な見解に従い、懲罰的損害賠償へのいかなる言及も削除されたと述べている[57]。

(43)　A/CN.4/134 & ADD.1 (26 January 1961).

(44)　A/CN.4/425 (9 June 1989).

(45)　Id., 82. サティスファクションを賠償的なものと考える学者として、Ripert, Bissonnette, Bin Cheng, Jimenez de Arechaga があげられており、懲罰的なものとする学者として Bluntschli, Anzilotti, Eagleton, Lauterpacht, Personnaz, Garcia-Amador, Morelli があげられている。Dominice はサティスファクションを原状回復や金銭賠償と区別されない賠償 (reparation) の一つであるとしている。

(46) Id., 108-109.

(47) A/CN.4/425/Add.1, at 25 (22 June 1989).

(48) A/45/10, at 181.

(49) Id., 183-185.

(50) Id., 185-186.

(51) Id., 188.

(52) Id., 214-215.

(53) Id., 216-218.

(54) A/CN.4/L.472.

(55) ブラウンリーは、救済手段の形態として、原状回復、金銭賠償の他に、独特の性質を持つものとして、宣言判決とサティスファクションをあげている (Ian Brownlie, supra note 32, at 461-464)。また、コルフ海峡事件判決の「この宣言はアルバニアにより代理人を通じてなされた要請に従ったものであり、これ自体適切なサティスファクションである。」という文言を引用しながら、この用語にもかかわらず、これは通常の意味でのサティスファクションの一例ではないとする。この宣言は裁判所のものであり当事者によるものではないこと、これは金銭賠償のかわりであることを指摘している (Id., 464)。

(56) A/CN.4/L.600.

(57) State Responsibility, Statement of the Chairman of the Drafting Committee Mr. Giorgio Gaja at the 2662nd meeting of the International Law Commission, held on 17 August 2000, at 22.

第四節　評価

理論的には懲罰的損害賠償を考えることは早い時期にも可能であった。しかし、これは、各国の力関係を反映して、強者の弱者に対する過度の賠償要求につながる可能性を有していた。国際社会も、二国間関係の蜘蛛の巣的状態にあるあいだは、国際社会の利益を具体的に考えることは基本的になかったと解される。また、国際仲裁において、仲裁の管轄権が通常は生じた損害の賠償にのみ限定されていることから、懲罰的損害賠償の決定を下す傾向にはなかった。

これに対して、国際社会が諸国の間に共通の利益を強く認識し、共通の価値の実現のために協力するようになると、懲罰的損害賠償の実現可能性を考える意味が出てくる。さらに、国際法の特定分野での発達が共通の利益の実現を強く目指しているときには、懲罰的損害賠償の制度は効果的な違法行為に対する抑止の効果を有することにもなりうる。

個人の受けた損害と国の損害との区分を明確に行うことができるのならば、個人に対する賠償に関連して懲罰的損害賠償を認めて行くことは、それが侵害の発生、再発の防止につながる場合には個人の保護の観点からは望ましい場合もあると考えられるが、これは各国の国内法体制に依存するところでもある。

他方、国の損害について、既存の違法行為に懲罰的損害賠償を一般的に認めることは困難である。しかしながら、個人の保護と重複する人権や環境の分野において国の行為を評価する場合には、懲罰的損害賠償の可能性をも責任制度の射程にいれることは必要と思われる。

この意味においては、国際犯罪としての性質を付与されている義務違反について懲罰的損害賠償が課されうると考えると、国際法委員会の責任に関する第一読終了の草案第一九条三項により例示された第一次規範について懲罰的損害賠償が考慮される可能性が残されている。侵略戦争禁止、植民地支配、人間の生存[58]、そして環境に関連した国際法の規定についてが問題となる[59]。

これらの国際法の規定が違反行為の発生を強く非難するものとなり、かつ、第三者機関である仲裁裁判、請求委員会、などの紛争解決手続の発達が伴うことにより濫用の危険が少なくなる場合には、懲罰的損害賠償の制度の発展を促す可能性がある。

仮に、このようにして認める立場に立つ場合であっても、懲罰的損害賠償の法的な意味を責任論の賠償に関する構造のどの部分に位置付けるかの理論的問題が残されている。懲罰的損害賠償をサティスファクションの一部とするか、賠償額算定の際に考慮すべき点とするかの問題でもある[60]。前者に立つとサティスファクションを懲罰的性質を有するものと考える必要がある。しかしながら、例えばサティスファクションの一つとして認められている陳謝にこのような懲罰的性質を見出すことが困難な場合もありうる。

アランジオ・ルイズは、サティスファクション全体を懲罰的な性質を有するものと把握し、懲罰的損害賠償をこれに含めた。これに対して、サティスファクションと賠償の基本的概念は原状回復（restitutio ad integrum）にあるので、サティスファクションが刑罰的罰金の支払となりうるという見解を拒否する主張がなされている[61]。

国際法委員会の法典化作業では、サティスファクション全体を懲罰的なものと捉えることに対する疑問が呈され、また懲罰的損害賠償の制度も主権国の併存状態にある国際社会においては認められないとの議論が行われた。起草委員会はこのような議論を受けて「懲罰的損害賠償」の語を第一読終了後の条文草案には、明示的には用いていなかった。第二読の終了の後に暫定的に採択された条文草案では、国の国際犯罪ではなく、国際共同体全体に対する義務の重大な違反の結果として、「重要性を反映した損害賠償」があげられているが、懲罰的損害賠償自体には、明確に否定的な立場がとられていると解される。

国際社会における主権国の存在と各国の共通利益への強い関心を考慮するとき、二国間の関係において共通の利益を達成するための一つの方式として懲罰的損害賠償を考えることは有用であると考えられる。しかしながら、実定国際法規がこれをどこまで採用しうるかは慎重に見極める必要がある。

(58)　奴隷制、ジェノサイド、アパルトヘイトが例示されているが、米国の国内判例は、拷問を行う者を、海賊、奴隷貿易人と同様に人類の敵としているものもある。77 I.L.R. 187 (1988).

(59)　Nina H. B. Jorgensen, A Reappraisal of Punitive Damages in International Law, [1997] 68 Brit. Y. B. Int'l L. 247, 266 (1998).

(60)　サティスファクションに言及している条約として、国際紛争平和的処理に関する一般議定書第三二条、欧州人権条約第四一条、がある。欧州人権条約については、個人の人権の脈絡において考えられるべきであるとの意見がある。

(61)　Eibe Riedel, Satisfaction, 10 Encyclopedia of Public International Law 384 (1987). リーデルはサティスファクションが懲罰的な金銭賠償の形態をとることには反対している。

第三章　サティスファクション

国際法における責任履行・賠償の方式として、サティスファクション（satisfaction）が認められているが、このサティスファクションがどのような働きを賠償において果たしてきたのかについては、様々な理解が存在している。

一般的には、生じた損害を物質的損害と精神的・非物質的損害とに分類し、国に対して生じた物質的損害については原状回復、金銭賠償により、また、精神的・非物質的損害についてはサティスファクションがなされるとされてきた。精神的・政治的損害を賠償するための独自の賠償方法ともされている(1)。

陳謝、責任者の処罰、再発の防止、金銭の支払いの他に、このような物理的、財政的損害以外の国際違法行為による国に対する損害の救済としては、国際裁判所による当事国の権利の宣言、国際機構による制裁、責任を有する国による当該行為の取消、行為の違法性の承認、または、当該行為が違法であることの国際機構による単なる声明があげられている(2)。

しかしながら、この賠償方法は、その対象とされる損害が多様であることから、国際法は明確な法規を有していないとされ、また、主観的な評価がなされる性質のものであるとも解されている。ここでは、サティスファクションについての判決、諸国の実行、法典化作業、学説等を見てゆくことにより、その法的性質を検討してゆく。

サティスファクションの存在を認める学者としては、トリーペルがおり、また、アンツィロッティ、ド・ヴィッシェ、イーグルトン、などが挙げられる(3)。

トリーペルは賠償（Reparation）とサティスファクション（Genugthuung）とを区別しており(4)、アンツィロッティも非物質的損害に対する多様な方式によるサティスファクションの概念を認めていた(5)。ド・ヴィッシェは、サティスファクションの語は用いていないが、国に対する物質的損害と精神的損害とを区別し、後者のなかには国の名誉、尊厳に関する侵害が含まれるとする。そして、これらに対する適切な賠償として、遺憾の表明、国旗に対する敬礼、国の機関の行為の取消をあげている(6)。

このサティスファクションは、一般的には、金銭によるものと金銭によらないものとに分類される。

（1） Franciszek Przetacznik, La responsabilité internationale de l'Etat a raison des préjudices de caractère moral et politique causé a un autre Etat, 78 R.G.D.I.P. 944 (1974).

（2） Marjorie M. Whiteman, 8 Digest of International Law 1211 (Washington: United States Goverment Printing Office, 1967).

（3） Pierre André Bissonnette, La Satisfaction comme mode de réparation en droit international 27-30 (Genève: 1952).

（4） Heinrich Triepel, Droit international et droit interne 331 (Paris/Oxford: Pedone/Oxford University Press, 1920).

（5） Anzilotti, Dionisio, Corso di Dirrito Internazionale 254 (Roma: Athenaeum, 1912); Cours de droit international 524-525 (Paris: Sirey, trans.by Gidel, 1929).

（6） Charles de Visscher, La Responsabilité des Etats, 2 Bibliotheca Visseriana 119 (1924).

第一節　金銭によらないサティスファクション

金銭によらないサティスファクションには、国旗への敬礼等による陳謝、関係者の処罰、被害が再度起きないよう再発防止の措置を執るといった形態が含まれている。(7)

(7) Ian Brownlie, System of the Law of Nations: State Responsibility Part I, at 208 (Oxford: Clarendon Press, 1983). 違法行為の自認も含めている。

1　陳謝

陳謝の具体的な形式としては、口頭の陳謝および書面による陳謝を含む狭義の陳謝、遺憾の意の表明、国旗への敬礼、特別使節の派遣、などが行われてきた。(8)

特別使節の派遣は中国が義和団事件の際に行ったものであり、現在でも陳謝の例として引用されるが、国の尊厳を損なうとも考えられ、現在では用いられないとする意見もあり、また、国旗への敬礼も用いられなくなってきているとされる。(9)

これまでの決定のなかで、陳謝を認めたものとしては、一九二九年のアイム・アローン号事件があげられる。これは、カナダにおいて建造・登録され、カナダ法のもとで設立された会社により所有されていたアイム・アローン号が酒類の密輸入に従事していて米国の沿岸警備隊により沈められた事件である。事件が付託された委員会は、米国がアイム・アローン号を沈めた行為については、一九二四年条約および他の国際法原則によって正当化され得ないとして、米国はカナダ政府に対して正式に違法性を認め、陳謝すべきであると勧告した。米国は、一九三五年一月一九日にカナダ政府に対して陳謝したと発表した。(10)

アイヒマン事件をめぐって、アルゼンチンは、一九六〇年六月二三日に国連安全保障理事会の決議一三八により満足したとされている。(11)この決議では、アルゼンチン国内から、アイヒマンが誘拐されたような行為について、これが繰り返されるのならば、国際の平和と安全の維持が危うくされることを宣言し、イスラエル政府が国連憲章と国際法の規則に従って適切な賠償（appropriate reparation）をなすことを要求し、伝統的なアルゼンチン・イスラエル間の友好関係が推進されることに希望を表明した。

この決議について、イスラエル外相の求めに対して、米国は「適当な賠償（adequate reparation）」とは、イスラエル政府を代表してイスラエル外相によりなされる陳謝とともに、懸案となっていた決議において、安全保障理事会の見解が明らかにされたことであると述べている。(12)

一九八五年のレインボウ・ウォリアー号事件において、ニュージーランドは主権および国際法上の権利の侵害に対して陳謝を要求した。(13)フランスは事務総長に提出したメモランダムのなかでニュージーランド領域の侵害は物質的損害を発生させていないが、遺憾の意または陳謝の表明によりつぐなわれる精神的損害を発生させているとして、フランスも書簡による陳謝の用意があるとした。(14)国連事務総長は一九八六年の裁定において、フランス首相がニュージーランド首相に陳謝をすべきとした。(15)

イーグルトンは、英国駐在のロシア外交官が債権者に殴打された事例に関連して、国はこのような傷害を加えた者を処罰する刑事法を有していなければならず、また、通常は正式の陳謝により、あるいは、金銭賠償により、外国の尊厳を守ることのできなかったことに対して、賠償をしなければならないとしている。(16)

以上のような立場に対して、多くの仲裁判決が違法行為を認めていながら陳謝を命じていないこと、また、常設国際司法裁判所、国際司法裁判所の判決において陳謝が用いられていないことから、違法行為国が陳謝をなすべきと規定する国際法は存在しないとする立場もある[17]。

なお、外交上の実行においては狭義の陳謝、遺憾の意の表明は、国際違法行為による国際責任の履行という意味を与えられることなく、現在でも用いられている。

一九六四年三月二四日に起きたライシャワー駐日米国大使に対する傷害事件において、日本の官房長官は「本日午後ライシャワー大使が暴漢により不慮の傷害を受けられたことに対し日本政府及び国民に代わり衷心より遺憾の意を表します。……」との談話を発表したが、同月二八日の国家公安委員会では、特定の者に責任を問う程の手落ちはなっかたことを再確認している。

ただし、陳謝に対する関係国の理解が異なる場合、あるいは、外交上の実行において用いられる陳謝と責任履行の方式としての陳謝とが明確に区別しがたい事例も存在する。

例えば、一九六八年に起きたプエブロ号事件[18]では、米国は文書に陳謝を明記したが、これは同日の声明により否定された。この事件は、一九六八年一月二三日に北朝鮮（朝鮮民主主義人民共和国）沖を航行中の情報収集に従事していた米国のプエブロ号を沿岸警備の船舶が拿捕した事件である。乗組員の引き渡しのために一九六八年一二月二二日に板門店において署名された文書には、「朝鮮民主主義人民共和国政府に対し、アメリカ合衆国政府は……米国船が朝鮮民主主義人民共和国の領海に違法に侵入し、朝鮮民主主義人民共和国に対して行った重大なスパイ活動に対し、完全な責任を負い、謹んで陳謝し、……」と明記されていた[19]。

しかしながら、同文書に署名した米国側の代表は、署名の前に記録のために声明をなし、「米国の立場は、……当該船舶は違法行為に従事しておらず、……起きたと信じない行動に対して陳謝することはできないというものである。これより署名しようとする文書は北朝鮮により準備されたものであり、前記の立場と異なるが、私の署名は事実を変えることはできない。私は文書に乗組員を解放するため、そして、乗組員を解放するためにだけ署名を行う。」と述べた。[20] 陳謝の表明が国の本来の意図とは異なり、他の目的でなされているこのような陳謝が、如何なる性質を持つのかは検討の必要のある事柄とされている。[21]

また、一九七四年九月六日、反日デモ隊がソウルの日本大使館に乱入し、国旗を毀損し、大使館内を荒らし、館員に負傷を負わせた。日本はこれに抗議をするとともに、陳謝、侵入者の処罰、損害賠償、再発防止の保証を求めた。これに対して、韓国外務大臣は、「深甚なる遺憾の意」を表した。[22] これが外交上の遺憾の意であるのか、責任履行の方式としての陳謝かは、明確でない。

（8）このほかに、撤回、説明、公式文書の発行もなされてきた。Pierre André Bissonnette, supra note 3, at 86-111.
（9）Karoly Nagy, The Problem of Reparation in International Law, 3 Questions of International Law 186 (1986).
（10）29 Am. J. Int'l L. 299, note 11(1935).
（11）Marjorie M. Whiteman, supra note 2, at 1211.
（12）Marjorie M. Whiteman, 5 Digest of International Law 212 (Washington: United States Goverment Printing Office, 1965).
（13）74 I.L.R. 258 (1987).
（14）Id., 266.
（15）Id., 271.
（16）Clyde Eagleton, International Government 86 (New York: Ronald Press, 3rd ed., 1957).
（17）Christian Dominicé, La satisfaction en droit des gens, in Mélanges Georges Perrin, 102-105 (Lausanne: Payot, éd. par Bernard Dutoit & Etienne Grisel,1984).
（18）事件の概要及び国際法上の問題点について、[1969] Proc. Am. Soc. Int'l L. 1-30 参照。

（19）　63 Am. J. Int'l L. 684 (1969).
（20）　Id., 682-683.
（21）　バトラーは、プエブロ号事件を扱った米国国際法学会の会合において、外交上の実行と国際法における陳謝の役割が、検討されるべきものとして残された問題の一つであると指摘している。Supra note 18, at 13.
（22）　一九七四年九月七日、朝日新聞。

2　責任者の処罰

責任者の処罰と呼ばれるもののなかには、調査の要求、狭義の意味での責任者の処罰の要求、手続の要求等が含まれている。

ドイツによる一九一四〜一九一六年のスイス上空の飛行による中立の侵害の事例において、ドイツはスイスに対して遺憾の意を表明し、責任のある飛行士を処罰し、賠償を支払っている[23]。

ドイツ国民のスイスからの誘拐事件であるサロモン事件（Berthold Jacob Salomon, affaire Jacob）において、スイスは「主権侵害」の賠償として、ドイツに対して当人の返還と関係者の処罰を求めた[24]。

マドリッドのベルギー大使館付き外交官の殺人に関するボルクグラーブ事件[25]において、ベルギーがスペインに対して求めた措置には、第一にスペイン政府の陳謝と遺憾の意の表明、第二に軍隊礼式による港までの遺体の運搬、第三に遺族のために一〇〇万ベルギーフランの賠償金の支払い、そして、第四に犯罪者の正当な処罰があった。

ルテリエー・モフィット事件においては、米国・チリ間に委員会が設立され、恩恵による金銭の支払がなされたが、これとは別に、米国政府は事件について責任を有する元公務員が裁判に付されるよう要求した。

このような責任者の処罰に関して、他方、コルフ海峡事件では処罰が求められておらず、テヘランの米国大使館等人質事件においても米国は要求をなしたが国際司法裁判所はこれを命じていないことから、責任者の処罰を義務づける国際法は存在しないとする立場もある。(26)

なお、一九二七年に国際法学会がローザンヌ会期で採択した外国人の身体又は財産に対して自国領域内で生じた損害による国の国際責任に関する決議には、陳謝、責任者の処罰が次のように規定されていた。

第一〇条
国の責任は、生じた損害が国際義務の不履行の結果である場合には、当該損害の賠償をともなう。さらに、国の責任には、必要な場合には、状況および国際法の一般原則に従い、多かれ少なかれ厳粛な陳謝の形態により、適当な場合には責任者の懲戒またはその他の処罰により、その国民の身体に損害の与えられた国に対するサティスファクションをともなう。(27)

(23)　3 Répertoire suisse de droit international public 1773-1775 (1975).
(24)　2 Répertoire suisse de droit international public 1016 (1975); 3 Répertoire suisse de droit international public 1775-1776 (1975); 29 Am. J. Int'l L. 502 (1935); 30 Am. J. Int'l L. 123 (1936).
(25)　Borchgrave (Belgium v. Spain), 1937 P.C.I.J. (ser. A/B) No. 72 at 165.
(26)　Christian Dominicé, supra note 17, at 105-108.
(27)　33-III Annuaire de l'Institut de droit international 333 (1927).

3　再発の防止

再発の防止は、原状回復とは以前の状態を回復するという意図がない点で区別される。また、処罰的な要求をともなわないために責任者の処罰とは異なるが、違法行為の再発を予防するという点では類似している。再発の防止は、単なる違法行為の再発に対する防止の要求から法律の制定の要求にまで及んでいた。

国際法上の実行としては、外交官に対して危害が加えられた場合などに、駐在国の政府が事件の再発防止のために措置をとることを明言することがある。また、パネー号事件をめぐる米国と日本とのやりとりのなかで言及がなされている。(28)

このような事例に関して、例えば、裁判において、ある行為をなしてはならない、または、ある行為をせよとすることは、もともとの義務から生ずるものであるとして、義務違反から生ずる新たな義務ではないとの立場もある。(29)

ガルシア・アマドールの草案第二七条二項は、再発防止のために必要な措置を執ることを要求することができると次のように規定している。

第二七条　損害発生行為の再発防止のための措置

1．外国人の受けた損害をこえて、重大な事態となる事実をもたらす作為または不作為の場合であっても、賠償は国籍国に対する「サティスファクション」の形態をとってはならなず、これは責任国の名誉及び威厳をそこなうものとなる。

2．前項の規定にかかわらず、同様の状況において、国籍国は外国人の受けた損害についてなされるべき賠償を害することなく、責任国が当該国に帰属するような性質の事件の再発を防止するために必要な措置をとるよう要求する権利を有する。

アランジオ・ルイズの報告書に基づき、国際法委員会により作成された草案においても、次のような規定が置かれている。

第一〇条 bis　再発防止の保証
被害国は、適当な場合には、国際違法行為をなした国より違法行為の再発防止の保証を得る権利がある。

この規定を独立させたのは、他のサティスファクションが国の非物質的損害に関する賠償の方式とされるのに対して、再発の防止を保証することは、そのような場合に限定されないとされたためである。

(28)　1 Oppenheim's International Law 534 n. 14 (Harlow: Longman, Robert Jennings & Arther Watts, ed., 9th ed. 1992).
(29)　Christian Dominicé, supra note 17, at 108-110.

第二節　金銭によるサティスファクション

賠償の形態としてなされる金銭賠償とは区別された金銭によるサティスファクションが存在するか否かが問題

となる。これについては、また、認められる状況はどのような場合であるのか、その性質は、補塡的なものであるのか懲罰的なものなのか、が問題とされている。

1　金銭賠償との区別

国がサティスファクションの名の下で精神的、政治的損害に対して金銭の支払いを要求した事例がある。たとえば、一八七四年にグアテマラ駐在の副領事がグアテマラ当局により逮捕され、脅された事件では、英国は金銭によるサティスファクションとして五万ドルを要求し、支払を受けた。

一九二二年に駐ドイツの軍事統制委員会に対する侮辱事件においては、パッサウ、インゴルシュタットの両市より各々五〇万マルクの支払が要求され、支払われた。

これらの事例については、古い事例であり、現代においては金銭の支払いによるサティスファクションは放棄されているとの意見もある。(30)

一九一二年にイタリア・トルコ戦争の最中にイタリアは、中立国フランスの郵便船カルタージュ号を公海上で捕獲し、飛行機を積載していたことから、これを抑留した。このカルタージュ号事件は仲裁裁判に付託され、フランスは、実質的損害の賠償とともに、フランス国旗に対する侮辱に対して一フラン、国際法を遵守しなかったことから生ずる精神的・政治的損害の賠償として一〇万フランを請求した。仲裁判決はこのような金銭の支払いを認めなかった。(31)

マヌーバ号事件もカルタージュ号事件と同じ仲裁裁判に付託された類似の事件である。フランスはカルタージュ号事件と同様の請求をし、イタリアもフランスに対して国際法違反から生ずる物質的、精神的損害に対する制裁と賠償として一〇万フランの支払などを求めたが、仲裁判決はこのような金銭の支払いを認めなかった。(32)

第一次大戦の際に、ドイツの商船がオランダの領海を通航中に英国軍艦より攻撃を受けた事件について、オランダの中立を侵害するものと考えられた。英国政府は陳謝をしたが、金銭の支払はしなかった。フランソワは、このような場合に金銭による賠償が被害国にサティスファクションを与えることができるものとしている[33]。

(30) Christian Dominicé, supra note 17, at 110-111.
(31) The Carthage Case (France v. Italy), Hague Ct. Rep. (Scott) 329 at 335; 横田喜三郎『国際判例研究III』一一一頁（有斐閣、一九八一年）。
(32) The Manouba Case (France v. Italy), supra note 31, 341 at 349; 横田前掲注（31）一一七頁。
(33) J.-P.-A. François, Règles générales du droit de la paix, [1938-IV] 66 Recueil des cours 282 (1938).

2　区別の規準

金銭によるサティスファクションについては、これを認めるか否かの問題とともに、どのような基準に基づいて金銭賠償と金銭によるサティスファクションとを区別しうるものかが問題となる。過大な支払金額、支払われた金銭の使途、被害国の意図、などが区別の基準として考慮されうる。

米国とチリのルテリーエー・モフィット事件を取り扱った委員会においては、オレゴ・ビキューニャ教授は懲罰的損害賠償に関してではあるが、国際法はその原則のひとつとして懲罰的損害賠償の概念を認めていないこと、本件ではこの種の賠償は求められていないが、問題は過大な、または、不均衡な額の賠償が同様の効果、つまり国の懲罰または抑圧という効果を持つことになること、を指摘し、今回の委員会の決定は過大でも不均衡でもない、という個別賛成意見（separate concurring opinion）を付している[34]。

ここでは、過大な金額、あるいは不均衡な金額により懲罰的損害賠償を認定することができるとの立場がとられていると考えられる。

国際法委員会の特別報告者アランジオ・ルイスは、サティスファクションおよび再発防止の保証を規定した草案第一〇条を提出した。そこでは、国際違法行為が原状回復または金銭賠償による救済の可能でない精神的または法的損害を被害国にもたらす限りにおいて、違法行為をなした国は、陳謝、名目的もしくは懲罰的損害賠償、責任者の処罰、または再発防止の保証、またはこれらの組み合わせによる適切なサティスファクションを被害国になす義務を有する、とされていた。ここでは、サティスファクションの一形態として、名目的損害賠償および懲罰的損害賠償を認める規定となっていた。

この草案をもとに審議され作成された国際法委員会の条約草案では、サティスファクションを規定した条文において、被害国は、国際違法行為をなした国より当該行為により生じた損害、特に精神的損害に対して、十分な賠償をなすのに必要な場合には、その程度において、サティスファクションを得る権利がある、とされた。そして、サティスファクションは以下の一以上の形態をとることができるとして、名目的損害賠償、侵害の重要性を反映した賠償が、陳謝、責任者の処罰とともに例示されている。

また、セーフガードの条項として、第三項で、サティスファクションを得る被害国の権利は、国際違法行為をなした国の尊厳を損なう要求を正当化するものではない、とされている。この条文草案は第一読終了ののち、第四五条とされた。第二読ののち暫定的に採択された条文草案は以下のとおりである。

第三八条　サティスファクション

1．国際違法行為に責任を有する国は、原状回復または金銭賠償により救済されることができない場合には、その限度において、当該違法行為より生じた侵害に対してサティスファクションを与える義務を有する。

2．サティスファクションは、違反の自認、遺憾の意の表明、正式の陳謝、または、他の適切な方式によりなされる。

3．サティスファクションは侵害と比例しないものであってはならず、責任国を侮辱する形式をとってはならない。

この条文草案では、とられる方式について第二項で言及しているが、以前の草案がコメンタリーにおいて限定列挙と解しうるような表現を用いていたのに比較すると、「他の適切な方式」とされていることから、例示列挙の規定と解される。

一九二八年国際紛争平和的処理に関する一般議定書の判決の効力に関する第三二条では、紛争当事国の一方の決定・措置が全部又は一部国際法に違反しており、且つ、当事国の憲法がその決定・措置の結果を抹消することを許さないか又は単に不完全に抹消することを許すにとどまる場合には、被害当事国に公正な満足を与える、と規定している。同様の規定が、紛争の平和的処理に関する欧州条約第三〇条にも置かれている。

なお、個人に対するものではあるが、欧州人権裁判所では、精神的損害、精神的違法行為について「金銭賠償」「正当なサティスファクション」を求める権原を与えているが、裁判所はこの両者の言葉に同じ意味を与えている。[35]

他方、以上のようなサティスファクションの程度、性質を規律する国際法の規則は存在しないとする立場がある。[36]過去において、被害国により、一方的、恣意的に定められたことから、実行上は大国が小国に強制することがあったのは事実である。現在では、このような立場は、サティスファクションに対する様々なセーフガード条項の挿入へと結びついている。

(34) 88 I.L.R. 741 (1992).
(35) BROWNLIE, supra note 7, at 235-236.
(36) Nagy, supra note 9, at 186 (1986).

第三節　宣言判決

宣言判決とは、法に関する状況、例えば権利の存否、を宣言するが、当事者についてその状況からどのような結果が生ずるかを示すことなく、あるいは、なんらの結果をも示さないものとされる。また、申し立てられた特定の行為について救済を求める請求とは関係のない判決とされ、これには、条約の抽象的な解釈を行うことも含まれている。

このような判決は、コンプロミーによって排除されない限り、裁判所が自ら行うことができると考えられており、また、紛争当事国の意思に基づいて宣言判決がなされることもある。[37]

(37) J. L. SIMPSON AND HAZEL FOX, INTERNATIONAL ARBITRATION: LAW AND PRACTICE 79-80 (London: Stevens & Sons, 1959).

1　国際判例における取扱

国際判例では、宣言判決を紛争解決との関連で一般的に認めているものと、宣言判決を責任の履行の脈絡において捉えているものとがある。

仲裁裁判においては、宣言判決は一般的に用いられてこなかったとされたことがある。例えば、宣言判決を否定した事例として、カユガ・インディアン事件[38]があげられている。

他方、国際判例の中で宣言判決を認めたものとしてあげられる事例としては、上部シレジア事件、一九二七年のホルジョウ工場事件の解釈判決、北部カメルーン事件がある。

上部シレジア事件において、常設国際司法裁判所は、ポーランド法の一般的効果に関してドイツのなした提訴は、条約の具体的事件への適用ではないので判断はできないとする主張を退けた。裁判所は、国が条約の抽象的解釈をなすよう求めることはできないとすることには理由がなく、むしろ、これは裁判所の重要な機能の一つであるとしている[39]。

宣言判決自体についての規定は常設国際司法裁判所規程にはないが、これを認めるものとして、裁判所は連盟規約の第一四条、常設国際司法裁判所規程第三六条二項a、第六三条を援用している。

一九二七年のホルジョウ工場事件の解釈判決においても、裁判所は宣言判決をなす権限を認めており、その意図は、法についての状態が当事国間で拘束力のあることを認めるよう確保する点にあるとしている[40]。この際に、裁判所は、宣言判決とは両立しないとされうる規程第五九条の規定を、特定の事件に関する判断が他の諸国、他の紛争において拘束力を有しないことを述べたものであると解している。

一九六三年に出された北部カメルーン事件の国際司法裁判所判決においても宣言判決に言及されている。この事件では、施政権者である英国が一九六一年六月一日に失効したカメルーン地域の信託統治協定に違反していたとして、一九六一年五月三〇日にカメルーンが訴えを提起したが、賠償を求める特定の請求はなされなかった。

この事件において、国際司法裁判所は、宣言判決が慣習国際法を明確にし、あるいは、有効な条約を解釈するのであれば、その判決は継続的な適用の可能性を有しているが、しかし、本件では現在すでに終了し効力を有しない条約（信託統治協定）の解釈、適用が問題とされており、本裁判所がなす判決に従う当該条約の解釈・適用という将来的な行為の機会はあり得ない[41]、として宣言判決をなしてはいない。ただし、宣言判決自体については、適切な事例において不可欠なものであるとされている。他方、判決に付された反対意見においては、宣言判決に対して反対の立場も表明されている。

核実験事件において原告のオーストラリア、ニュージーランドが求めた中には、大気圏核実験が国際法上違法であることの宣言があった。しかし、裁判所は、フランスの実験停止の宣言により紛争の主題が存在しなくなったと判断して、裁判所は宣言判決の有する役割を勿論了解しているが、本件はこのような判決が求められた事例ではない[42]として、宣言判決は必要がないとした。

国際司法裁判所が核実験事件で宣言判決を求められながら判断しなかったことに対しては、五人の裁判官による共同反対意見が付されている[43]。

国際判例のなかで宣言判決を国際違法行為より生ずる責任の履行の脈絡でなした事例として引用されるものには、カルタージュ号事件、マヌーバ号事件があり、コルフ海峡事件、および、レインボウ・ウォリアー号事件に関する一九九〇年の仲裁判決などがある。

カルタージュ号事件の仲裁判決では、「一国が他国に対する義務を履行しなかった場合に、この事実を確定することは、とくにそれを仲裁判決で確定することは、それ自体で重大な制裁である。[44]」としている。

マヌーバ号事件においても同様に、仲裁判決による義務不履行の事実の確定をそれ自体で重大な制裁としている[45]。

一九二五年三月二六日のマヴロマチス事件において、常設国際司法裁判所はコンセッションは有効であるが、マヴロマチスに対して損害は生じていないと判断した[46]。この点について、裁判所がコンセッションは有効であるとしたことは、充分なサティスファクションであると解されている[47]。また、この裁判所の決定は国際法違反の条項を無効とするものであり、この無効はギリシャの受けた法的損害の賠償であると考えられなければならないともされている[48]。

コルフ海峡事件においては英国によるアルバニア領海内での機雷の掃海がアルバニアの主権を侵害したものとされ、このことの国際司法裁判所による宣言が適切なサティスファクションであるとされた。

一九七八年の航空業務協定において、フランスは精神的損害についての賠償を要求したが、裁判所はフランスの主張に言及しつつも、本件はこの事例ではないとした[49]。

レインボウ・ウォリアー号事件に関する一九九〇年の仲裁裁判では、「フランスがニュージーランドに対して条約上の義務に違反したことの非難は、本裁判所の決定により公にされたが、これは本件においてニュージーランドに生じた法的・精神的損害の適切なサティスファクションである」とされている[50]。この際に仲裁判決は国際法委員会の国際責任に関する作業を参照して判断を下している。なお、アラムコ事件においては、仲裁裁判の権限は宣言判決をなすことであるとされていた[51]。

（38）Cayuga Indians Case, 6 RIAA 173 (Decision of 22 January 1926).

（39）Certain German Interests in Polish Upper Silesia (Germany v. Poland), 1926 P.C.I.J. (ser. A) No.7 at 18-19 (May 25).

（40）Interpretation of Judgement Nos. 7 and 8 (the Chorzow Factory) (Germany v. Poland), 1927 P.C.I.J. (ser. A) No.13 at 20 (Dec. 16).

（41）Nothern Cameroons (Cameroon v. U.K.), 1963 I.C.J. 37 (Preliminary Objections Judgement of Dec. 2).

（42）Nuclear Tests (Australia v. France), 1974 I.C.J. 263 (Dec. 20); Nuclear Tests (New Zealand v. France), 1974 I.C.J. 467 (Dec. 20).

(43) Nuclear Tests (Australia v. France), 1974 I.C.J. 312-319 (Dec. 20)(joint dissenting opinion); Nuclear Tests (New Zealand v. France), 1974 I.C.J. 494-500 (Dec. 20)(joint dissenting opinion).
(44) Supra note 31, at 335.
(45) Supra note 32, at 349.
(46) Mavromatis Jerusalem Concessions (Greek v. U.K.), 1925 P.C.I.J. (ser. A) No.5 at 51 (March 26).
(47) Marjorie M. Whiteman, supra note 2, at 1212.
(48) Brigitte Bollecker-Stern, Le Préjudice dans la théorie de la responsabilité internationale 43 (Paris: Pedone, 1973).
(49) Air Service Agreement of 27 March 1946 between the United States of America and France (France v. U.S.), 18 RIAA 417 at 427 (Decision of 9 Dec. 1978).
(50) 82 I.L.R. 577 (1990); J. Scott Davidson, The Rainbow Warior Arbitration Concerning the Treatment of the French Agents Mafart and Prieur, 40 Int'l Com. L. Q. 446-457 (1991).
(51) Saudi Arabia v. Arabian American Oil Company, 27 I.L.R. 117, 144-146 (1958).

2　学説の立場

一般に、司法裁判所の機能として宣言判決をなすことは容認されている。例えば、個別の事件を離れた条約の解釈が重要な国際司法裁判所の機能の一つであることは、その実行を通じて、現在では、広く認められているものと解される。

ファチリは、常設国際司法裁判所の判決を分析し、宣言判決のなされたことを認めている。[52] ボーチャードも、国内における宣言判決の利用に言及しながら、国際社会において国際裁判所が設立されたことを受けて、変化の激しい国際社会で、法の改正方式のないこと、二国間・多数国間条約では相手国のいることから、法的関係を一方的に決定することは賢明ではなく、宣言判決を用いるべきであること、を示唆している。[53] グッゲンハイムは、仲裁裁判、司法的解決による判決について、給付判決、形成判決と対比させて、宣言判決を裁判所の機能として認めている。[54] シュヴァルツェンバーガーも、国際司法裁判所規程第三六条一項により、あらゆる種類の強制判決と同様に宣言判決をなす権限があるとし、強制判決と宣言判決のどちらが適切な形式かは当事者の意思に依存するとしている。[55]

また、グロスは北部カメルーン事件について、終了した条約の解釈が継続的な適用の可能性がないとされた点について、同様の信託統治協定が存在していること、慣習法の存在と結びついていること、裁判所の司法機能と国連総会の政治的機能等との関係を明らかにし得たであろうことを指摘し、なされたならば、その判決には「継続的な適用の可能性」があり得たであろうとしている。[56]

このような立場に対して、ハーシュ・ローターパクトは、裁判所の実行を見てゆく中で、抽象的な問題に答えるのには消極的であり、争われている条約の解釈が、行為が違法であるという結果をもたらすような場合について宣言判決が認められるべきとの立場に立っている。[57] これは、宣言判決が個別の問題と間接的にではあるにせよ、なんらかの関係を有することが必要とする考え方であり、そのような関係のない場合には宣言判決に否定的であると解することもできる。

宣言判決の位置づけに関しては、以上のように紛争解決との関連で一般的にとらえる立場に加えて、これを責任の履行の方式として捉え、サティスファクションの一つの方式として認める考え方がある。

ルテールは、純粋に精神的な損害は、純粋に精神的な「サティスファクション」により賠償されるとし、この例として、国の行為を裁判官が違法であると明言することをあげている。[58]

シャクターは、「国が国際司法裁判所による自国権利の宣言判決によりサティスファクションを求めるのは適当」であるとして宣言判決によるサティスファクションを容認している[59]。

ピエール・マリ・デュピュイもコルフ海峡事件、レインボウ・ウォリアー号事件の仲裁裁判を引用しながら宣言判決をサティスファクションの一つと考えている[60]。

シュヴァルツェンバーガーは、コルフ海峡事件を引用しながら、カルタージュ号事件、マヌーバ号事件において、制裁（sanction）の語が用いられたのは、その当時明確にはサティスファクションが賠償の形態であることが認識されていなかったためであるとして、現在ではサティスファクションが賠償の一形態であるとしている[61]。

ボレカー・ステルンも精神的損害と法的損害との区別に関連して、英国軍艦によるアルバニア領海侵犯により精神的損害が生じ、これは、当該行為が違法であるという宣言により賠償されているとする[62]。

他方、ブラウンリーは、当事国がこの方法を紛争を扱うのに適切で建設的と考えている場合に裁判所は宣言判決をなす権限があり、あるいはこの権限があるものとされるが、この目的は第一義的には受けた被害に対するサティスファクションではない[63]、として宣言判決の存在を認めつつも、サティスファクションとしての性質を有するかという点を判断するのには慎重な立場に立っている。

国際法委員会の特別報告者アランジオ・ルイズの提出した報告書では、宣言判決がサティスファクションのひとつとして規定されていた。先に述べたレインボー・ウォリアー号事件に関する一九九〇年の仲裁判決もこの特別報告者の報告を引用している。しかしながら、国際法委員会の全体会議では特に問題とはされていなかったが、起草委員会の作成したサティスファクションの条文案には宣言判決の規定は含まれていない。

宣言判決が国際法上はあまり用いられてこなかったとの理解は、国際社会において裁判が一般的でなかったことを反映している。司法的解決が存在せずに仲裁裁判が最も法に則った解決であった時期には、仲裁裁判で宣言判決が求められる可能性があった。ただ、紛争解決志向のある仲裁裁判では、厳格な法の適用・解釈の一形態である宣言判決の用いられる余地はあまり存在していなかったとも解することができる。

前記の諸事例においても、常設国際司法裁判所、国際司法裁判所が、宣言判決自体には積極的であり、これに仲裁裁判も影響を受けていると解することができる。

この脈絡の中で国際法委員会が草案より宣言判決を削除したことは、それが、草案自体からの除外を意味するならば、再考の余地があるように思える。ただ、責任の草案作成において、こののち、紛争の平和的解決手続をもその射程におさめようとの方向もあるため、むしろ、そちらで扱うことが適当と判断される場合もありうる。その意味では、宣言判決をサティスファクションの一形態とするのか紛争解決の脈絡で把握するのかの問題が存在している。

第一読の終了した条文草案では、紛争解決についての規定がおかれていたが、そこには特に宣言判決に言及した条文はなかった。第二読の終了ののちに、暫定的に採択された条文案では、紛争解決に関する規定はすべて削除されている。また、前者の規定にも宣言判決に関連する規定はなく、その意味では国際法委員会は現在のところ宣言判決を条文草案中に明確には規定していない。

(52) Alexander P. Fachiri, The Permanent Court of International Justice 235, 274 (London: Oxford U.P., 2nd ed., 1932).
(53) Edwin M. Borchard, Declaratory Judgments in International Law, 29 Am. J. Int'l L. 488-492 (1935).
(54) Paul Güggenheim, 2 Traité de droit international public 163-165 (Genève: Georg, 1954).
(55) Georg Schwarzenberger, 1 International Law 654 (London: Stevens, 3rd, 1957).
(56) Leo Gross, Limitations upon the Judicial Function, 58 Am. J. Int'l L. 422 (1964).
(57) Hersch Lauterpacht, The Development of International Law by the International Court 250-252 (London: Stevens, 1958).

(58) Paul Reuter, Droit international public 268-269 (Paris: PUF, 6e éd., 1983).
(59) Oscar Schachter, International Law in Theory and Practice, 205 (Dordrecht: Martinus Nijhoff, 1991).
(60) Pierre-Marie Dupuy, Droit international public 460 (Paris: Dalloz, 5e éd., 2000).
(61) Schwarzenberger, supra note 55, at 659.
(62) Bollecker-Stern, supra note 48, at 49.
(63) Ian Brownlie, Principles of Public International Law 462-464 (5th ed., 1998).

3　他の賠償の前提としての宣言判決

カルタージュ号事件、マヌーバ号事件、コルフ海峡事件やレインボー・ウォリアー号事件に関する一九九〇年の仲裁判決においては、宣言判決はそれ自体が責任を履行するための方式と捉えられており、賠償の一つの形態であると考えられている。

カルタージュ号事件およびマヌーバ号事件では、金銭の支払によるサティスファクションが求められたのに対して、判決による宣言が代替的に賠償として認められたと解することができる。

しかしながら、宣言判決と金銭賠償の関係について、前述の核実験事件においては、五人の裁判官による共同反対意見で、宣言判決が金銭賠償の前提となり、宣言判決自体は金銭賠償を妨げるものではないと述べられている[64]。ここでは、核実験の違法性という法的関係の明確化により、違法な行為に対する賠償を求める手続きが別個になされうるとの立場がとられている。

これは、宣言判決が特定の違法行為に対する独自の賠償手段ではなく、他の手段との関係で段階的に採られることのある手段であることを意味していると解される。この場合には、宣言判決を求めることはそれ以外の救済方法を放棄したことにはならない。宣言判決の出された後に、これに基づいて当事国が金銭賠償について交渉を行うこともありうるだろう。このような場合には宣言判決は他の賠償の方式を排除するものではなく、他の手段とともに用いられることが可能なものと考えられる。

リテーは、核実験事件の国際司法裁判所判決を分析し、判決は過去の行為を評価できるだけであり、将来的な、仮定上の未知の行為は評価されえず、それゆえ宣言判決の対象となりえないとする。(65) そのうえで、宣言判決は、国自身に裁判官の判断した法的状況の結果を導き出させるよう主権を取り扱っており、裁判の権威と国の主権的な自由との調和のとれた均衡を達成するものである(66)、として、裁判所が宣言判決をなした後に紛争当事国がその判断に基づいて紛争の解決をなすことを認めている。

このような性格を有する判決は、損害の算定を後回しにし、まず、請求原因について審議し、認定するという意味で、中間判決（interim award）と解されることもある。国際法において、中間判決は必ずしも排除されないが、特別な状況においてのみなされうるとされている。(67) このような例としては、ニカラグア事件があげられている。(68) この事件では、ニカラグアに対する米国の賠償義務を認めているが、賠償額等の決定は後の手続に留保された。この他にも、コルフ海峡事件では、アルバニアが英国に対して損害賠償の義務があるとした判決(69)とは別に、賠償額を決定する判決(70)がなされている。在テヘラン米国人質事件では、イランは米国に対して賠償義務を負うとされたが、裁判所は賠償の形式およびその額を認定せず、両国の協議にまかせた。ただし、この協議が成功しなかった場合には、裁判所がこれを決定するとしていた。(71)

このような他の賠償方法の前提となる判決と責任履行の一方式としての宣言判決は、権利・義務関係を述べるという点では共通性を有している。しかしながら、後者が国に生じた非物質的損害を対象とし、それ自体で責任を履行する方式とされるのに対して、前者は物質的損害を踏まえた損害額の算定を予定している点で、両者は大きく異なっている。

(64) Supra note 42.
(65) Jean-Pierre Ritter, L'Affaire des essais nucléaires et la notion de jugement déclaratoire, 21 Annuaire français de droit international 281 (1975).
(66) Id., 293.
(67) 1 Oppenheim's International Law 532 (Robert Jennings & Arther Watts, eds., 9th ed. 1992).
(68) Military and Paramilitary Activities in and against Nicaragua (Nicaragua v. U.S.), 1986 I.C.J. 149 (June 27).
(69) Corfu Chanel (U.K. v. Albania), 1949 I.C.J. 4 (April 9).
(70) Corfu Chanel (U.K. v. Albania), 1949 I.C.J. 244 (Dec. 15).
(71) United States Diplomatic and Consular Staff in Teheran (U.S. v. Iran), 1980 I.C.J. 45 (May 24).

第四節　サティスファクションの意義

賠償としてなされる手段の相互間の関係について、金銭賠償が原状回復に代替可能なものかについて議論がある。

原状回復に関する伝統的な立場については、常設国際司法裁判所は、ホルジョウ工場事件[72]において、「原状回復、もしこれが不可能な場合には金銭賠償」と述べ、原状回復が第一次的なものであるが、金銭賠償ももっとも

通常の形態であるとした。ただし、実際にドイツは金銭賠償をこの事件においては選択していた。(73)

これまで見てきた陳謝、責任者の処罰などは、他の方法、例えば金銭賠償とともに用いられることがあった。個別の事例においてどのような責任の履行のための方式をとるのかは、しばしば、被害国と加害国の合意に基づいて決定されてきた。これらの方式は重複して用いられることがあるが、サティスファクションが義務違反に対する賠償の代わりとなり、あるいは、それを排除するという関係にはないとされている。(74)

このような状況で、サティスファクションが他の賠償の形態とどのような関係に立つものかを考えることは、サティスファクションの法的性質を検討するのにも重要な示唆を与えるものと考えられる。まず、サティスファクションと損害の関係について検討し、次に、紛争解決手続との対応関係、最後に、賠償の方法としてのサティスファクションの意義に関して述べてゆく。

(72)　Chorzow Factory (Germany v. Poland), 1928 P.C.I.J. (ser. A) No. 17 at 47.

(73)　F. A. Mann, The Consequences of an International Wrong in International and National Law, [1976-77] 48 Brit. Y. B. Int'l L 2 (1978).

(74)　Brownlie, supra note 7, at 209.

1　損害による区分

これまでなされてきた分類では、生じた損害を国のこうむったものと個人に対するものとに分け、さらに国に対しての損害を物質的損害と精神的損害とに区別してきた。これらの損害について、個人の受けた物質的・精神的損害と、国の被った物質的損害については原状回復、金銭賠償がなされ、国の被った非物質的・精神的損害についてはサティスファクションが原則としてなされると考えられてきた。このような国の受けた非物質的・精神的損害に対してなされるサティスファクションには陳謝、責任者の処罰、宣言判決等が含まれている。サティスファクションの形式は様々ではあるが、その共通の性質は精神的なところにあるとされている。[75]

物質的損害が生じた場合には、原状回復、金銭賠償がなされ、これにより、生じた法の侵害も賠償されることになる。他方、物質的損害が発生していない場合には、保護された法益に対する侵害となる非物質的損害の賠償という形態をとり、サティスファクションの存在意義が発揮されることになる。[76]

これまでの外国人の取扱いをめぐって生ずるとされた国際責任の分野では、個人の被った損害は損害額算定の際の基準となるにすぎず、責任の発生は国の負っている義務違反から生ずるとされ、責任を説明する際には代位責任、加担説、共犯理論などは排除されている。

外国人の受けた損害について生ずる国の責任に関しては、これまでの法典化作業を眺めると、まず、サティスファクションを認める立場が先行した。一九二七年の国際法学会の決議がこの立場に立つものと考えられる。しかしながら、国際連合の時代となってなされた法典編纂作業では、国がサティスファクションを求めることについて消極的あるいは否定的であった。一九六一年のハーヴァード草案、ガルシア・アマドールの草案がこの立場に立つものと理解される。

一九六一年のハーヴァード草案は法典化の対象が国と個人の関係に限定されており、国と国との関係は対象外とされていることから、賠償に関して一四ヵ条の規定をおいているが、サティスファクションについての規定はない。ただし、賠償の形態および目的についての条文において、国の行為の取消と以後の違法行為の差し止めに触れている。[77]

ガルシア・アマドールの法典草案では、第二七条において、被請求国の名誉や尊厳を傷つけるようなサティスファクションを国籍国に対して請求してはならないとされている。

外国人の取扱いをめぐる規定のなかでサティスファクションに否定的な態度は、この責任履行の方式が過去において用いられたが、常に濫用の危険性を有していたことを示している。

現在の国際法委員会の作業では、国際責任に関する第二次規範を法典化の対象としているため、サティスファクションを一般的な条文の形式で規定している。これはガルシア・アマドールの草案と矛盾するものではなく、個人の損害と国の損害を区別し、国の受けた非物質的損害についてのみサティスファクションを用いることとし、かつセーフガード条項を有することから、現在の条文においても基本的にはガルシア・アマドールと同様の立場に立つことができると解される(78)。

(75)　Jean Combacau et Serge Sur, Droit international public, 523 (Paris: Montchrestien, 4e éd, 1999).

(76)　Pierre-Marie Dupuy, Droit international public 458 (Paris: Dalloz, 5e éd., 2000).

(77)　F. V. Garcia-Amador, Louis B. Sohn, R. R. Baxter, Recent Codification of the Law of State Responsibility for Injuries to Aliens 314 (Leiden: Sijthoff, 1974).

(78)　国際法委員会で、リップハーゲンは、外国人の取扱いについての義務に関し、国に直接の損害を与えない限り、金銭賠償によるという案を提出した。行為の動機が政治的なものである場合の例外を認めたものである。この考えは容認できるが、実際の適用についてはより明確な案文が必要である。Oscar Schachter, International law in Theory and Practice 204-205 (Dordrecht: Martinus Nijhoff, 1991).

2　解決手続による限定

サティスファクションがどのような場合に用いられるかについては、解決手続を外交実行と司法手続に区分し、

前者による場合にサティスファクションが用いられるとする主張がある。(79)

これまでの諸国の実行を眺めると、陳謝、責任者の処罰などについて、外交交渉で決定されることが一般的であることは確かである。

これに対して、司法的解決においても同様のサティスファクションは用いられており、ただ、国が精神的損害を司法的解決に付託する事を望まないために数が少ないだけであるとの反論がある。

サティスファクションが司法的解決であまり用いられないということは、生ずる紛争の多くが外交交渉により解決されると言う国際法の特徴を反映しているにすぎず、本質的な関連性を有しているのではないと解することもできる。

なお、宣言判決に関しては、賠償の一形態としての権利・義務関係の明確化、条約の解釈をなす宣言判決は、損害賠償決定の前提としてなされる判決とともに、これが裁判手続で用いられる方法と位置づけられる。この意味では、採用される場合には、懲罰的損害賠償もまた、裁判による手段のひとつである。

いずれにせよ、紛争当事国が自由に紛争解決手続を選択することができる現在の状況では、各国の意思が優先され、とられる責任履行の方式も当事国の意思に基づくものと今のところは考えざるをえない。

(79)　Ladislas Reitzer, La réparation comme conséquence de l'acte illicite en droit international 125-126 (Paris: Sirey, 1938).

3　賠償の方法としてのサティスファクション

最後に、サティスファクションの性質については、これが補償的なものか懲罰的なものと解するのかの問題が残されている。サティスファクションに懲罰的要素をみとめる学者がおり、この中には国際法委員会の特別報告者であったアランジオ・ルイズも含まれている。

これに対して、「サティスファクション」「金銭によるサティスファクション」「精神的損害」のような用語法は混乱しており、役に立たないとの意見がある。サロモン事件においては、単なる金銭賠償が不適当とされることから、賠償は被害者の返還と責任者の処罰の形式をとることになるとされた。また、とられた措置が「サティスファクション」に分類されるのか「賠償」なのかは問題ではなく、これらのものに「刑罰」の要素を付与することは役に立たないとの意見もある。ここでは、採用された方式は、ある場合には金銭賠償が不適当であり不可能であるという事実を反映したものにすぎない[80]、という立場がとられている。

過去においては大国により濫用されたとされるサティスファクションを、原状回復、金銭賠償と同様に、違法行為のなされる以前の状態を再現するために必要な措置ととらえ、原状回復、金銭賠償によっては、なお賠償されえない場合に補足的に用いられると考えてゆくのか、それとも、なされた違法行為に対する懲罰の要素を有すると解すべきなのか、この点については懲罰的損害賠償の動向とともに、国の精神的損害もまた、経済的評価になじむものとされるのかを踏まえて判断してゆくべき問題である。

(80)　Brownlie, supra note 7, at 235.

第三部　国際責任の履行における賠償の意義

国際法における賠償概念は、二国間関係において生じた責任を履行するための法的枠組みとして、二国間による交渉ばかりでなく、混合請求委員会、仲裁、司法的解決等の紛争解決手続においてもその法的明確化が行われてきている。違法行為により生じた状況を元に戻すという賠償の目的は、原状回復、金銭賠償、サティスファクション等の手続により達成されることとなる。

このような賠償の二国間関係での責任履行の方式という理解は、それと同時に、国際社会での秩序維持と言う観点から賠償の問題を考えるという視点と対比される。これは、被害国と違法行為国の関係である二国間の関係での責任規則の適用が、国際法違反によりもたらされた状況を回復させるが、国際社会全体から見ると、国際法の秩序維持の機能を有しているという理解である。この考えは、賠償の性格をどのようにとらえるのかについての学説の違いをもたらしている。この点に関連しては「国の国際犯罪」概念が国際法委員会の法典化作業においてその対象とされようとしたことも注目される。

これに加えて、国際社会の発展は、あらたに対抗措置との関係で賠償を把握しようとしていると解される。武力行使・武力による威嚇の禁止の下で、対抗措置には国連憲章により禁止された武力によるものは含まれないが、このような措置を賠償義務の履行を促すためにとることが特定の条件の下で可能となるとされている。そこでは、措置をとる際の一定の条件を定めているが、これらの条件が満たされる場合には対抗措置をとることが可能であると理解されている。

以下ではこのような動きが国際法における賠償を考える上で、どのような意義を有しているのかを考察することとする。

第一章　二重の機能からみた賠償の意義

第一節　もとの状態への復帰

広義の賠償に関連して、違法行為の停止、再発防止、原状回復、金銭賠償、サティスファクションなどの方式がどのような意義・機能を有するのかが検討されなくてはならない。これら各々の方式が有する意義について概観する。

違法行為の停止は、問題とされているように、第一次規範の義務であるのか、責任履行という第二次規範によるものであるのかの位置付けが問われてきた。この停止の機能を見ると、違法行為の行われる以前の状態に戻すという働きがあることは確かであろう。継続的性質を有する違法行為について、それを停止することはもとの状態へ復帰するうえでの第一歩である。と同時に、そのように違法行為が停止されることは、国際法の適用、秩序維持という観点からは、単にもとの状態をもたらすのみならず、それ以上の意味を持つとも解することができる。

再発防止に関しては、被害国との関係では、生じた状況に対する違法行為国の対応という観点からは、責任を有する国と被害国との間での措置と考えられる。とられる措置が二国間の政治的あるいは経済的関係を考慮した上で定められることのあることは、この点を反映したものである。しかしながら、なされる措置が被害国に対してのみ生じた違法行為が将来的に起きないようにするという措置である場合はともかく、一般的には、将来に向かっての再発防止措置である場合には、他のすべての国、法主体がこの措置により影響を受けることとなり、また、利益を受けるものとも考えられる。

賠償の基本的な方式とされる原状回復は、その意味するところが「違法行為のなされる前の状態」への回復であるのか、「違法行為がなかったならば存在したであろう状態」の復元であるのか、議論されているところであるが、いずれにしても、もとの状態への復帰という観点からは最も適した方式であると解されている。ただし、後者のように「ありうべき」状態を達成するという場合には特に、国際社会における秩序維持の性質をも備えたものとも解される余地がある。

原状回復では「充分な賠償」とならない場合に、原状回復に加えて、あるいは、原状回復にかえてなされるのが金銭賠償である。ここでの問題は生じた損害、被害を金銭的に評価することにあるが、物質的損害ばかりでなく、非物質的損害、精神的損害もその評価の対象とされている。国際責任法の発展により非物質的損害の金銭的評価の可能な範囲が拡大することは、問題を法的な制度の中で処理することを可能とし、政治的考慮等による不必要な国の間の対立を生じさせないことから重要な点と思われる。このような金銭賠償が実際に生じた損害額を越えて支払われる場合のあることが知られているが、これをどのように判断すべきかが問題となる。このような事例をふさわしくないものとして制限して行くのか、あるいは、国際法の秩序という観点から眺めるべきなのかという問題が懲罰的損害賠償には含まれている。

国の非物質的、精神的損害に対する賠償の方式としてサティスファクションが位置付けられているが、これは、とられる何らかの措置により被害国が「満足する」かどうかの主観的な要素を有している。その意味では、違法行為国と被害国との間の二国間の関係に強く依存し、とられる措置も相手国との関係、状況が大きく影響すると解されることから、専ら相対的な関係を規定するものとも考えられる。国際法の秩序維持という観点からこのサティスファクションがどのような機能を有するのかが注目されるが、これまでの諸国の実行では、このサティスファクションに懲罰的な要素を含める場合があった。それは生じた物質的損害を越える他の名目での金銭賠償の形をとり、あるいは、正式の陳謝、違法行為の容認、宣言判決などの形態が知られている。サティスファクションを行う際の最も重要な点はこのことが国の威厳を損なってはならないという点であった。その意味では、例えば、国が自らの違法行為を容認し、陳謝するということの意味は、国際社会にあって国が違反をしたことの対外的表明に他ならず、それは二国間の関係だけではなく、国際社会に他の国が存在し、そのなかで行われて初めて意義を持つものと解される。

このサティスファクションに含まれる方式のひとつとも分類される場合があるが、違法行為国が責任者の処罰・懲戒を行う場合がある。このような処罰・懲戒は、サティスファクションの特別の形式ではなく、国の責任を発生させる公務員の違反行為の論理的な結果であるとする立場もある。(1) いずれにせよ、これはなされた違法行為の評価の問題で、将来に向かっての措置ではないが、間接的にはそのような違法行為が繰り返されないことの保証をもたらすものと考えられる。ここでもその利益は被害国のみならず、他の国にも及ぶと解することができよう。

以上のような観点からは、賠償の各々の方式がもとの状態への復帰という機能と同時に国際法秩序の維持という働きをも有することを検討する必要を生じさせる。

（1）　Andrea Gattini, Smoking/No Smoking: Some Remarks on the Current Place of Fault in the ILC Draft Articles on State Responsibility,10 EUROPEAN J. INT'L L. 397, 404 (1999).

第二節　法秩序の維持

賠償の目的として、デュピュイ（Pierre-Marie Dupuy）は、回復（restauration）の語を用いており、この回復は被害者の物理的な状況だけでなく、法的な状況についても問題となると指摘している。賠償の中には、原状回復、賠償、サティスファクションが含まれ、さらに、賠償には含められない違法行為の停止も回復という広い目的のためであると述べている。[2]このような回復の概念には秩序維持の意味あいが込められていると解することができる。

違法行為の停止は、第二読を終了した国際法委員会の暫定条文草案では、賠償の形式とは区別して規定されており、再発防止とともに規定されるようになった。停止および再発防止が他の賠償の形式とは性質が異なることからは、このような形で他の賠償の方法と分離されていることは意味のあることであろう。他方、停止について問題とされていた、これが本来の第一次規範の義務であるのか否かについては、「責任を有する国は次の義務を有する」という文言が用いられていることからは、第一次規範の義務とは異なるものと解される余地のある規定となっている。しかしながら、このような義務の違反、すなはち、継続的性質の国際違法行為を停止しない場合にどのような状況となりうるのか、その停止の義務を規定しているのは第一次規範ではないのか、などのこれまで指摘されてきた問題点については不明確なまま残されている。

国際社会における規範遵守への回帰という観点からは、違法行為の停止は二国間ばかりでなく国際社会の他の法主体にとっても重要であることを考慮すると、これらの点がより明確にされることが必要であろう。

再発防止については、これは将来に向けての違法行為国のとる措置であると理解されているが、この規定を停止とともに同一の条文中に規定することには問題があろう。再発防止は被害国との関係では、サティスファクションの一形式と解される余地がある。そのような措置をとることにより被害国が「サティスファイ」することがあり、そのことを目的としてとられることがあるからである。しかしながら、再発の防止を被害国との関係にとどまらずに、将来に向けて国際社会の他の諸国や他のメンバーに対しても違法行為が再び起こらないことを確保するための適切な措置をとることであると解すると、この措置が被害国との二国間の関係のみではなく国際社会における秩序維持のために行われたものであると考えることも可能であろう。

賠償を違法行為の行われる以前の状態に戻すという観点からだけではなく、処罰的な観点から、あるいは、違法行為の防止という観点から理解することも可能である。このような機能を特に有する賠償の方式としては、責任者の処罰と再発防止があげられる。この両者は、これまでは、典型的なサティスファクションの方式と考えられてきた。しかし、国際法委員会の作業が進行してゆくにつれ、前述のように、理論的には再発防止は賠償とは異なるものであるという理解がなされ、また、責任者の処罰に関しては、当初条文中に規定されていたが、現在の条文案では具体的には言及されていない。

しかしながら、この両者が国際責任に関する国際法上の位置を認められていることは確かであろう。第二読を終了し暫定的に採択された条文草案では、再発防止は違法行為の停止とともに規定されるようになってはいるが、いずれにせよ、条文案のなかで明示的に言及されている。また、責任者の処罰については、もともと規定されていたサティスファクションの条文が例示列挙の形式をとることとなり、「その他の適当な方式」とされているところで、責任者の処罰が含まれるものと解される余地がある。

この再発防止、および、責任者の処罰は、純粋に違法行為の行われた以前の状況に戻るという側面よりも、前者は、将来に向かって同様の違法行為が再び生じないことを確保するための措置であると考えられる。また、後者は処罰という観点からは以前の状態への回帰に基づくと解されるが、同時にこの措置により同様の違法行為の抑制という側面があることも認められる。この点については、国際法委員会のコメンタリーにおいても、両者が将来を志向したものであり、救済的（remedial）というよりも予防的（preventive）であると述べられていた[3]。

違法行為国と被害国との間での賠償などの措置が、その二国間の関係を越えて国際社会、国際共同体において考えられて行くことの根底にあるのはどのような理解であろうか。

一九三八年のハーグでの一般講義において、フランソワは国の刑事責任（la responsabilité pénal de l'Etat）に言及し、刑罰の一般的な理論的概念をどのようにとらえるかによるとしつつ、国際共同体も国と同様に、その利益の保護が問題となる場合には制裁を主張することが可能であるとする。しかしながら、国際法には今までのところ刑事的制裁は存在しておらず、連盟規約第一六条の制裁も刑事的性格を持つものではなく警察的なものであるとする。ただし、カルタージュ号事件に言及しながら、この仲裁裁判所が金銭による制裁を否定したものではないことを指摘している[4]。なお、国に優越し、国に刑罰を与えるいかなる権力も存在しないことから、明確に国の国際責任は刑事的ではありえないとする立場があった[5]。これらの立場の違いを際立たせるものとして、国の国際犯罪概念をとりあげて論ずることとする。

（2）Pierre-Marie Dupuy, Droit international public 458 (Paris: Dalloz, 5e éd., 2000).
（3）Commentary to Article 10 bis.
（4）J.-P.-A. François, Règles générales du droit de la paix, [1938-IV] 66 Recueil des cours 283-285 (1938).
（5）例えば、Amédée Bonde, Traité élémentaire de droit international public 224 (Paris: Dalloz, 1926) 参照。

第三節　国際法における「国の国際犯罪」概念

国際違法行為から生ずる国際責任に関しては、その違反の対象となる国際法上の義務の性質により、また、違反の状況から、特定の違法行為を国際犯罪と分類する試みがなされた。この国際犯罪概念が国際法においてどのような位置におかれるのかを見るために、以下では個人の国際犯罪概念との関係、強行規範との関係、国連との関係、訴訟との関係を見て行くこととする。[6]

（6）強行規範の存在、個人の処罰、国連憲章の規定、は違法行為の異なる責任レジームの存在を証拠づけるために特別報告者のアゴーが検討しているものである。[1976] II-1 Y.B.Int'l L.Comm'n 31-38.

1　国の国際犯罪と個人の国際犯罪

国際法上、「国際犯罪」の語は、個人のなした行為について用いられてきており、国際犯罪を行ったとされる個人の処罰は、個々具体的には実定法上の規定によるものと考えられてきている。人道に対する罪、平和に対する罪、狭義の戦争犯罪がそれらに含まれるのと同時に、ジェノサイド、アパルトヘイトが、さらに、航空犯罪、テロ行為等が問題となってきている。(7)

個人の処罰という観点からは、どれも国際性を有する犯罪であるが、国の国際責任の観点からは、私人によって行われる犯罪とされる国際テロ行為、航空犯罪は、基本的には直接の問題を生ぜしめるものではない。(8) なぜなら、このような私人の行為により国の国際責任が生ずるのは、当該違法行為をめぐって国に防止義務または処罰義務が課せられており、その義務を履行しなかった場合あるいは義務違反をなした場合である。この意味では、このような犯罪に関して、侵害された法益の享有者であり、また、処罰を行う主体である国自体は一般的には侵害者とは認識されえない。ここでは、基本的には伝統的な国際法原則による責任体系が貫かれているといえる。ただ、このような場合には、これらの犯罪の重要性からくる影響は、通常よりも高い義務を国に課しているとも解することができる。

これに比べて、ジェノサイドの場合には、憲法上の責任ある支配者であるか、公務員であるか、または、私人であるかを問わずに処罰されることとされている（ジェノサイド条約第四条、なお、アパルトヘイトについては、アパルトヘイト条約第二条参照）のであり、個人がいかなる地位にあるかは問題とされていない。このような場合に、特に、ジェノサイドやアパルトヘイトが私人によってはなされ難い犯罪であることを考慮すると、これまでの責任論における個人の行為の国への帰属が問われうる事例と同様の構造を持つことになる。すなはち、国の責任が自国の機関の行為により発生するという事例である。このような個人の国際犯罪と呼ばれる類型の行為より生ずる新たな法的関係は、特に、定められた当該個人の国際法上の責任と、個人による行為が国に帰属する場合には、国の国際責任とが考えられる。

この両者の関係について、アゴーは、平和に対する罪、人道に対する罪、または、その他の罪を犯した国の機関の個人の処罰がなされたとしても、このような場合に機関の行為により国に帰属する国際違法行為に関して国に課せられることとなった国際責任の追及が禁じられているのではないとしている。(9) したがって、いかなる処罰が個人になされたとしても、それによって国の責任が消滅するわけではない。国自身が、例えば自国の裁判所において国際犯罪をなしたとされる個人を処罰したとしても、それは、異なる国際義務によるものであり、違法行為より生じた国の国際責任を履行したことにはならず、また、個人が処罰されることによって国の責任が消滅するのでもない、ということである。

しかしながら、問題は、このような形で国の国際責任論の観点から個人の国際犯罪との関係を論ずることができるか、にある。デュピュイ（Pierre-Marie Dupuy）は、ジェノサイドやアパルトヘイトについて、注意すべきは、これらの国際犯罪と呼ばれるものは、原則として個人に関するものであり、侵略戦争のように国に関するものではない、としている。(10) したがって、個人の国際犯罪とされる行為から、国の国際犯罪とされ、これによりこれまでとは異なる国際責任が国に課せられるか否かは、これを容認する国際法規の存在に掛かっているということができる。この点について、例えば、ジェノサイド条約の審議の際には、草案第五条に関して英国が提出した修正案は、刑事責任がすべての私人……ばかりでなく……国にも適用される、という部分を含むものであった。大多数の代表は英国がこの刑事責任の部分について撤回したのちも異議を唱えた。その理由は、ジェノサイドは国を代表する個人によってのみなされうるので、国や政府が当事者であるというのは受け入れられないとするものや、刑法の文書の中に国の民事責任の条項を含めることとなり不明確で不適切であるとするものであった。他方、修正案に賛成する代表は、現代の国の複雑な構造ゆえ、行為がしばしば個人にではなく、体制全体にのみ帰せられること、また、刑事的な制裁は国には課せられないが他の制裁は可能であると主張した。この点ついての修正案は最終的には否決された。

英国は、さらに、草案第一〇条についてベルギーと共同で修正案を提出したが、その内容は国際司法裁判所の管轄権が「第二条および第四条に掲げる行為に対する国の責任に関する紛争を含む」というものであった。この案は採択されて現在の条約第九条となっている。注目されるのは、英国がこの修正案を提出した際に、これは民事責任（civil responsibility）についてのものであると説明していることである。[11] このことからは、少なくともジェノサイド条約に関しては、作成当時に国の国際犯罪についてそれまでとは異なる責任レジームが適用されるという合意が存在していたとは考えられないだろう。[12]

（7）　国際犯罪の概念について、G. Schwarzenberger, The Problem of an International Criminal Law, 3 C.L.P. 263 (1950), 太寿堂鼎「国際犯罪の概念と国際法の立場」『ジュリスト』七二〇号六七—七二頁（一九八〇年）参照。

（8）　ただし、国が直接に航空犯罪やテロ行為を行う場合も考えられる。栗林忠男『航空犯罪と国際法』一八九—一九〇頁（三一書房、一九七八年）参照。

（9）　Supra note 6, at 33, para.101. アゴーは個人の国際犯罪について、"crime under international law" の語を用いている。

（10）　Pierre-Marie Dupuy, Observations sur le crime international de l'Etat, 84 R.G.D.I.P. 459 (1980).

（11）　[1964] II Y.B. Int'l L.Comm'n 125-127.

（12）　アパルトヘイトについては、国についても規定しているが、このことがジェノサイドと異なり全会一致で採択されなかった理由ともされている。Pierre-Marie Dupuy, supra note 10, at 466. なお、侵略については、侵略の定義に関する決議第五条の規定が注目される。

2　国の国際犯罪と強行規範

国際法における強行規範に関しては、様々な意見が存在している。一方ではこの概念を条約の無効原因として取り扱うことそのものについての対立があり、また、他方ではこの概念の実質的内容についての対立がある[13]。一九六九年のウィーン条約法条約は、第五三条に「一般国際法の強行規範に抵触する条約」という表題のもとで一般国際法上の強行規範ついての規定をおき、これを条約の無効原因のひとつとしている。ただし、その具体的内容については言及されておらず、一般的な形で規定されているのみである。この条約法条約の規定は一九六八年および一九六九年の外交会議によって審議・採択されたものであるが、この条約の草案を準備した国際法委員会においては、強行規範についての条文に関し、具体的な例示をすべきか否かについて意見が分かれた。特別報告者のウォルドック（H. Waldock）が、一九六三年に国際法委員会に提出した原案第一三条では、強行規範についての具体的な例示がなされていた[14]。また、国際法委員会の条約法条約のコメンタリーにも条文中にはいかなる例も含めないとしつつ、無効とされる条約の例が示唆されている。この例として、（a）国際連合憲章の諸原則に違反して、違法な武力行為を企てる条約、（b）国際法上犯罪とされる他の何らかの行為を行うことを企てる条約、および、（c）奴隷貿易、海賊または集団殺害のように、その防遏のためにすべての国の協力が求められている行為を行うことを企て、または、共謀する条約、が挙げられており、他に言及された例に、人権を侵害する条約、国の平等あるいは民族自決の原則がある[15]。さらに、強行規範の具体的内容については、条約法条約第六六条の規定により、国際司法裁判所の役割が重視されるが、同裁判所は現在までのところ直接にこの問題を取り扱ってはいない。ただ、傍論としてかつ間接的な形ではあるが、バルセロナ・トラクション会社事件で対世的義務（obligation erga omnes）に言及し、この義務が、侵略行為、集団殺害行為、人間の基本的権利（奴隷制度や人種差別に対する保護を含む）について生ずるとしている。

条約法条約の第五三条の強行規範の規定に対して、国の国際責任に関する国際法委員会の第一読を終了した草案第一九条は、第二項において国の国際犯罪を一般的な形で規定するとともに、第三項において、国の国際犯罪の具体例を例示列挙していた。その例としては、侵略、武力による植民地支配の確立または維持、奴隷制度、ジェノサイド、アパルトヘイト、大気または海洋の大量汚染、が挙げられ、これらを禁止する義務に重大に違反した場合に国の国際犯罪となるとされていた。

強行規範および国の国際犯罪の規定は、一般的な形式において、また、その具体的な内容について、類似性を有していると思われるが、この点について国の国際責任に関する国際法委員会のコメンタリーは次のように述べていた。

「……強行規範たる規則から生ずる義務の違反はしばしば国際犯罪となると言いうるけれども、逸脱を許さない国際義務の範疇は、違反が必然的に国際犯罪である義務の範疇よりも広い、ということは否定できない。両者の観念をあまりに同質化することは、魅力的な単純化ではあるが、概念的には受け入れられないだろう。」

アゴーは逸脱の禁止ということより、必然的に、また、自動的に、これらの規則より生ずる義務違反が他の規則の場合とは異なる責任レジームに従うということが出てくるわけではないとしている。しかしながら、続けて、特定の規則からいかなる逸脱も許されないという考えについての諸国の法的意識の発展が、国の国際責任の分野における並行した発展を伴わないとは考えられないだろう、とする。[16]

強行規範とは、国際法規則についての法的性格を述べる語であり、それは規範の性格についての分類を言い表している。他方、国際犯罪の語は、特定の国際義務の違反である国際違法行為についての呼称であり、行為の性質について注目をしたものと解される。強行規範の意味あいは、この規範と抵触する条約が無効であること、また、新たな強行規範により既存の条約が終了せしめられる点にあるのに対して[17]、国際犯罪の意味あいは、このような国際違法行為より生ずる国際責任をそうでないものと区別しようとする点にある。この意味では両者の概念は、一方が他の存在の直接または間接の証拠となるという関係に立つことを一応は容認するとしても、両者の概念にともに包摂される個別具体的な実定国際法規（いわゆる第一次規範）の内容の検討を通して、さらに、その認められた背景を明確にすることにより、両者の関係を明らかにする必要があると思われる[18]。

（13）中村洸「一般国際法の強行規範と抵触する条約について」『法学研究』四〇巻一一号一七頁（一九六七年）。
（14）[1963] II Y.B. Int'l L.Comm'n 36 et seq.
（15）小川芳彦訳「国際法委員会条約法条約のコメンタリー（四）」『法と政治』二〇巻一号一四七頁（一九六九年）。
（16）Supra note 6, at 31-31, para. 99.
（17）条約のみならず、一方的な行為についても強行規範の効力が及ぶことについて、A. Gómez Robledo, Le ius cogens international: sa genèse, sa nature, sa fonctions, [1981-III] 172 Recueil des cours 192-196, 200 (1982) 参照。
（18）強行規範と国の国際責任の問題について、G. Gaja, Jus Cogens beyond the Vienne Convention, [1981-III] 172 Recueil des cours 290-301 (1982) 参照。

3　国の国際犯罪と国際連合

現代国際法における国際連合の役割・機能は、様々な分野に及んでおり、多岐にわたるものであるが、ここでは国の国際犯罪という観点から若干の問題について言及することとする。

国の国際犯罪を規定していた条文草案の法典化作業において、犯罪概念の中心となっていたのが武力行使であったことは、例えば特別報告者の草案第一八条において第三項の国際犯罪とは別に、第二項において特に規定がおかれていたことからも明らかであろう。[19] アゴーは、国連憲章は「第一次的」義務について規定する際に、その義務違反に付与される結果を明確に示唆しているとし、このような例として、憲章第二条三項、四項、第七章、第五二—五四条、第五条（権利および特権の行使の停止）、第六条（機構からの除名）に言及していた。[20]

問題は、事実上、安全保障理事会の活動が不可能であったことや、これを改善するための勧告の利用、総会による代替、さらに、国連がとりうる様々な方法についてであるが、それと同時に採られる方法・手段が行政権限の発動である警察的性格を有するのか、刑罰権の発動である制裁の性格を持つものかが問われうる。[21] 国連にとっては、秩序違反を罰することではなく、終了させることが問題であり、制裁は当該行為自体に対してではなく、それより生ずる状況に対して反作用し、国連憲章は理事会に刑罰権を付与しているのではなく、国際の平和を防禦し、または、回復するために、反抗する諸国に対して行政的な方法を用いる権限を与えているのであり、その機能は懲罰というより警察であると一方では考えられている。[22] 他方、国連憲章の規定について、厳格かつ文言通りに解釈し、武力行使に対する制裁を行うことが可能であるとも考えられ、これが国の国際犯罪に適用されるレジームとして用いられるとすることも可能であろう。アゴーは、国連の採りうる手段が「制裁」か否か、どの範囲でか、それらのうちのどれが「懲罰的」な性格・目的を有するのかなどは、国際責任の様々な形態を取り扱うときに示しうるとしていた。[23] 安全保障理事会に処罰的な権能を付与することがどのような意味を有しているのか、かつての活動不能の状況から、冷戦終結後の状況がいまだに流動的ななかで、最近の安全保障理事会の改革の動きを踏まえてその機能の検討を行うことが必要である。この点では、対抗措置をめぐる規定が注目される。

次に、国際連合と国の国際犯罪との関係で問題となるのは、武力の行使や武力による威嚇の伝統的な範疇に入らない行為に対する国連の権限・機能である。国際法委員会の第一読後の草案第一九条で規定されていたところによれば、武力による植民地支配の確立・維持、奴隷制度、ジェノサイド、アパルトヘイト、大気または海洋の大量汚染などが国際犯罪とされ問題となった。このような行為に対して国連がいかなる措置を執りうるか、例えば、これらの行為を平和に対する脅威・平和の破壊・侵略行為と認定し、集団的措置を執りうるかが問われることとなる。ジェノサイド条約は第八条に国際連合に関する規定をおいており、締約国は集団殺害を防止するために適当な措置を執るように国連の機関に要求することができることになっている。

しかし、いかなる措置を執るかは、権限のある機関に任されたままであり、また国連憲章第七章への明確な言及もないことから、ジェノサイドは侵略と同一視されてはいないと考えられている。[24] アパルトヘイト条約は第八条にジェノサイド条約と同様の規定を有しているが、第六条は、「憲章に従って安全保障理事会がアパルトヘイト罪を防止、鎮圧および処罰する目的でなした決定を受諾し遂行する」義務を当事国に課している。これは、アパルトヘイトの罪が侵略と同様の制裁のシステムに従うことを仄めかしているとされるが、[25] この憲章第七章との近似性ゆえ全会一致で採択されなかったとも考えられている。[26] 武力による植民地支配の確立・維持に関しては個別の条約規定はないが、一九六〇年の植民地独立付与宣言以来の様々な国連決議、特に、一九七〇年の友好関係原則宣言は、武力による植民地支配の確立・維持が国際の平和と安全を脅かすものであり、または、国際の平和および安全の促進に重大な障害となるとしている。このように、国の国際犯罪と国連は個別的な様々の関係にあるが、この点についての国連の実行は過大な期待を抱かせるものではないと思われる。[27] なお、国連と国の国際犯罪との関係では、国連が機能不全となった場合に、犯罪概念の肯定が個別の国による認定および措置の濫用への道を開く可能性があることに留意しなければならない。[28]

(19) ただし、この点に関しては、国の国際犯罪についての概念を武力行使を中心として検証したのち、これを他の分野へと拡大した点について、また、これにより侵略の概念も歪められることについて、Pierre-Marie Dupuy, supra note 10, at 463-464 参照。

(20) Supra note 6, at 33-34, paras. 102-104.

(21) 国際法委員会の条文草案の審議過程でカスタニェーダ (J. Castaneda) はケルゼンの所論を引用してこの点に言及している。1402th meeting, [1976] I Y.B. Int'l L. Comm'n 241-242.

(22) Pierre-Marie Dupuy, supra note 10, at 472.

(23) Ago, supra note 6, at 34, para.105.

(24) Id., 38, para.115.

(25) Pierre-Marie Dupuy, supra note 10, at 475.

(26) Ago, supra note 6, at 38, para. 116.

(27) アゴーも重大な違法行為であるという認識はあるが、適用される措置等について合意に達していないとする。Id., 37, para111. なお、奴隷制度については、Charles Rousseau, 2 Droit international public 700-705 (Paris: Sirey, 1974) を参照。また、汚染を国の国際犯罪としたことについては、V. Strace, La responsabilité résultant de la violation des obligations à l'égard de la communauté internationale, [1976-V]153 Recueil des cours 304-307 (1983) 参照。

(28) Pierre-Marie Dupuy, Observations sur la pratique récente des "sanctions" de l'illicite, 87 R.G.D.I.P. 505-548 (1983) 参照。

4　国の国際犯罪と訴訟

これまでの責任論では、国際義務の違反により国に生ずる国際責任を履行する方法として、原状回復、金銭賠償、正式な遺憾の表明、陳謝、責任者の処罰、行為の違法であることの公式の容認または裁判による宣言などの形式の救済（satisfaction）があった。これに対して、国の国際犯罪について責任を履行するためにどのような方法がとられうるかが問題となる。国の国際犯罪に特有の措置として、国際機構によってなされる措置以外に、司法的な枠組によって行われる方法がありうる。国際違法行為のうちで国際犯罪とはならない国際不法行為の場合には、直接に損害を受けた国が国際違法行為を行った国に対してその責任を追及し、請求をなす権利を有するのに対して、国際犯罪の場合には、国際義務違反は直接に損害を受けた国以外の主体に、違反に伴って生ずる責任の履行を要請する権限が付与される場合がありうると考えられる。この特徴が司法的枠組に反映する場合に、いわゆる民衆的訴訟（actio popularis）の問題が生ずる。

民衆的訴訟に関連しても注目されるのは、ウィーン条約法条約において認められた条約の無効原因としての強行規範の概念である。強行規範との抵触により条約の無効が問題となった際には、条約法条約第六六条（a）は、紛争の当事者による国際司法裁判所への一方的付託を認めているが、この提訴を行う当事国の範囲が問題となる。この点について杉原教授は、この出訴権は、違法な条約によって具体的な被害を受ける国であるかどうかを問わず、また、その違法な条約の当事国であるかどうかを問わず、ウィーン条約のすべての当事国によって行使されうるものと考えられ、これは強行法規の性格に由来するものといえる、とされている[29]。そして、戦争犯罪や集団殺害罪に関しては、「このような国際犯罪については自国の直接的・個別的な利害の有無にかかわりなく、当該条約で認められた出訴権を行使しうると考えられなければならない」とされ、さらに、「おそらく、集団殺害の場合に限らず、今後国際法上の犯罪とされる行為については、原則として、すべての国がそれを追求する『法的利益』をもつとみなされるべきであろう。国内社会では公的機関によって犯罪の追及がなされる。国際社会では、そのような機関が存在しない以上は、個々の国家のイニシアチブでそれが行われざるをえないであろう。」と述べられている。

ジェノサイドに関しては、個人の国際犯罪と国の国際犯罪の関係について述べたように、基本的に個人の処罰を目的としている。この意味ではジェノサイド条約第九条が国の国際司法裁判所への出訴権をどの程度認めるかが注目される。[30] 第九条により言及されている責任が、条約の作成過程での英国代表の修正案についての説明のように、民事的な性格を有するものであるとすれば、すべての当事国に対し出訴権が付与されると解することと、国の国際犯罪より生ずる責任との関係は、さらに検討を要する問題と思われる。民衆的訴訟との関係では、国の国際犯罪を規定する実定法規の分析により、それぞれの国際犯罪との関係が論じられなければならない。

このような民衆的訴訟が既存の司法的枠組において国の国際犯罪を扱おうとするものであるのに対し、これを新たな枠組において取り扱おうとする意見がある。例えば、デュピュイ（Pierre-Marie Dupuy）は国の国際犯罪についての訴訟が伝統的な責任法と同様に違法行為の直接の被害者にのみ留保されるのか、逆に、国内刑法のように国際的な公訴によるのか、国際的な検察官に任されるのか、それとも民衆的訴訟の偶然を待つのか、と問い、国際法委員会草案第一九条に関して公訴（action publique）との関係を考察していた。[31] グネル（M. Gounelle）も民衆的訴訟とともに公訴（actio publica）に言及し、「国際検察官」を構想した。[32] これらは個人の国際犯罪に関して長いあいだ国際刑事裁判所が設立されなかったこと、また、新たに設立されることとなった国際刑事裁判所についてもその権限・機能について意見の違いのあることを考え併せると、国の国際犯罪を取り扱う裁判所の実現の可能性は近い将来においては低いものといわざるをえない。しかしながら、既存の司法的な枠組におけるアプローチについての限界と新たな責任体系の出現の認識によるものであったことは注目される。

第二読を終了した国際法委員会草案が国際犯罪の用語を用いなくなったことは、国際社会の現在の状況を反映するものではあるが、概念自体が否定されているのではないことからは、また、国の国際犯罪概念を依然として肯定する立場があること[33]からは、さらなる検討が必要な状況にあると考えられる。

(29)　杉原高嶺「一般利益にもとづく国家の出訴権（二・完）」『国際法外交雑誌』七四巻四号七頁（一九七五年）。

(30) なお、ジェノサイド条約に基づいて、ボスニア・ヘルツェゴヴィナがユーゴスラヴィア（セルビア・モンテネグロ）を一九九三年に国際司法裁判所に訴えており、係争中である (General List No. 91)。

(31) Pierre-Marie Dupuy, Action publique et crime international de l'Etat: à propos de l'article 19 du projet de la Commission du droit international sur la responsabilité des Etats, 25 A.F.D.I. 541-542 (1979).

(32) Max Gounelle, Quelques remarques sur la notion de «crime international» et sur l'évolution de la responsabilité internationale de l'Etat, Mélanges offerts à Paul Reuter, Le droit international: unité et diversité 326 (Paris: Pédone, 1981).

(33) Alain Pellet, Can a State Commit a Crime? Definitly, Yes!, 10 European J. Int'l L. 425-434 (1999).

第二章　賠償と対抗措置

国際法においては、他国の違法な行為に対する対応方法としてかつては戦争が認められていたが、現在では戦争、武力行使、武力による威嚇は原則として禁止されることとなった。しかしながら、国際社会は国際法の遵守を確保するために武力行使に至らない対抗措置を一定の条件のもとで認めている。以下では、賠償と対抗措置がどのような関係を有しているのかを中心に検討する。

第一節　対抗措置の意義

対抗措置は、相手国の国際違法行為に対してとられる、それ自体は国際違法行為であり、違法性が阻却されるものを意味する。しかし、一般的な用語としては、対抗措置はこのような狭義の意味ではなく、相手国のとった行為に対する反応としてとられる措置を意味する場合があり、例えば、報復が含められることもある。

報復（retortion）とは、相手国の国際法に違反する行為または非友好的な行為に対してなされる、それ自体としては国際法には違反しない行為をなすこととされる。用語については、retaliation を「報復」とし、retortion を「返報」とすることもあるが、ここでは retortion に「報復」の訳語をあてることとする。報復としてなされる行為は、それを行う国の裁量の範囲にあるとされる。

国際社会で行われ、対抗措置と一般的に呼ばれている行為は、この報復である場合が多い。このような報復としてとられる措置の例としては、外交関係の断絶、貿易の停止・制限、なされた行為を承認しないこと、利益の拒絶等があげられている。[1] 報復は自国の裁量の範囲内にあり、当該行為をとることは国際法に違反する行為ではないとされるので法的な制限が存在しないとも考えられるが、目的の違法性、権利濫用、比例原則の適用などの問題が生ずることもありうる。

これまでの国際法において認められてきたもうひとつの措置として、復仇（reprisals）がある。これは相手国の国際法違反に対して、国際法に違反する行為をもって対応することである。かつては武力をともなう復仇が一般的であったが、戦争・武力行使の違法化により、現在では武力を用いない復仇のみが認められ、一九七〇年の国連総会決議である友好関係原則宣言においても、国は武力行使をともなう復仇行為を慎む義務を負っている、とされている。以前に行われた復仇の例としては、相手国領土の占領・砲撃、封鎖、艦隊による示威行動などがある。また、個人になされる復仇としては、平和時には、相手国国民の権利の剝奪、財産の没収、退去命令などがあり、戦争の際には、相手国捕虜の虐待、人質の捕獲、その他の交戦法規無視の行為などが行われた。これらのうちで、戦争、武力行使の違法化に違反するもの、また、個別の条約規定により禁止されたものは、現在では認められない。現在でもなされている武力をともなわない復仇の例としては、条約の不履行、相手国政府・国民の資産凍結、などがある。

復仇については、違法行為との関係で比例原則が適用され、過剰な復仇は認められないとされてきた。これは現在でも適用される原則であるが、復仇に対して復仇で対応する反対復仇が認められるか否かについては、紛争の平和的解決義務との関係では問題がある。また、被害国以外の第三国による復仇は認められないとされている。この武力行使をともなわない復仇は、ここで取り上げている対抗措置の概念と重複するものである。

復仇はまた、戦争とともに国際法において「制裁」（sanction）と呼ばれてきたものに含まれていた。この制裁のなされる条件については、異なる考え方が存在していた。ひとつは、国際法の義務違反に対して直ちになされる反応として制裁を理解する立場であり、もうひとつは、賠償を得るための事前の試みが失敗することにより制裁が可能となると考える立場である。

この制裁と対抗措置との違いは、前者が懲罰的な性格を有することにあるとされる。しかしながら、実際に国際法において制裁としてなされてきた行為は、必ずしも懲罰的な要素をもつものではないとする立場もある。この点については、国際連盟規約第一六条に基づく制裁の性質、および、国連憲章第七章によりとられる措置の意義が注目されてきた。

国際連盟規約は、法に基づく、制裁により保証された機構を設立した、とされた[2]。連盟規約においては、国交断絶に至る恐れのある紛争が連盟国間で発生した場合には、裁判または連盟理事会に紛争を付託し、判決・報告のなされたのち、三ヵ月間は戦争に訴えないこと（第一二条一項）、判決に服する連盟国に対しては戦争に訴えないこと（第一三条四項）、理事会の報告書の勧告に応ずる紛争当事国に対しては戦争に訴えないこと（第一五条六項）とされた。これらの規定を無視して戦争に訴えた連盟国に対しては、第一六条に規定された措置がとられることとされた。連盟規約においてとられうる方式には、第一〇条による連盟理事会の具申する「手段」（the means）、

第一一条に定められた「措置」（any action）、第一三条四項にいう「処置」（steps）、第一六条三項の「措置」（measures）、第一七条二項により勧告される「行動」（action）、同条四項の「措置および勧告」（measures and recommendation）、が含まれている。これらの方式がどのような意味を有しているのかが問題とされた。

勢力均衡の脆弱さのために、国際連盟で採用された集団安全保障体制は、連盟規約の第一二条、第一三条、第一五条による約束を無視して戦争に訴えた連盟国は、他のすべての連盟国に対して戦争行為をなしたものとみなされた（第一六条）。規約の作成時には経済制裁とともに軍事的制裁をも規定しようとしたが、多くの国は後者を義務的なものとすることには反対し、経済制裁だけが直ちに行われることとされ、軍事的措置は勧告にとどまった。(3)

さらに、この連盟規約第一六条に関しては、一九二一年に適用の指針が総会決議により採択された。それによると、

・ある国が規約違反の戦争を開始したことは、当然にすべての連盟国との間の戦争状態を発生させるものではなく、ただ、連盟国が各自の判断により適宜に処理をなす自由を発生せしめる。
・兵力を用いて締約国を封鎖するがごときは、特殊の場合のみに許されるべき極端な措置である。
・違約国との経済的断交は、義務的ではなく、これを選択する国のみが行うべきである。
・外交または領事関係さえも必ずしも実行する義務はない。

とされた。この決議は規約第一六条の指針と名付けられているが、実は第一六条の精神を没却してこれを骨抜きにしようとする企てであると解されている。(4)

この連盟における第一六条の適用された事例として、イタリアのエチオピア侵攻の際になされた制裁がある。イタリアは、一九三四年に生じた国境紛争を口実に、一九三五年一〇月、エチオピア侵略を開始した。これに対して国際連盟は規約第一六条の適用を問題としたが、これは連盟が同条を適用した唯一の例であった。そこでは、各国がイタリアに対する措置に参加する義務はなく、とられた措置もイタリアに対して大きな効果を持つものではなかったとされている。とられうる手段としては、スエズ運河の使用禁止および石油の禁輸がありえたが、前者は戦争開始のおそれからなされず、後者は、米国が連盟の枠外におり、石油を供給する可能性があったため、イタリア市場を失うという経済的観点から実施されなかった。

国連憲章は、第七章において平和に対する脅威、平和の破壊および侵略行為に関する行動について規定しているが、そこには暫定措置と非軍事的措置が軍事的措置と並んで規定されている。非軍事的措置について規定する第四一条では、「安全保障理事会は、その決定を実施するために、兵力の使用を伴わないいかなる措置を使用すべきかを決定することができ、且つ、この措置を適用するように国際連合加盟国に要請することができる。この措置は、経済関係及び鉄道、航海、航空、郵便、電信、無線通信その他の運輸通信の手段の全部又は一部の中断並びに外交関係の断絶を含むことができる。」とされている。

前者の国際連盟では、規約違反に対する措置であることから、国際法に違反する行為がその前提となるが、国連憲章においては、第七章のもとでなされる措置は必ずしも国連憲章に対する違反を前提とすることなく、むしろ、国際の平和と安全の維持という観点からなされてきたことが指摘されている。国連憲章第七章のもとでの措置は、合法的なもとの状態に戻すことにその主要な意図があると解されていた。ただし、このような国連の実行のなかで、国際法違反を認定し、とるべき措置を定めた例として南ローデシアの事例が挙げられ、この措置の性格は原状回復ではなく、民族自決権の強制的な適用であるとする立場がある。(5)

このような国際機構による措置が、国際違法行為の存在をその前提としているか否か、また、個々の判断が各国にではなく、機構自体に委ねられているか否か、とられる措置が本来であれば国際違法行為となるものであるのか否か、により、それぞれの措置がここで述べる対抗措置とどのように異なるかが問題となる。また、国際機構による措置は、制裁と呼ばれており、そこに懲罰的な意味合いが含まれるか否かも注目されている。

対抗措置を国際責任との関係で取り上げることについては、違法行為に対する対抗措置をとる場合に、被害国自体が判断者となること、また、各国の違法行為に対抗する能力が異なることから反対する立場もあった。しかしながら、これまで各国の実行はこのような対抗措置を認めてきており、これは慣習国際法上で認められたものであること、すでに国際法委員会は違法性阻却事由のひとつとして対抗措置を取り上げていること、対抗措置のとられる際の条件を明確にすることが求められていること、を理由に、条文作成が必要であり、有益であると判断された。

なお、対抗措置については、国際責任の脈絡ではなく、国際法の履行の一部としてこれをとらえる考え方もある。国際法の解釈、国内体系による適用とともに、国際法を適用するための国際的手続をあげ、この手続のなかに査察、検証などとともに対抗措置を位置付ける考え方である。また、対抗措置は、東西の対立の枠組で、あるいは、市場経済体制をとる国の間で商業的な競争において問題とされてきたとの理解もある。(6)

（1） Oscar Schachter, International Law in Theory and Practice 198 (Dordrecht: Martinus Nijhoff, 1991).
（2） Otto Brück, Les sanctions en droit international public 92-93 (Paris: Pedone, 1933).
（3） Id., 99.
（4） 田岡良一『国際法Ⅲ』一三七頁（有斐閣、新版、一九七三年）。

（5）　Vera Gowlland-Debbas, Collective Responses to Illegal Acts in International Law 469-472 (Dordrecht: Nijhoff, 1990).
（6）　Jean Combacau et Serge Sur, Droit international public 209 (Paris: Montchrestien, 4e éd, 1999).

第二節　法典化作業における取扱

第一読を終了した法典草案では、対抗措置について第四七条から第五〇条までが規定していた。第四七条は被害国による対抗措置について、第四八条は対抗措置に訴える場合の条件について規定していた。また、第四九条では、比例原則が、第五〇条では禁止される対抗措置が条文化されていた。

賠償と対抗措置との関係で注目されるのは、まず、第四七条の規定である。ここでは、第四一条（停止）から第四六条（再発防止）までの賠償に言及され、これらの条文により違反国がなすべき賠償の規定に従わない場合に対抗措置をとることができるとされている。それと同時にとられる対抗措置の条件・制限として、第四八条、第四九条、第五〇条の規定が適用されることが明示されている。これらの規定は濫用に対する保障条項である。さらに、第四七条では、対抗措置の「必要性」についての規定をおいている。それは、対抗措置が他の手段が失敗したか、実効的ではない場合に最後の手段としてとられること、また、被害国の対抗措置をとろうとする決定が合理的かつ誠実なものであり、自らのリスクでなされることを意味しているとされている。対抗措置はその状況において「必要である」とされる場合にのみ合法であるとされる。また、対抗措置が第三国に対して負っている義務の違反をともなうような場合には、対抗措置であることにより第三国への措置を正当化することはできない。

対抗措置の条件として、第四八条では紛争の平和的解決について規定している。ここでは被害国が違法行為国との関係で交渉より始まる国際法上の平和的解決手続をとることを対抗措置の条件としているが、対抗措置の性質上、ただちに行わなくてはならない性質の措置、例えば、資産凍結のような措置については、「暫定的保護措置」として認められることとしている。また、なされた対抗措置を、違法行為の停止、違法行為国の解決手続の誠実な実施を条件として、一時停止することが規定されている。対抗措置と紛争解決の関係で注目されるのは、対抗措置がとられた場合には、対抗措置の対象となった国（違法行為をなしたとされる国）は仲裁裁判に紛争を付託することができるとされている点であった（第五八条）。対抗措置がとられたことにより強制的に仲裁裁判に付託される可能性が開かれることとされていた。

仲裁裁判が選ばれた理由として、国の国際犯罪との関連ではあるが、バウエットが、いかなる機関が国が国際犯罪を行ったことを認定するのか、に関して国際法委員会で議論のあったことを述べていることが参考となる。ウィーン条約法条約におけるユス・コーゲンスと同様に、国際司法裁判所に問題を付託すべきとする意見については、管轄権と、実際上の問題として、判決に至るまでに四、五年かかることが指摘されている。(7) この他に国連安全保障理事会、国連総会等にも触れられているが、仲裁裁判について、国際司法裁判所よりも少人数の五人で構成されること、口頭手続終了の後、六ヵ月以内に決定がなされるために迅速であること、が述べられている。(8)

違法行為とそれに対する対抗措置とのあいだに比例原則が適用されることを第四九条は規定している。比例性を判断することは困難であり、また、厳格に規定することは柔軟性を失わせるために、一般的な文言となっている。とられる対抗措置については、第一に違法行為の重大性の程度と、第二に違法行為の被害国に対する影響と、比例するものであることが求められている。

対抗措置がとられようとしている場合に、特定の措置をとることが認められないことを第五〇条は規定している。それは、まず、国連憲章に定められた武力行使・武力による威嚇の禁止に違反する対抗措置である。この点に関連して、次に、国際法上で問題とされる経済的力の行使、政治的な力の行使も武力によるものとは別の形で対抗措置としてとられることが禁じられている。第三は外交・領事関係で認められている特権・免除のなかで不可侵に関する規定で保護されているものを対抗措置の対象とすることを除外している。第四は基本的人権に関する措置、第五は強行規範に違反する措置である。

第二読を終了して暫定的に採択された条文草案において対抗措置について規定するのは、第五〇条から第五五条までの規定で、これまでの規定が修正されるとともに新たに被害国以外の国による対抗措置、対抗措置の終了の規定がおかれている。[9] 第一読を終了した草案と比較すると、草案から紛争解決に関する規定が削除されたことから、解決手続きに言及していた部分が変更を受けていること、国の国際犯罪に関する第一九条が削除されたが、これとの関係で被害国以外の国による対抗措置の規定（第五四条）が設けられたこと、[10] 対抗措置の終了に関する規定が新たにおかれたこと、が特徴的である。

なお、二〇〇一年の国際法委員会で新しい条文草案が採択されたが、[11] 対抗措置に関しては、第四九条から第五四条までが規定している。条文の見出しの変更とともに、内容の一部が変更されている。特に、被害国以外の国による対抗措置については、各国政府から多くの反対があったことを考慮して、新しい条文草案では、この規定においてのみ対抗措置（countermeasures）ではなく、適法な措置（lawful measures）の語を意図的に用いることとなり、どちらかの立場を国際法委員会は採用するものではなく、国際法の発展にこの問題を委ねたとしている。[12]

（7） Derek William Bowett, Crimes of States and the 1996 Report of the International Law Commission on State Responsibility, 9 Euro-

PEAN J. INT'L L. 168 (1998).
（8）Id., 169.
（9）A/CN.4/L.600 (11 August 2000).
（10）James Crawford, Pierre Bodeau & Jacqueline Peel, The ILC's Draft Articles on State Responsibility: Toward Completion of a Second Reading, 94 AM. J. INT'L L. 660, 671-674 (2000).
（11）A/CN.4/L.602/Rev.1 (26 July 2001).
（12）Responsibility of States for Internationally Wrongful Acts: Statement of the Chairman of the Drafting Committee, Mr. Peter Tomka, at 63.

第三節　賠償と対抗措置の関係

国際責任の脈絡でとりあげられた対抗措置の意味がどのように国際法上位置付けられるのかは、なお、議論のあるところであるが、ここでは特に賠償との関係で対抗措置の意義について検討することとする。対抗措置の目的が、違法行為国による賠償にあることは条文草案では明確に述べられている。被害国は、違法行為国に賠償を行わせるためにのみ、本来ならば履行すべき国際義務の不履行を認められることとなる、とされている。このように規定された対抗措置が、違法行為国と被害国の関係、また、その両者を含む国際社会との関係でどのように理解されるべきかが問題となる。

これまでの復仇に関する理解では、第三国による対抗措置は認められないとされて来ており、この立場を第一読の終了した条文草案は踏襲していた。ここでは、対抗措置は違法行為国と被害国との関係にのみ限定をされ、特定の条件がみたされた場合にのみ、禁止された行為以外の対抗措置がとられることとされ、それが違法行為国以外の第三国に及ぶ場合には対抗措置をとる国はそのことから生ずる責任を負うものとされている。この意味では対抗措置はあくまで当事国間での賠償をうるための手段であると解される。ただし、賠償の性質が国際法の秩序維持・回復をも目指すものであるという立場からは、被害国が賠償をうるために行う対抗措置によって最終的には国際社会における秩序の維持・回復に間接的にではあるが貢献すると解することも可能であろう。

第二読を終了し暫定的に採択された条文草案では、被害国以外の国による対抗措置が認められることとされた。これは旧第一九条（国の国際犯罪）との関係において、特定の義務違反について、いかなる国も対抗措置をとることができると規定している。この条文草案において、国の国際犯罪の語は用いられておらず、その意義を反映したとされる「国際共同体にとって本質的な義務の重大な違反」（serious breaches of essential obligations to the international community）という言葉にかえられているが、このような違反については、直接に被害を受けた国のみならず、すべての国が対抗措置をとることができるとされている。このことは、賠償を介しての間接的な秩序維持ではなく、特定の国際義務違反についてではあるが、国際社会のすべての国が対応することを認めることにより、直接に秩序維持を可能とするものと解される。このような立場に対して、対抗措置を被害国以外の国が取ることに反対する意見があるために、二〇〇一年に採択された条文[13]では、国際法委員会はいずれの考え方もとりうる中立的な草案を作成した。

いずれにせよ、新しい条項においては以前のような侵略禁止等の明確な事項への言及がないことから、どのような義務の違反がこれに該当するのか解釈の余地のあるものとされている。

この点については、強行規範違反に言及するようになったことが注目される。また、新条文においても、あくまでも対抗措置の目的は違法行為国に賠償を含む新たな義務の履行を行わせることにあるために、対抗措置をとることのできる国の範囲を拡大したとしても、賠償の性質をどのように解するのかは重要な意味を持ちつづけると考えられる。

（13）　A/CN.4/L.602/Rev.1.

結語

賠償と責任の関係

国際法の現代的な特徴のひとつとして、賠償方式の多様化が指摘できる。損害が発生した場合にその損害を賠償することに責任規則の機能が求められているが、国際社会における様々な国際的行為の登場は、多様な形式での賠償の制度を創出してきている。これは、賠償の制度により保護されるべき法的利益が、とくに、私人に属しているような場合に、行為主体による賠償を確保するために設けられてきた制度と考えられる。そのひとつに基金の制度をあげることができる。

これまでに作成された基金としては、船舶起因の油濁汚染に関するものがあり、実際にブレア号、ナホトカ号、などの損害に関して適用され、請求が行なわれている。また、これとならんで利用されているのが保険制度である。

このような制度は、被害者保護の観点と加害者によってなされる活動の保護の視点の両者をそなえていると解される。すなはち、被害が生じた場合に当該被害がすみやかに賠償されることとともに、そのような被害をもたらした活動が他の側面においては有益であることから引き続き行われることをも確保しようとしている。船舶を例にあげると、タンカーによる海洋汚染の危険性があるが、と同時にタンカーにより運ばれる原油の意味は輸入国にとっておおきなものである。タンカーの運航を取り止めることにより海洋汚染の危険はなくなるが、そうではなく、むしろ、船舶の堪航性、構造強化などの様々な方策により事故の軽減をはかるとともに、事故の起きた場合には、それから生ずる損害に対応すべきことから基金制度、保険制度を利用することとされている。このような状況における国の関与は、間接的なものである。基金および保険についての制度の設立、維持・運営に関与はするが、当該分野での活動主体そのものは国ではなく民間の企業が主である。これらの分野では国際法上典型的に国の国際違法行為より生ずる国際責任ではなく、被害者保護、当該活動の保護・育成・促進という観点から国に一定の国際的義務が課せられる方式を採用することになる。

これとは対照的に、国の国際違法行為をめぐって国際犯罪の問題がある。国の国際犯罪概念が国際法上認められるか否かについては議論のあるところであるが、その基本にある国際社会の公的秩序、国際共同体に共通の利益、に関しては肯定的にとらえられるようになってきている。この意味では、国の刑事責任は認められないが、賠償の制度については、被害国に損害を賠償するだけでなく、国際的な合法性（légalité internationale）を確保し、これが損なわれた場合にもとの状態にもどす方法でもあるとする立場がある。(1)

責任の体系が、生じた損害の賠償にとどまらず、法体系の維持という効果をも有するという二重性を持つことについて、前者を実際的損害、後者を精神的損害と結びつけて論ずることがある。この二重性と国際犯罪概念との関係について、デュピュイ（P.-M. Dupuy）は、国際法委員会が第一九条の国際犯罪に関する条項により、国際共同体による合法性の尊重の検証の手段として責任制度の重要性を強調したと理解している。(2)この意味では、国の国際犯罪概念、あるいは、その意義を具現化しようとする新たな概念である「国際共同体にとって本質的な義務の重大な違反」の認定が、法体系を維持するという効果を有すると解される。しかしながら、この立場は、賠償にどのような効果を付与するかという観点からは、責任と賠償との関係をもう一度考察しなおすことを必要とする。賠償が国際法において有する意義こそが問題であり、「責任のために賠償が存在する」のではなく「賠償のために責任が存在する」と考えられるからである。このような視点からは、賠償と責任について、その両者の関係、および、その拠って立つ基礎が問題となる。

紛争解決手続との関係で責任と賠償についてを規定した条約としては、常設国際司法裁判所規程第三六条がある。この規程により、常設国際司法裁判所、そして、それを引き継いだ国際司法裁判所で、事実認定と賠償額の決定が行われることが認められた。もとよりこの規程は強制管轄権受諾に関して、本来の草案で予定されていた制度と任意管轄権制度との妥協のもとで作成された規定であり、責任および賠償に関してこれだけに国際司法裁判所の機能が限定されるわけではない。しかし、このように裁判所規程により明示されたことは、国際責任および賠償に関して国際裁判所に期待される役割を示しているものと解される。

国際司法裁判所規程第三六条二項が「認定されれば国際義務の違反となるような事実の存在」と「国際義務の違反に対する賠償の性質又は範囲」とを区別している点については、これは常設国際司法裁判所規程を踏襲したものであるが、規程作成時には国際連盟規約第一三条と同一であったために特別の議論はなかったとされている(3)。その意味では、同様の規定が国連憲章には存在しないため、連盟規約第一三条の意図していたところが注目される。

国の責任論の発展過程において、過失の問題は、国と個人とを切り離し、国に責任を負わせるための法論理として主張された。ここでは、責任の基礎はローマ法以来の原則にのっとったものとされている。しかし、国の領域内で生じた問題についての責任の基礎は、領域における主権の存在に結び付けられるようになった。この際には、国のみの責任主体性が主張され、個人の地位は直接国際法上規定されることはまれであった。その意味で国の責任の基礎は領域に基づくものであり、領域主権と責任の基礎とは表裏一体のものである、と解されていた。例えばルテールは、領域内で国が実質的、法的秩序を維持しなければならないことについて、条約中に規定されるようになったことをいくつかの条約規定を挙げて指摘している。(4) 例えば、一八八五年二月二六日のベルリンで署名されたコンゴに関する一般議定書第三五条は、次のように規定していた。

本議定書の当事国は、アフリカ大陸の海岸で、自国の支配する領域において、既得権を尊重するのに充分な当局の存在、万一の場合には、商業および通過の自由をその定める条件に従って保証する義務を容認する。(5)

このような国の領土に対する機能は、ハーグ平和会議により作成された条約においても認められている。一九〇七年の陸戦の場合における中立国および中立人の権利義務に関する条約（第五条約）では以下のように規定されている。

第五条
中立国は、その領土において第二条から第四条までに掲げられた一切の行為を寛容してはならないものとする。
中立国は、その領土において行われたものでなければ、中立違反の行為を処罰する必要はないものとする。

これらの規定は、中立国の領域内における秩序維持、すなはち、主権の存在に結び付けられたものと考えられている。

また、一九二八年のパルマス島事件判決においてフーバー仲裁裁判官は次のように述べている。
〔領域主権〕はそのコロラリーとして義務を意味している。この義務は領域内において他国の権利を保護する義務であり、なかんずく、平和時および戦争時においてその保全と不可侵に対する権利、それぞれの国が他国領域における自国民のために請求する権利が含まれる。状況に対応した方法により領域主権を明らかにしない限り、国はこの義務を履行することができない。(6)

これは、各国が特定の空間に領域主権の主張をなすことにより、国がその主張に伴い義務を負うことを指摘したものである。

このような領域主権と責任の結びつきは、新たな活動の登場に伴い、領土、領海、領空を越えて、空間ごとに異なる国際法の制度を創出している。主権概念ではなく、各活動の特殊性に注目をした空間区分に加えて、活動の機能に着目をした責任制度が設けられている。責任と賠償とを考えると、国際法体系の回復機能を担っているのは、賠償にほかならない。責任の発生はそれ自体が問題なのではなく、それに付与される法的な結果が重要であり、賠償が意義を有している。賠償は生じた状況の回復と同時に、国際法体系全体の維持に不可欠なものと解される。そこでの責任の履行方式としての賠償の基礎は、国際法秩序そのものにあると言えよう。

(1) Jean Combacau et Serge Sur, Droit international public 518-519 (Paris: Montchrestien, 4e éd, 1999).
(2) P.-M. Dupuy, Dionisio Anzilotti and the Law of International Responsibility of States, 3 European J. Int'l L. 146 (1992).
(3) Alexander P. Fachiri, The Permanent Court of International Justice 97 (London: Oxford U.P., 2nd ed., 1932).

（4） Paul Reuter, Le dévlopment de l'ordre juridique international 390-391 (Paris: Economia, 1995).
（5） 165 Consolidated Treaty Series 501 (C. Parry ed.,1978).
（6） Island of Palmas case, 2 RIAA 829 at 839.

第一次規範における賠償方式の特定

国際法の個別分野にとどまらず、一般的な主題においても責任への言及がなされる。田畑教授は横田喜三郎教授の業績を評価するに際して、当為としての強制の説明として「……国家が国際法に定められた義務に違反した場合においては、被害を受けた国が違反に対して損害賠償の請求を求めうることが国際法で認められており、その請求に応じない場合には、損害を受けた国は復仇といった措置によって強制することも認められている。当為としての強制は国際法にも存在している……」と述べていることを指摘する。[7] ここでの責任の機能は国際法の法的性質を担保するための当為としての強制の前提条件とされている。

このように国際法の法的性質を議論するうえで責任の問題と考えられる例を取りあげていることは、固有の責任法の体系化を待つことなく既存の規則のなかに責任の規範が内在していることを意味するものである。国際法委員会が法典化を目指す責任草案は、このように内在的であったものを第二次規範として抽出する試みに他ならない。責任規則の明確化は、また、賠償に関する規定の法典化をもたらした。

国際法委員会がこれまで作成してきた国の国際責任に関する条約草案を第二読ののちに大幅に変更したことは、

先進国にとっては受け入れやすい草案となったものと考えられる。いずれにせよ最終的には国連総会で規則を具体化する形式とともにどのような取扱をするのかが定められるが、現在の特別報告者の、そして国際法委員会の動きは、なるべく多くの立場が草案中に書き込まれること、換言すると、争点となっている具体的な問題について解決することなく、一般化、抽象化をすすめているように見える。

第二読においてこのような変更を加えることはどのような意味を有するのであろうか。特別報告者の変更はこれまでにも国際法委員会のシステムでは起きており、不可避のことと解される。しかし、これが法典編纂作業に及ぼす影響は大きなものである。長年の活動自体に意味があるのではなく、出来上がった法典草案こそが評価の対象となるが、そこに至る過程での様々な議論は、作成される文書の解釈にとって重要な意味を有している。そのような脈絡を離れてしまうことは、草案作成における委員会の作業の意義を減じてしまう恐れを有してもいる。最終的な意思決定が現在でも国によってなされることは間違いなく、なんらかの形式となりうるという意味において、合意可能な条文内容にしようという努力は評価しうるが、どこまで国際法の発展から見て評価しうるかとは異なる判断にならざるを得ないであろう。このような作業は国連総会での審議、あるいは、外交会議に委ねられるべきものとも考えられ、本来国際法委員会が考慮すべき要因では無いようにも思える。二〇〇一年に作成された草案作業完了の結果が国連第六委員会に委ねられるが、どのような最終的結果となるか法典化作業の観点から注目される。

他方、責任法の発展と言う視点からは、今回の国際法委員会の作業がどのような結果となるかにかかわらず、あるいは、それを含めて、国際法の国際責任に関する規範がどのような方向に進んで行くのかが注目される。第二次規範ではなく、第一次規範において採択されてきた責任に関する条項の、さらには、賠償に関する規則の分析が重要であると解する理由がここにある。

法典化作業との関係で言えば、これまでの様々な努力にもかかわらず、責任に関する規則一般を条約の形式により採択した例は存在しない。国際責任の原則が残存規則であるという主張は、個別の分野において採択される条約のなかで責任に関する規則を設立することが認められていることを意味している。そのような条約の例として、宇宙法、戦争法・武力紛争法を取り上げて検討したが、さらに、海洋法、国際人権法、国際環境法においても責任規則を含んだ条約が採択されてきている。

しかしながら、多くの条約は依然としてこのような規則を有していないのが現在の一般的な状況である。そのような、規則が特別法として規定されていない分野、あるいは、条約に関して、適用される規則が必要とされている。このような観点から法典化作業がなされてきたが、その抽象性、一般性ゆえに、明確で具体的な規則を定めることが困難とされる。現在の作業は、さらに一般的・抽象的な規定となりつつある。このような状況においては、むしろ各分野でそこに固有の賠償規定を含む責任規則を明確化することのほうが望ましいようにも思われる。第一次規範と呼ばれる分野と一線を画した第二次規範のみを国際法委員会が対象としているのと並行して、各条約において責任規則に言及し、その分野で適用されるべき規則を個別具体的に決定することが、最終的には責任制度の発展において望ましい方法であると言えよう。

責任法を第二次規範としてとらえるアプローチは、概念の明確化に大きな役割を果たしている。他方、第一次規範中に賠償規定を含む責任規則を設けることは、実定法上の規定としての実現可能性を担保するものである。賠償の観点からは、その形式は第一次規範の内容に左右されることが多いことから、第一次規範とともに規定されることが秩序維持という点からも望ましいものである。

（7） 田畑茂二郎「わが国際法学の発展に尽くされた二人の先達」『国際法外交雑誌』九六巻五五一―五五二頁（一九九七年）。

水垣進『國際法に於ける国家責任論―違反行為と法効果―』（4頁、4頁）、333頁（有斐閣、1938年）
森川幸一「国家の『国際犯罪』の法的帰結に関する一考察」『専修法学論集』第55・56合併号465–500頁（1992年）
村瀬信也監訳「『国家責任』に関する条文草案注釈（一）（二・完）」『立教法学』23号152–221頁（1984年）、24号141–252頁（1985年）
中村洸「一般国際法の強行規範と牴触する条約について」『法学研究』40巻11号1–22頁（1967年）
『国際法外交雑誌』第25巻6号附録599–648頁（1926年）
小川芳彦訳「国際法委員会条約法条約のコメンタリー（四）」『法と政治』20巻1号101–148頁（1969年）
大森正仁「国家の国際犯罪と国際責任」『法学研究』59巻3号21–67頁（1986年）
大森正仁「国際機構の国際責任―宇宙損害責任条約における意義―」『法学研究』46巻5号19–47頁（1991年）
大森正仁『国際法II』7頁, 170頁（東京 : 慶應義塾大学通信教育部、1999年）
大沼保昭『戦争責任論序説』7頁、388頁、61頁（東京 : 東京大学出版会、1975年）
ゲオルグ・レス「国際法における保証及び保証条約についての諸問題」『法学研究』第58巻10号106–123頁（1985年）
関口雅夫「宇宙物体により引き起こされる損害についての国際的責任に関する条約」『駒沢大学法学論集』第23号29–62頁（1981年）
杉原高嶺「一般利益にもとづく国家の出訴権（二・完）」『国際法外交雑誌』74巻4号309–342頁（1975年）
田畑茂二郎『国際法I』8頁、521頁、11頁（有斐閣、新版、1973年）
田畑茂二郎『国際法新講 下』2頁、3頁、242頁、9頁（東信堂、1991年）
田畑茂二郎「わが国際法学の発展に尽くされた二人の先達」『国際法外交雑誌』96巻549–565頁 (1997年)
田畑茂二郎・太寿堂鼎編『ケースブック国際法』3頁、7頁、382頁、6頁（有信堂、新版、1987年）
太寿堂鼎「国際犯罪の概念と国際法の立場」『ジュリスト』720号67–72頁（1980年）
高野雄一『国際法概論下』13頁、510頁、7頁（弘文堂、全訂新版、1986年）
田岡良一『国際法III』9頁、397頁、9頁（有斐閣、新版、1973年）
泊秀行「宇宙事故への対応」『立法と調査』91号36–39頁（1979年）
植木俊哉他訳「『国際責任』に関する条文草案注釈（一）（二）（三・完）」『法学』62巻2号277–314頁、4号、5号801–824頁（1998年）
臼杵知史「国家責任」杉原高嶺他著『現代国際法講義』325–373頁（有斐閣、第2版、1995年）
柳原正治『グロティウス』227頁（清水書院、2000年）
山田三良「国際連盟と国際法典編纂」『国際法外交雑誌』第28巻2号1–31頁（1929年）
山本草二「環境損害に関する国家の国際責任」『法学』40巻4号1–35頁（1977年）
山本草二『国際法における危険責任主義』345頁、11頁（東京大学出版会、1982年）
山本草二「宇宙三条約の締結の承認」『ジュリスト』第795号50–54頁（1983年）
山本草二『国際法』22頁、761頁、17頁（有斐閣、新版、1994年）

Zemanek, Karl, The Legal foundations of the International System, General Course on Public International Law, [1997] 266 Recueil des cours 9-336 (1998).
Zemanek, Karl, Causes and Forms of International Liability, Contemporary Problems of International Law: Essays in Honour of Georg Schwarzenberger on His Eightieth Birthday, 319-332 (London: Stevens, Bin Cheng and E. D. Brown ed., 1988).

日本語文献

安藤仁介「『自国領域内で外国人の身体・財産がこうむった損害に対する国家の責任』に関する法典草案」『政法論集』第3号149–169頁（1969年）
安藤仁介「領域外の私人行為に関する国家責任—原子力事故、宇宙活動、海洋汚染にかかわる諸条約の検討を手掛かりとして—」『神戸法学雑誌』第30巻2号313–349頁（1980年）
安藤仁介「国際法における国家の責任」『基本法学5責任』107–136頁（岩波書店、1984年）
安藤仁介「国際法上の国家責任にかかわる『過失』の実態」『京都大学法学部創立百周年記念論文集第2巻』303–335頁（1999年）
アンチロッチ、一又正雄訳『國際法の基礎理論』1頁、3頁、5頁、9頁、578頁、7頁（東京：嚴松堂、1942年）
浅田正彦「国家の国際人道法違反の個人に対する責任」『ジュリスト』1091号245–247頁（1996年）
ボガート、栗林忠男監訳『国際宇宙法』iv, 364頁（信山社、1993年）
藤田久一他編『戦争と個人の権利』294頁（日本評論社、1999年）
福井康雄『國際不法行為論序論』（6頁）、157頁（嚴松堂、1926年）
波多野里望・東壽太郎編『国際判例研究国際責任』xvii,875頁（三省堂、1990年）
広瀬善男「戦争損害に関する国際法上の個人請求権」『明治学院大学法学研究』第69号157–242頁（2000年）
伊藤哲雄「第二次世界大戦後の日本の賠償・請求権処理」『外務省調査月報』1994年度第1号77–115頁（1994年）
兼原敦子「国際違法行為責任における過失の機能」『国際法外交雑誌』96巻6号1–46頁（1998）
兼原敦子「国家責任法の『一般原則性』の意義と限界」『立教法学』55号128–171頁（2000）
栗林忠男『航空犯罪と国際法』230頁（三一書房、1978年）
栗林忠男『注解国連海洋法条約下巻』5頁、361頁、7頁（有斐閣、1994年）
栗林忠男『現代国際法』22頁、585頁、24頁（慶應義塾大学出版会、1999年）
松原一雄「国際法の編纂に就て」『国際法外交雑誌』第25巻6号1–18頁（1926年）
松原一雄「国際不法行為の要素に就て」『国際法外交雑誌』第27巻9号1–19頁（1928年）
松原一雄「国際法典編纂に対する米国学者の貢献」『国際法外交雑誌』第28巻7号1–19頁（1929年）
松原一雄「国際法典編纂会議に於ける国家責任問題」『国際法外交雑誌』第30巻2号1–23頁、3号18–44頁（1931年）
松井芳郎「国際連合における国家責任法の転換—国家責任法の転換（2・完）—」『国際法外交雑誌』第91巻4号419–461頁（1992年）
目賀田周一郎「宇宙物体により引き起こされる損害についての国際的責任に関する条約」『法令解説資料総覧』36号184–187頁（1983年）

Sohn, Louis B., The Stockholm Declaration on the Human Environment, 14 Harvard Int'l L. J. 423-515 (1973).

Sohn, Louis B., and R.R. Baxter, Responsibility of State for Injuries to the Economic Interests of Aliens, 55 Am. J. Int'l L. 545-584 (1961).

Strace, V., La responsabilité résultant de la violation des obligations à l'égard de la communauté internationale, [1976-V] 153 Recueil des cours 263-317 (1983).

Strupp, Karl, Eléments du droit international public, Universel, Européen et Americain, xv, 432 p (Paris: Rousseau, 1927).

Strupp, Karl, 1 Eléments du droit international public, Universel, Européen et Americain, xvi, 347 p (Paris: Les Editions internationales, 2e ed., 1930).

Tissot, J., Principes du droit public, xi, 692 p (Paris: Marescq Ainé, 1872).

Triepel, Heinrich, Völkerrecht und Landesrecht (Leipzig: Hirschfeld, 1899).

Triepel, Heinrich, Droit international et droit interne, viii, 448 (Paris/Oxford: A. Pédone/Oxford University Press, traduit par René Brunet, 1920).

United Nations, The Work of the International Law Commission, viii, 243 p (N.Y.: United Nations, revised ed., 1972).

United Nations, The International Law Commission Fifty Years After: An Evaluation, Proceedings of the Seminar held to commemorate the fiftieth anniversary of the International Law Commission, 21-22 April 1998, xii, 214 pp (New York: United Nations, 2000).

United Nations, Making Better International Law: The International Law Commission at 50, Proceedings of the United Nations Colloquium on Progressive Development and Codification of International Law, xi, 451 pp (New York: United Nations, 1998).

United Nations Codification of State Responsibility, xi, 418 p (New York, London, Rome: Oceana, Marina Spinedi & Bruno Simma eds., 1987).

Vattel, E. de, Le Droit des Gens, tome I, xxvi, (25), 541 p, tome II, (16), 375 p (1) (Londres, 1758).

Van Der Molen, Gezina Hermina Johanna, Alberico Gentili and the Development of Internatonal Law, xvi, 342 p (Amsterdam: H. J. Paris, 1937).

Verdross, Alfred, Règles générales du droit internationales de la paix, [1929-V] 30 Recueil des cours 275-517 (1931).

Verdross, Alfred, Les Règles internationales concernant le traitment des étrangers, [1931-III] 37 Recueil des cours 327-412 (1932).

de Visscher, Charles, Les lois de la guerre et la théorie de la nécessité, 24 R.G.D.I.P. 74-108 (1917).

de Visscher, Charles, La responsabilité des Etats, 2 Bibliotheca Visseriana, 87-119 (1924).

de Visscher, Charles, Théories et réalités en droit international public, 450 p (Paris: Pedone, 4e éd., 1970).

Whiteman, Marjorie M., 5 Digest of International Law, (iii), 1175 p (Washington: United States Government Printing Office, 1965).

Whiteman, Marjorie M., 8 Digest of International Law, v, 1291 p (Washington: United States Government Printing Office, 1967).

White, Gillian, State Responsibility in the Context of European Community Law, Contemporary Problems of International Law: Essays in Honour of Georg Schwarzenberger on His Eightieth Birthday, 301-318 (London: Stevens, Bin Cheng and E. D. Brown ed., 1988).

Wyler, Eric, L'illicite et la condition des personnes privées, 361 p (Paris: Pedone, 1995).

Robertson, Bernard, Exhaustion of Local Remedies in International Human Rights Litigation – The Burden of Proof Reconsidered, 39 Int'l Comp. L. Q. 191-196 (1990).
Rosenne, Shabtai, ed., League of Nations Committee of Experts for the Progressive Codification of International Law [1925-1928], vol. I, cxxiv, 349 p, vol. II, xi, 487 p (N.Y.: Oceana, 1972).
Rosenne, Shabtai, ed., League of Nations Conference for the Codification of International Law [1930], 1661 p (N.Y.: Oceana, 1975).
Rosenne, Shabtai, Developments in the Law of Treaties 1945 - 1986, xxxv, 535 p (Cambridge: Cambridge University Press, 1989).
Rosenne, Shabtai, The International Law Commission's Draft Articles on State Responsibility, Part 1, Articles 1-35, ix, 380 p (Dordrecht/Boston/London: Martinus Nijhoff, 1991).
Rousseau, Charles, 2 Droit international public, xvi, 797 p (Paris: Sirey, 1974).
Rousseau, Charles, 5 Droit international public, xvi, 504 p (Paris: Sirey, 1983).
Rouard de Card, E., Les Destinées de l'arbitrage international, (4), 264 p (Paris: G. Pedone-Lauriel, 1892).
Scelle, Georges, Manuel élémentaire de droit international public, 745 p (Paris: Domat-Montchrestien, 1943).
Sereni, Angelo Piero, The Italian Conception of International Law, xi, 1, 402 p (N.Y.: Columbia University Press, 1943).
Schachter, Oscar, International law in Theory and Practice, viii, 1, 1, 431 p (Dordrecht: Martinus Nijhoff, 1991).
Schindler, D., and J. Toman, The Laws of Armed Conflicts, xxxix, 1033 p (Dordrecht: Nijhoff, 3rd revised and completed ed., 1988).
Schoen, Paul, Die völkerrechtliche Haftung der Staaten aus unerlaubten Handlungen, 10 Zeitschrift für Völkerrecht, viii, 143 p (Breslau: J. U. Kern, 1917).
Schwarzenberger, Georg, The Problem of an International Criminal Law, 3 Current Legal Problems 263-296 (1950).
Schwarzenberger, Georg, 1 International Law, xlviii, 808 p (London: Stevens, 3rd, 1957).
Shelton, Dinah, Remedies in International Human Rights Law, xli, 387 pp (Oxford: Oxford University Press, 1999).
Sicilianos, Linos-Alexandre, Les Réactions décentralisées à l'illicite, xxix, 532 p (Paris: L.G.D.J., 1990).
Simpson, J. L., and Hazel Fox, International Arbitration: Law and Practice, xx, 330 p (London: Stevens & Sons, 1959).
Smith, Brian D., State Responsibility and the Marine Environment, xviii, 281 p (Oxford: Clarendon Press, 1988).
Societa Italiana per L'Organizzazione Interenazionale, Opere di Dionisio Anzilotti, Volume I, (Padova: CEDAM, 1955).
Societa Italiana per L'Organizzazione Interenazionale, Opere di Dionisio Anzilotti, Volume II, Tomo 1, (Padova: CEDAM, 1956).
Societa Italiana per L'Organizzazione Interenazionale, Opere di Dionisio Anzilotti, Volume II, Tomo 2, (Padova: CEDAM, 1957).
Société française pour le droit international, La Responsabilité dans le système international, 348 p (Paris: A. Pedone, 1991).
Société française pour le droit international, La Codification du droit international, 344 p (Paris: A. Pedone, 1999).

Selected
Problems, [1995] 66 Brit. Y. B. Int'l L. 416-450 (1996).

Padelletti, Maria Luisa, Pluralità di stati nel fatto illecito internawionale, vii, 239 p (Milano: Giuffrè, 1990).

Pellet, Alain, Can a State Commit a Crime? Definitly, Yes!, 10 European J. Int'l L. 425-434 (1999).

Pollock F., & F. W. Maitland, The History of English Law, vol. I, cviii, 688 p (Cambridge: Cambridge University Press, 2nd ed., reissued by S. F. C. Milsom, 1968).

Potter, Pitman B., International Legislation on the Treatment of Foreigners, 24 Am. J. Int'l L. 748-751 (1930).

Przetacznik, Franciszek, La responsabilité internationale de l'Etat a raison des préjudices de caractère moral et politique causé a un autre Etat, 78 R.G.D.I.P. 917-974 (1974).

Pufendorf, Baron de, Les Devoirs de l'homme, et du citoien, Tels qu'ils lui font prefcrits par la Loi Naturelle, xlix, (3), 523 p (Amsterdam: Veuve de P. de Coup, & G. Kuyper, traduction par Jean Barbeyrac, 1735).

Pufendorf, Le Baron de, Les Droit de la nature et des gens, ou systeme general des principes les plus inportants de la morale, de la jurisprudence, et de la politque, tome 1, cxxxi, (4), 613 p, tome 2, (3), 506, (30), 28 p (Amsterdam: Pierre de Coup, traduction par Jean Barbeyrac, 1712).

Ramcharan, B. G., State Responsibility for Violations of Human Rights Treaties, Contemporary Problems of International Law: Essays in Honour of Georg Schwarzenberger on His Eightieth Birthday, 242-261 (London: Stevens, Bin Cheng and E. D. Brown ed., 1988).

Reeves, Jesse S., The Hague Conference on the Codification of International Law, 24 Am. J. Int'l L. 52-57 (1930).

Reitzer, Ladislas, La Réparation comme conséquence de l'acte illicite en Droit international, 239 p (Paris: Sirey, 1938).

Reisman, W. Michael, Reflections on State Responsibility for Violations of Explicit Protectrate, Mandate, and Trusteeship Obligations, 10 Mich. J. Int'l L. 231-240 (1989).

Reisman, W. Michael, and Robert D. Sloane, The Incident at Cavalese and Strategic Compensation, 94 Am. J. Int'l L. 505-515 (2000).

Ress, G., Guarantee and Guarantee Treaties, 8 Encyclopedia of Public International Law 109-120 (R. Bernhardt ed., 1984).

Reuter, Paul, Le dommage comme condition de la responsabilité international, 2 Estudios de Derecho Internacional; Homenaje al Profesor Miaja de la Muela, 837-846 (Madrid: Editorial Tecnos, 1979).

Reuter, Paul, Droit international public, 595 p (Paris: PUF, 7e éd., 1993).

Reuter, Paul, Le dévlopment de l'ordre juridique international, vii, 643 pp (Paris: Economia, 1995).

Riedel, Eibe, Damages, 10 Encyclopedia of Public International Law 68-73 (R. Bernhardt ed., 1987).

Riedel, Eibe, Satisfaction, 10 Encyclopedia of Public International Law 383-384 (R. Bernhardt ed., 1987).

Ritter, Jean-Pierre, Subrogation de l'assureur et protection diplomatique, 65 R.G.D.I.P. 765-802 (1961).

Ritter, Jean-Pierre, L'Affaire des essais nucléaires et la notion de jugement déclaratoire, 21 Annuaire français de droit international 278-293 (1975).

Kuhn, Arther K., The International Conference on the Treatment of Foreigners, 24 Am. J. Int'l L. 570-573 (1930).

de La Pradelle, A., Faculté de droit de Paris, Cours de M. le Professeur A. de Geouffre de La Pradelle, Novembre 1931 - Mai 1932, Partie générale, 24 p, 22 p, 27 p, 26 p, 16 p, 16 p, 15 p, 19 p, 16 p, 24 p, 46 p, 54 p (Paris: Les Editions internationales, 1932).

Lauterpacht, Hersch, Private Law Sources and Analogies of International Law, xxiv, 326 p (London: Longmans, 1927).

Lauterpacht, Hersch, The Development of International Law by the International Court, xix, 408 p (London: Stevens, 1958).

Lévy, Denis, La responsabilité pour omission et la responsabilité pour risque en droit international public, 65 R.G.D.I.P. 744-764 (1961).

Lowe, Vaughan, Precluding Wrongfulness or Responsibility: A Plea for Excuses, 10 European J. Int'l L. 405-411 (1999).

Mann, F. A., The Consequences of an International Wrong in International and National Law, [1976-77] 48 Brit. Y. B. Int'l L. 1-65 (1978).

Martens, F. de, Traité de droit international, iv, 567 p (Paris: Marescq, traduit du russe par A. Léo, 1883).

Maurtua, Victor M. and J. B. Scott, Responsibility of States for Damage Caused in their Territory to the Person or Property of Foreigners, A Statement of the Principles which Should Govern the Codification of International Law on the Subjects, v, 67 pp (N. Y.: Oxford University Press, 1930).

von Mehrenn, Robert B., and P. Nicholas Kourides, International Arbitration Between States and Private Parties: The Libyan Nationalization Cases, 75 Am. J. Int'l L. 476-552 (1981).

Meron, Theodor, International Responsibility of States for Unauthorized Acts of Their Officials, 33 Brit. Y. B. Int'l L. 85-114 (1958).

Migliorino, Luigi, Sur la déclaration d'illiceité comme forme de satisfaction: A propos de la sentence du 30 avril 1990 dans l'affaire du Rainbow Warrior, R.G.D.I.P. 61-74 (1992).

Miller, Hunter, The Hague Codification Conference, 24 Am. J. Int'l L. 674-693 (1930).

Morelli, Gaetano, Nozioni di diritto internazionale, xv, (3), 375 p (Padova: CEDAM, quinta ed., 1958).

Nagy, Karoly, The Problem of Reparation in International Law, 3 Questions of International Law 173-190 (1986).

Nguyen Quoc Dinh, Droit international public, 1455 pp (Paris: L.G.D.J., 6e éd., par P. Daillier & A. Pellet, 1999).

Nys, Ernest, Les Theories politiques et le droit internatinal en France jusqu'au XVIIIe siécle, 204 p (Paris: A. Fontemoing, Deuxiéme éd., 1899).

Oppenheim, Lassa Francis Lawrence, International Law, vol. 2, li, 782 p (London: Longmans, 5th ed., by H. Lauterpacht, 1935).

Oppenheim, Lassa Francis Lawrence, International Law, vol. 2, liii, 941 p (London: Longmans, 7th ed., by H. Lauterpacht, 1952).

Oppenheim, Lassa Francis Lawrence, International Law, vol. 1, lvi, 1072 p (London: longmans, 8th ed., by H. Lauterpacht, 1955).

Oppenheim, Lassa Francis Lawrence, International Law, vol. 1, introduction and part 1, lxxxvi, 554 p, 33 p (London: Longman, Robert Jennings & Arther Watts, eds., 9th ed. 1992) .

Pauwelyn, Joost, The Concept of a "Continuing Violation" of an International Obligation.

1954).
Haanappel, Peter P. C., Some Observations on the Crash of Cosmos 954, 6 J. Space L. 147-149 (1978).
Hackworth, Green Haywood, Responsibility of States for Damages Caused in Their Territory to the Person or Property of Foreigners: the Hague Conference for the Codification of International Law, 24 Am. J. Int'l L. 500-516 (1930).
Hackworth, Green Haywood, 2 Digest of International Law, v, 829 p (Washington D. C.: U. S. Government Printing Office, 1941).
Hackworth, Green Haywood, 5 Digest of International Law, v, 851 p (Washington D. C.: U. S. Government Printing Office, 1943).
Harvard Law School, Convention on the International Responsibility of States for Injuries to Aliens, Preliminary Draft with Explanatory Notes, 153 p (May 1, 1959).
Hauriou, André, Les dommages indirects dans les arbitrages intenationaux, 31 R.G.D.I.P. 203-231 (1924).
Hoffman, Kenneth B., State Liability in International Law and Transboundary Pollution Injuries, 25 Int'l Comp. L. Q. 509-542 (1976).
Heffter, August Wilhelm, Le droit international public de l'Europe, xii, 491 p (Berlin: Schroeder, traduit sur la 3 edition de l'original allemand par Jules Bergson, 1857).
Higgins, Rosalyn, Problems and Process: International Law and How We Use It, xxvii, 274 p (Oxford: Clarendon Press, 1994).
Holdsworth, W. S., A History of English Law, vol. IX, xxxii, 457 p (London: Methuen, 1926).
Hudson, Manley O., Editorial Comment, 22 Am. J. Int'l L. 151-152 (1928).
Hudson, Manley O., The First Conference for the Codification of International Law, 24 Am. J. Int'l L. 367-369 (1930).
Hudson, Manley O., The First Conference for the Codification of International Law, 24 Am. J. Int'l L. 447-466 (1930).
Hurwitz, Bruce A., State Liability for Outer Space Activities in Accordance with the 1972 Convention on International Liability for Damage caused by Space Objects, xiii, 245 p (Dordrecht: Nijhoff, 1992).
Hyde, Charles Cheney, The Adjustment of the I'M ALONE Case, 29 Am. J. Int'l L. 296-301 (1935).
International Law Association, French Branch, Projets et rapports de la commission de codification du droit international, 18 p (Paris: 1926).
Jenks, C. W., Space Law (1965).
Jorgensen, Nina H. B., A Reappraisal of Punitive Damages in International Law, [1997] 68 Brit. Y. B. Int'l L. 247-266 (1998).
Kalshoven, Frits, Constraints on the Waging of War, xiii, 175 p (Geneva: International Committee of the Red Cross, 2nd ed., 1991).
Kalshoven, Frits, State Responsibility for Warlike Acts of the Armed Forces, 40 Int'l Comp. L. Q. 827-858 (1991).
Kelsen, Hans, General Theory of Law and State, xxxiii, 516 p (Cambridge, Mass.: Harvard University Press, 1945).
The Kokusaiho Gakkwai (The International Law Association of Japan) and the Japanese Branch of the International Law Association, Draft Code of International Law adopted by the Kokusaiho Gakkwai (The International Law Association of Japan) and the Japanese Branch of the International Law Association, (iii), 29 p (1926).

Freeman, Alwyn V., The International Responsibility of States for Denial of Justice, xix, 758 p (London: Longmans, 1938).
Freeman, Alwyn V., Responsibility of States for Unlawful Acts of Their Armed Forces, [1955-II] 88 Recueil des cours 263-416 (1956).
Forkosch, Morris D., Outer Space and Legal Liability, xvi, 290 p (The Hague: Nijhoff, 1982).
François, J.-P.-A., Règles générales du droit de la paix, [1938-IV] 66 Recueil des cours 1-294 (1938).
Gaja, Giorgio, Jus Cogens beyond the Vienne Convention, [1981-III] 172 Recueil des cours, 271-316 (1982) .
Gaja, Giorgio, Positivism and Dualism in Dionisio Anzilotti, 3 European J. Int'l L 123-138 (1992).
Gaja, Giorgio, Should All References to International Crimes Disappear from the ILC Draft Articles on State Responsibility?, 10 European J. Int'l L. 365-370 (1999).
Garcia-Amador, F. V., Some Responsibility Some New Problems, [1958-II] 94 Recueil des cours 365-489 (1959).
Garcia-Amador, F. V., Louis B. Sohn, & R. R. Baxter, Recent Codification of the Law of State Responsibility for Injuries to Aliens, xvi, 402 p (Leiden: Sijthoff, 1974).
Gattini, Andrea, La notion de faute à lumière du projet de convention de la Commossion du Droit International sur la responsabilité internationale, 3 European J. Int'l L. 253-284 (1992).
Gattini, Andrea, Smoking/No Smoking: Some Remarks on the Current Place of Fault in the ILC Draft Articles on State Responsibility, 10 European J. Int'l L. 397-404 (1999).
Ghandhi, Exemplary Damages in the English Law of Tort, 10 Legal Studies 182-190 (1990).
Goldie, L. F. E., Liability for Damage and the Progressive Development of International Law, 14 Int'l Comp. L.Q. 1189-1264 (1965).
Gómez Robledo, A., Le ius cogens international: sa genèse, sa nature, sa fonctions, [1981-III] 172 Recueil des cours 9-217 (1982).
Gorove, Stephen, Cosmos 954: Issues of law and Policy, 6 J. Space L. 137-149 (1978).
Gounelle, Max, Quelques remarques sur la notion de « Crime International » et sur l'evolution de la responsabilité internationale de l'Etat, Mélanges offerts à Paul Reuter 315-326 (Paris: Pedone, 1981).
Gowlland-Debbas, Vera, Collective Responses to Illegal Acts in International Law, 753 p (Dordrecht: Nijhoff, 1990).
Gray, Christine D., Judicial Remedies in International Law, xix, 247pp (Oxford: Clarendon Press, 1990).
Gray, Christine, The Choice between Restitution and Compensation, 10 European J. Int'l L. 413-423 (1999).
Greenwood, Christopher, The Relationship between *ius ad bellum and ius in bello*, 9 Review of International Studies 221-234 (1983).
Gross, Leo, Limitations upon the judicial function, 58 Am. J. Int'l L. 415-431 (1964).
Grotius, Hugues, Le Droit de la guerre et de la paix, tome 1, 4 p, xlv, 3 p, 518 p, tome 2, 480 p, 39 p (Basle: Emanuel Thourneisen, nouvelle traduction par Jean Barbeyrac, 1746).
Guerrero, J. Gustav, La codification du droit international, 232 p (Paris: Pedone, 1930).
Güggenheim, Paul, Traité de droit international public, tome 1, xxvii, 592 p, (Genève: Georg, 1953).
Güggenheim, Paul, Traité de droit international public, tome 2, xv, 592 p (Genève: Georg,

Obligations, 10 European J. Int'l L. 353-363 (1999).
Dumas, Jacques, Responsabilité internationale des Etats a raison de crimes ou de délits commis sur leur territoire au préjudice d'étrangers, xvii, 477 p (Paris: Recueil Sirey, 1930).
Dunn, Frederick Sherwood, The Protection of Nationals: A Study in the Application of International Law, viii, 228 p (Baltimore: Johns Hopkins Press, 1932).
Dupuy, Pierre-Marie, La Responsabilité internationale des Etats pour les dommages d'origine technologique et industrielle, 309 p (Paris: Pedone, 1976).
Dupuy, Pierre-Marie, Action publique et crime international de l'Etat: à propos de l'article 19 du projet de la Commission du droit international sur la responsabilité des Etats, 25 Annuaire français de droit international 539-554 (1979).
Dupuy, Pierre-Marie, Observations sur le crime international de l'Etat, 84 R.G.D.I.P. 449-486 (1980).
Dupuy, Pierre-Marie, Observations sur la pratique récente des "sanctions" de l'illicite, 87 R.G.D.I.P. 505-548 (1983).
Dupuy, Pierre-Marie, The International Law of State Responsibility: Revolution or Evolution?, 11 Mich. J. Int'l L. 105-128 (1989).
Dupuy, Pierre-Marie, Dionisio Anzilotti and the Law of International Responsibility of States, 3 European J. Int'l L 139-148 (1992).
Dupuy, Pierre-Marie, Droit international public, xxix, 553 p (Paris: Dalloz, 2e éd., 1993).
Dupuy, Pierre-Marie, Reviewing the Difficulties of Codification: On Ago's Classification of Obligations of Means and Obligations of Result in Relation to State Responsibility, 10 European J. Int'l L. 371-385 (1999).
Dupuy, Pierre-Marie, Droit international public, xxix, 731 p (Paris: Dalloz, 5e éd., 2000).
Dupuy, René-Jean, et Daniel Vignes, Traité du Nuveau Droit de la Mer, xxi, 1447 p (Paris: Economica, 1985)
Eagleton, Clyde, The Responsibility of States in International Law, xxiv, 291 p (New York: New York Univ. Press, 1928).
Eagleton, Clyde, Denial of Justice in International Law, 22 Am. J. Int'l L. 538-559 (1928).
Eagleton, Clyde, Measure of Damages in International Law, 39 Yale L. J. 52-75 (1929-1930).
Eagleton, Clyde, International Organization and the Law of Responsibility, [1950-I] 76 Recueil des cours 319-424 (1951).
Eagleton, Clyde, International Government, xxi, 665 p (N.Y.: Ronald Press, 3rd ed., 1957).
Fachiri, Alexander P., The Permanent Court of International Justice, (iii), 416 p (London: Oxford U.P., 2nd ed., 1932).
Fawcett, J. E. S., Outer Space, vi, 169 p (Oxford: Clarendon, 1984).
Feller, A. H., The Mexican Claims Commissions 1923-1934, xxi, 572 p (N.Y.: Macmillan, 1935).
Fiore, Pasquale, International Law Codified and Its Legal Sanction or the Legal Organization of the Society of States, xix, 750pp (New York: Baker, Voorhis & co., translated from the Fifth Edition with an Introduction by E. M. Borchard, 1918).
Fitzmaurice, Gerald, The Case of the I'm alone,17 Brit.Y. B. Int'l L. 82-111 (1936).
Foignet, René, Manuel élémentaire de droit international public, (3), 430pp, xxvii (Paris: Arthur Rousseau, 8e éd., 1913).
Forkosch, Morris D., Outer Space and Legal Liability, xvi, 290 p (The Hague: Nijhoff, 1982).
Foster, W. F., The Convention on International Liability for Damage Caused by Space Objects, 10 Canadian Y. B. Int'l L. 137-185 (1972).

Carlebach, Alexandre, Le problème de la faute et sa place dans la norme du droit international, 131 p (Paris: L. G. D. J., 1962).
Carreau, Dominique, Droit international, xxix, 649 p (Paris: Pedone, 4e éd., 1994).
Cavaglieri, Arrigo, Règles générales du droit de la paix, [1929-I] 26 Recueil des cours 315-585 (1930).
Charney, Jonathan I., Third State Remedies in International Law, 10 Mich. J. Int'l L. 57-101 (1989).
Chinkin, Christine, A Critique of the Public/Private Dimension, 10 European J. Int'l L. 387-395 (1999).
Christol, Carl Quimby, International Liability for Damage Caused by Space Objects, 74 Am. J. Int'l L. 346-371 (1980)
Christol, Carl Quimby, The Modern International Law of Outer Space, xiii, 932 p (New York: Pergamon Press, 1982).
Combacau, Jean et Serge Sur, Droit international public, xxvi, 801 p (Paris: Montchrestien, 4e éd, 1999).
Conforti, Benedetto, Diritto internazionale, xviii, 430 p (Napoli: Editoriale Scientifica, 4a ed., 1992).
Courteix, Simone, La méthode du consensus dans l'élabolation du droit de l'espace, Mélanges offerts a Charles Chaumont 223-240 (Paris: Pedone, 1984).
Crawford, James, Revising the Draft Articles on State Responsibility, 10 European J. Int'l L. 435-460 (1999).
Crawford, James, Pierre Bodeau & Jacqueline Peel, The ILC's Draft Articles on State Responsibility: Toward Completion of a Second Reading, 94 Am. J. Int'l L. 660-674 (2000).
Crawford, James, Pierre Bodeau et Jacqueline Peel, La Seconde lecture du projet d'articles sur la responsabilité des Etats de la Commission de Droit International, 104 R.G.D.I.P. 911-938 (2000).
Davidson, J. Scott, The Rainbow Warior Arbitration Concerning the Treatment of the French Agents Mafart and Prieur, 40 Int'l Com. L. Q. 446-457 (1991).
Dawson, Frank Griffith and Ivan L. Head, International Law National Tribunals and the Rights of Aliens, xvi, 334 p (Syracuse U.P., 1971).
Decaux, Emmanuel, Droit international public, vi, 230 p (Paris: Dalloz, 1997).
Deleau, Olivier, La Convention sur la responsabilité internationale pour les dommages causés par des objets spatiaux, 17 Annuaire français de droit international 876-888 (1971).
Dhokalia, R.P., The Codification of Public International Law xvi, 367 p (Manchester: Manchester University Press, 1970).
Diederiks-Verschoor, I. H. Ph., Similarities with and Differences between Air and Space Law primarily in the Field of Private International Law, [1981-III] 172 Recueil des cours 317-423 (1982).
Dinstein, Yoram, War, Aggression and Self-Defence, xxx, 292 p (Cambridge: Grotius Publications, 1988).
Dipla, Haritini, La Responsabilite de l'Etat pour violation des droits de l'homme, 116 p (Paris: Pedone, 1994).
Dominicé, Christian, La satisfaction en droit des gens, in Mélanges Georges Perrin, 91-121 (Lausanne: Payot, éd. par Bernard Dutoit & Etienne Grisel,1984).
Dominicé, Christian, The International Responsibility of States for Breach of Multilateral

Bin Cheng, International Liability for Damage caused by Space Objects, 1 Manual on Space Law 83-172 (N.Y.: Oceana, N. Jasentuliyana & R. S. K. Lee, ed., 1979).

Bissonnette, Pierre André, La Satisfaction comme mode de réparation en droit international, vii, 185 p (Genève: 1952) .

Bluntschli, Johann Caspar, Le Droit international codifié, xxx, 536 p (Paris: Guillaumin, traduit de l'allemand par M.C. Lardy, 2e éd., 1874).

Bogaert, E. R. C. van, Aspects of Space Law, ix, 307 p (Deventer: Kluwer, 1986).

Bonde, Amédée, Traité élémentaire de droit international public, iii, 566 p (Paris: Dalloz, 1926).

Bollecker-Stern, Brigitte, Le Préjudice dans la théorie de la responsabilité internationale, 328 p (Paris: Pedone, 1973).

Borchard, Edwin M., The Diplomatic Protection of Citizens Abroad, xxxvii, 988 p (N. Y.: Banks Law Publishing, 1916).

Borchard, Edwin M., Les principes de la protection diplomatique des nationaux à l'étranger, 3 Bibliotheca Visseriana, 1-52 (1924).

Borchard, Edwin M., Important Decisions of the Mixed Claims Commission, United States and Mexico, 21 Am. J. Int'l L. 516-522 (1927).

Borchard, Edwin M., Theoretical Aspects of the International Responsibility of States, 1 Zeitschrift für ausländisches öffentliches Recht und Völkerrecht 223-250 (1929).

Borchard, Edwin M., "Responsibility of States," at the Hague Codification Conference, 24 Am. J. Int'l L. 517-540 (1930).

Borchard, Edwin M., La responsabilité des Etates à la Conférence de codification de la Haye, 12 Revue de droit international et de législation comparée, 3rd series, 37-60 (1931).

Borchard, Edwin M., Declaratory judgments in international law, 29 Am. J. Int'l L. 488-492 (1935).

Bosco, Joseph A., Liability of the United States Government for Outer Space Activities which result in Injuries, Damages or Death according to United States National Law, 51 J. Air L. Commerce 809-895 (1986).

Bowett, Derek William, Crimes of States and the 1996 Report of the International Law Commission on State Responsibility, 9 European J. Int'l L. 163-174 (1998).

Boyle, Alan E., State Responsibility and International Liability for Injurious Consequences of Acts Not Prohibited by International Law: A Necessary Distinction?, 39 Int'l & Comp. L. Q. 1-26 (1990).

Brierly, J.L., The Theory of Implied State Complicity in International Claims, 9 Brit.Y. B. Int'l L. 42-49 (1928).

Briggs, Herbert W., The Law of Nations, xxvii, 1108 p (New York: Appleton-Century-Crofts, 2nd., 1952).

Brownlie, Ian, System of the Law of Nations: State Responsibility Part I, xvi, 302 p (Oxford: Clarendon Press, 1983).

Brownlie, Ian, Principles of Public International Law, xlviii, 748 p (Oxford: Clarendon, 4th ed., 1990).

Brownlie, Ian, Principles of Public International Law, xlviii, 743 p (Oxford: Clarendon, 5th ed., 1998).

Brück, Otto, Les sanctions en droit international public, 284 p (Paris: Pedone, 1933).

Burke, Joseph A., Convention on International Liability for Damage caused by Space Objects: Definition and Determonation of Damage after the Cosmos 954 Incident, 8 Fordam Int'l l. J. 255-285 (1984-1985).

参考文献

外国語文献

Abi-Saab, Georges, Cours général de droit international public, [1987-VII] 207 Recueil des cours 8-463 (1996).

Abi-Saab, Georges, The Use of Article 19, 10 European J. Int'l L. 339-351 (1999).

Ago, Roberto, Le Délit international, [1938-II] 68 Recueil des cours 419-554 (1939).

Ago, Roberto, La colpa nell'illecito internazionale, Scritti giuridici in onore di Santi Romano, vol. III, 175-206 (Padova: Cedam, 1940).

Alland, Denis et al., Droit international public, 807 p (Paris: PUF, 2000).

Allott, Philip, State Responsibility and the Unmaking of International Law, 29 Harv. Int'l L. J. 1-26 (1988).

Amerasinghe, C. F., Liability to Third Parties of Member States of International Organizations: Practice, Principle and Judicial Precedent, 85 Am. J. Int'l L. 259-280 (1991).

Anzilotti, Dionisio, Teoria generale della responsabilita dello stato nel diritto internationale, vii, 187 p (Firenze: F. Lumachi, 1902).

Anzilotti, Dionisio, La responsabilite internationale des etats a raison des dommages soufferts par des etrangers, 13 R.G.D.I.P. 5-29, 285-309 (1906).

Anzilotti, Dionisio, Corso di Dirrito Internazionale, 319 p (Roma: Athenaeum, 1912).

Anzilotti, Dionisio, Corso di Dirrito Internazionale, Volume Terzo, 378 p (Roma: Athenaeum, 1915).

Anzilotti, Dionisio, Principi di Dirrito Internazionale, 112 p (Roma: Athenaeum, 1919).

Anzilotti, Dionisio, Corso di Dirrito Internazionale, 183 p (Roma: Athenaeum, 1923).

Anzilotti, Dionisio, Corso di Dirrito Internazionale, viii, 475 p (Roma: Athenaeum, 1928).

Anzilotti, Dionisio, Cours de droit international, xii, 536 p (Paris: Sirey, traduction francaise par Gilbert Gidel, 1929).

Anzilotti, Dionisio, Lehrbuch des Völkerrechts, xii, 429 p (Berlin und Leipzig; Walter de Gruyter, von C. Bruns u. K. Schmid, 1929).

Baker, J. H., An Introduction to English Legal History, xlix, 673 p (London: Butterworth, 3rd ed., 1990).

von Bar, L., De la responsabilité des Etats à raison des dommages soufferts par des étrangers en cas de troubles, d'émeuté ou de guerre civile, 1 Revue de droit international et de législation comparée, 2éme sèrie 464-481 (1899).

Bin Cheng, United Nations Resolution on Outer Space: "Instant" International Customary Law?, 5 Indian J. Int'l L. 23-48 (1965).

Bin Cheng, The 1967 Space Treaty, 95 Journal du Droit International 532-645 (1968).

or returns without authorization after leaving the territory, he may be deported by force besides being subject to arrest and punishment.

Article 9. A State has no right to refuse to admit its own subject or citizen who has been expelled from its territory of another State.

The same principle shall apply even in case the person expelled has lost his former nationality if he has not yet acquired another nationality.

Article 10. In all that relates to the admission of aliens, their treament, expulsion and any other matter provided for in these Rules, no State shall have the right to establish any discrimination either directly or indirectly on the sole ground that an alien is of a certain nationality or belongs to a certain race.

Article 11. These Rules are applicable only to the intercourse of civilized Nations.

In the absence of a specific treaty, a State which has not yet openes its interior to aliens is not entitled to claim in favour of its subjects or citizens any of the rights privided for in these Rules.

Article 4. In case a State is deemed responsible in accordance with the present Rules it shall make apology, restitution, or reparation or offer guarantees for the prevention of any recurrence of a similar act or omission complained of.

Article 5. A State can not evade the responsibility established by the present Rules for reasons of its own constitutional law or practice.

VIII. Rules concerning the Treatment of Aliens, Their Admission and Their Expulsion by a State.

Article 1. A State cannot, without reasonable cause, refuse the admission of aliens to its territory.

Article 2. A State shall, with regard to residence, stay, travel and occupation, accord to aliens a treatment which is, in principle, as favorable as that accorded to its own subjects or citizens, provided they observe the territorial laws and regulations.

Article 3. A State shall give due protection to aliens within its territory in their life, person and property, irrspective of the existence or non-existence of treaty provisions to that effect.

Vested property rights of aliens which are duly acquired in accordance with the territorial laws shall be respected.

Article 4. With regard to the enjoyment and the exercise of private rights as well as free access to the courts of law, a State shall accord to aliens within its territory, a treatment which is, in principle, as favorable as that accorded to its own subjects or citizens.

Article 5. A State cannot impose upon aliens compulsory military service nor any contributions or other pecuniary burdens levied as a substitute for the same.

Article 6. A State cannot, except for grave cause, prevent an alien from leaving its territory, provided he has fulfilled his local obligations.
A State cannot prevent an alien on leaving the State from taking all his movable property away with him.

Article 7. With regard to residence, stay, travel, occupation, departure, and succession of aliens, and with regard to the exportation of their property, a State cannot directly or indirectly make the more fact of their alienage pretext for the imposition upon them of any taxes, imposts or contributions or any confiscation of their property.

Article 8. A State may expel an alien for reasonable cause.

The State of which the individual expelled is a subject or a citizen is entitled to demand of the expelling State through the diplomatic channel a statement of the reasons for which the expulsion was made.

The expelling State shall, except in case of urgent necessity, grant to an alien under an order of expulsion a reasonable time to wind up his business and to dispose of his property.

In case an alien under an order of expulsion refuses to leave the territory voluntarily

Art. 12. - Aucune demande de réparation ne peut être introduite de la part de l'Etat aussi longtemps que l'individu lésé dispose de voies de recours efficaces et suffisantes pour faire jouir du traitement qui lui est dû.

Aucune demande de réparation ne peut non plus avoir lieu, si l'Etat responsable met à la disposition de l'individu lésé une voie de procédure efficace pour obtenir le dédommagement correspondant.

Voeu final. - L'Institut émet le voeu que par des conventions internationales, là ou il n'en existe pas encore, les Etats s'engagent par avance à soumettre tous différends concernant la responsabilité internationale de l'Etat résultant des dommages causés sur leur territoire à la personne et aux biens des étrangers, d'abord à une commission internationale d'enquête, si cela est nécessaire pour l'exament des faits ; ensuite à une procédure de conciliation ; enfin, si elle ne peut aboutir, à une procédure judiciaire devant la Cour Permanente d'Arbitrage, à la Cour Per,anente de Justice Internationale pour une solution définitive.

L'Institut émet aussi le voeu que les Etats s'abstiennent de toute mesure coercitive avant d'avoir eu recours aux moyens qui précèdent.

1926年日本国際法学会・国際法協会日本支部議定案

Draft code of international law, adopted by the Kokusaiho Gakkwai (the international law association of Japan) and the Japanese branch of the International law association. May 1926.

II. Rules concerning Responsibility of a State in Relation to the Life, Person and Property of Aliens.

Article 1. A State is responsible for injuries suffered by aliens within its territories, in life, person or property through wilful act, default or negligence of the official authorities in the discharge of their official functions, if such act, default or negligence constitutes a violation of international duty resting upon the State to which the said authorities belong.

Article 2. If, in the case of an injury sustained by an alien either in life, person or property through an act or omission on the part of a private individual, the State within which the injury occured has unlawfully refused or neglected to give proper judicial remedies, the State to which the injured alien belongs may demand redress by diplomatic means.

The same rule shall apply in the case of an injury sustained by an alien through an act done by an official outside his official functions.

Article 3. If in time of an insurrection or mob violence an alien has been made the object of injury in life, person or property for the reason that he was an alien or was of a particular nationality, the State within whose territory the injury occured cannot disclaim responsibility for the occurrence.

Art. 7. - L'Etat n'est responsable des dommages causés en cas d'attroupement, d'emeute, d'insurection ou de guerre civile, que s'il n'a pas cherché à prévenir les actes domageables avec la diligence qu'il convient d'apporter normalment dans les mêmes circonstances, ou s'il n'a pas réagi avec la même diligence contre ces actes, ou s'il n'applique pas aux étrangers les mêmes mesures de protection qu'aux nationaux. Il est notamment obligé de mettre les étrangers au bénéfice des mêmes indemnités que ses nationaux, au regard des communes ou autres personnes. La responsabilité de l'Etat, en raison d'actes commis par des insurgés, cesse lorsqu'il a reconnu ces derniers comme partie belligérante et en tout cas à l'égard des Etats qui les ont reconnus comme tels.

Est réservée la question de savoir dans quelle mesure un Etat est responsable des actes des insurgés, même reconnus comme partie belligérante, au cas ou ceux-ci sont devenus le gouvernement du pays.

Art. 8. - Les principes exposés aux articles 3 et 4 régissent aussi l'obligation internatonale qui incombe à l'Etat de garantir les droits que les étrangers ont à son égard en vertu de son Droit interne.

Art. 9. - L'Etat fédéral est responsable de la manière d'agir des Etats particuliers, non seulement si elle est contraire à ses propres obligations internationales, mais encore si elle l'est aux obligations internationales qui incomberaient à ces Etats. Il ne peut invoquer pour se soustraire à cette responsabilité le fait que sa constitution ne lui donne ni le droit de contrôle sur les Etats particuliers, ni le droit d'exiger d'eux qu'ils satisfassent à leurs obligations.

De même l'Etat protecteur est responsable de la manière d'agir de l'Etat protégé, en tant que ce dernier est tenu d'exécuter les obligations internationales de l'Etat protecteur, ou en tant que celui-ci représente l'Etat protégé vis-à-vis des Etats tiers lésés par lui et usant de la faculté de faire valoir leurs réclamations.

Art. 10. - La responsabilité de l'Etat comprend la réparation des dommages soufferts en tant qu'ils se présentent comme la conséquence de l'inobservation de l'obligation internationale. Elle comprend de plus, s'il y a lieu, selon les circonstances et d'après les principes généraux du Droit des gens, une satisfaction à donner à l'Etat qui a été lésé dans la personne de ses ressortissants, sous la forme d'excuses plus ou moins solennelles et, dans le cas appropriés, par la punition diciplinaire ou autre, des coupables.

Art. 11. - Le dédommagement comprend, s'il y a lieu, une indemnité pour les personnes lésées, à titre de réparation des souffrances morales qu'elles ont éprouvées.

Lorsque la responsabilité de l'Etat résulte uniquement du fait qu'il n'a pas pris les mesures requises après l'accomplissement de l'acte dommageable, il n'est tenu qu'à la réparation du dommage résultant de l'omission totale ou partielle de ces mesures.

L'Etat responsable de la conduite d'autres Etats est tenu de faire exécuter, par eux, s'il est dans l'impossibilité de la faire, il est tenu d'accorder une compensation équivalente.

En principe, l'indemnité à accorder doit être mise à la disposition de l'Etat lésé.

Sont réservées, les questions relatives à l'évaluation des dommages-intérêts et aux rapports des personnes lésées avec leur Etat et avec l'Etat contre lequel la réclamation a été formée.

1927 年万国国際法学会第 31 会期決議

Résolutions votées par l'Institut de Droit International au cours de sa trente et unième session.

L'Institut de Droit international émet le voeu de voir consacrer dans la pratique du Droit des gens l'ensemble de règles suivantes concernant la responsabilité internationale des Etats en raison des dommages causés sur leur territoire, alors qu'il y a paix entre eux, à la personne ou aux biens des étrangers.

Article premiere. - L'Etat est responsable des dommages qu'il cause aux étrangers par toute action ou ommission contraire à ses obligations internationales, quelle que soit l'autorité de l'Etat dont elle procède : constituante, legislative, gouvernementale ou judiciare.

Cette responsabilité de l'Etat existe soit que les organes aient agis conformément, soit qu'ils aient agi contrairement à la loi ou à l'ordre d'une autorité superieure.

Elle existe également lorsque ses organes agissent en dehors de leur compétence, en se couvrant de leur qualité d'organes de l'Etat et en se servant des moyens mis à ce titre à leur disposition.

Cette responsabilité de l'Etat n'existe pas si l'inobservation de l'obligation n'est pas la coséquance d'une faute des ses organes, à moins que dans le cas dont il s'agit, une règle conventionnelle ou coutumière, speciale à la matière, n'admette la responsabilité sans faute.

Art. 2. - L'Etat est responsable du fait des collectivités qui exercent sur son territoire des fonctions publiques.

Art. 3. - L'Etat n'est responsable, en ce qui concerne les faits dommageables, commis par des particuliers, que lorsque le dommage résulte du fait qu'il aurait omis de prendre les mesures auxquelles, d'après les circonstances, il convenait normalement de recourir pour prévenir ou réprimer de tels faits.

Art. 4. - Réserve de faite des cas où le Droit international appellerait un traitment de l'Etranger préférable à celui du national, l'Etat doit appliquer aux étrangers; contre les faits dommageables émanant de particuliers, les mêmes mesures de protection qu'à ses nationaux. Les étrangers doivent, en conséquence, avoir au même droit que ceux-ci à obtenir des indemnités.

Art. 5. - L'Etat est responsable du chef de déni de justice :

1° Lorsque les tribunaux nécessaires pour assurer la protection des étrangers n'exist ou ne fonctionnent pas.

2° Lorsque les tribunaux ne sont pas accessibles aux étranger.

3° Lorsque les tribunaux n'offrent pas les garanties indispensables pour assurer une bonne justice.

Art. 6. - L'Etat est également responsable si la procédure ou le jugement constituent un manquement manifeste à la justice, notamment s'ils ont été inspirés par la malveillance à l'égard des étrangers comme tels ou comme ressortissants d'un Etat déterminé.

(b) The dispute is pending before a court or tribunal which has the authority to make decisions binding on the parties.

4. Paragraph 3 does not apply if the responsible State fails to implement the dispute settlement procedures in good faith.

Article 53 Termination of countermeasures

Countermeasures shall be terminated as soon as the responsible State has complied with its obligations under Part Two in relation to the internationally wrongful act.

Article 54 Measures taken by States other than an injured State

This Chapter does not prejudice the right of any State, entitled under article 48, paragraph 1 to invoke the responsibility of another State, to take lawful measures against that State to ensure cessation of the breach and reparation in the interests of the injured State or of the beneficiaries of the obligation breached.

PART FOUR GENERAL PROVISIONS

Article 55 *Lex specialis*

These articles do not apply where and to the extent that the conditions for the existence of an internationally wrongful act or the content or implementation of the international responsibility of a State are governed by special rules of international law.

Article 56 Questions of State responsibility not regulated by these articles

The applicable rules of international law continue to govern questions concerning the responsibility of a State for an internationally wrongful act to the extent that they are not regulated by these articles.

Article 57 Responsibility of an international organization

These articles are without prejudice to any question of the responsibility under international law of an international organization, or of any State for the conduct of an international organization.

Article 58 Individual responsibility

These articles are without prejudice to any question of the individual responsibility under international law of any person acting on behalf of a State.

Article 59 Charter of the United Nations

These articles are without prejudice to the Charter of the United Nations.

(b) Performance of the obligation of reparation in accordance with the preceding articles, in the interest of the injured State or of the beneficiaries of the obligation breached.

3. The requirements for the invocation of responsibility by an injured State under articles 43, 44 and 45 apply to an invocation of responsibility by a State entitled to do so under paragraph 1.

CHAPTER II Countermeasures

Article 49 Object and limits of countermeasures

1. An injured State may only take countermeasures against a State which is responsible for an internationally wrongful act in order to induce that State to comply with its obligations under Part Two.

2. Countermeasures are limited to the non-performance for the time being of international obligations of the State taking the measures towards the responsible State.

3. Countermeasures shall, as far as possible, be taken in such a way as to permit the resumption of performance of the obligations in question.

Article 50 Obligations not affected by countermeasures

1. Countermeasures shall not affect:

(a) The obligation to refrain from the threat or use of force as embodied in the Charter of the United Nations;

(b) Obligations for the protection of fundamental human rights;

(c) Obligations of a humanitarian character prohibiting reprisals;

(d) Other obligations under peremptory norms of general international law.

2. A State taking countermeasures is not relieved from fulfilling its obligations:

(a) Under any dispute settlement procedure applicable between it and the responsible State;

(b) To respect the inviolability of diplomatic or consular agents, premises, archives and documents.

Article 51 Proportionality

Countermeasures must be commensurate with the injury suffered, taking into account the gravity of the internationally wrongful act and the rights in question.

Article 52 Conditions relating to resort to countermeasures

1. Before taking countermeasures, an injured State shall:

(a) Call on the responsible State, in accordance with article 43, to fulfil its obligations under Part Two;

(b) Notify the responsible State of any decision to take countermeasures and offer to negotiate with that State.

2. Notwithstanding paragraph 1(b), the injured State may take such urgent countermeasures as are necessary to preserve its rights.

3. Countermeasures may not be taken, and if already taken must be suspended without undue delay if:

(a) The internationally wrongful act has ceased, and

obligation.

Article 43 Notice of claim by an injured State

1. An injured State which invokes the responsibility of another State shall give notice of its claim to that State.

2. The injured State may specify in particular:

(a) The conduct that the responsible State should take in order to cease the wrongful act, if it is continuing;

(b) What form reparation should take in accordance with the provisions of Part Two.

Article 44 Admissibility of claims

The responsibility of a State may not be invoked if:

(a) The claim is not brought in accordance with any applicable rule relating to the nationality of claims;

(b) The claim is one to which the rule of exhaustion of local remedies applies and any available and effective local remedy has not been exhausted.

Article 45 Loss of the right to invoke responsibility

The responsibility of a State may not be invoked if:

(a) The injured State has validly waived the claim;

(b) The injured State is to be considered as having, by reason of its conduct, validly acquiesced in the lapse of the claim.

Article 46 Plurality of injured States

Where several States are injured by the same internationally wrongful act, each injured State may separately invoke the responsibility of the State which has committed the internationally wrongful act.

Article 47 Plurality of responsible States

1. Where several States are responsible for the same internationally wrongful act, the responsibility of each State may be invoked in relation to that act.

2. Paragraph 1:

(a) Does not permit any injured State to recover, by way of compensation, more than the damage it has suffered;

(b) Is without prejudice to any right of recourse against the other responsible States.

Article 48 Invocation of responsibility by a State other than an injured State

1. Any State other than an injured State is entitled to invoke the responsibility of another State in accordance with paragraph 2 if:

(a) The obligation breached is owed to a group of States including that State, and is established for the protection of a collective interest of the group; or

(b) The obligation breached is owed to the international community as a whole.

2. Any State entitled to invoke responsibility under paragraph 1 may claim from the responsible State:

(a) Cessation of the internationally wrongful act, and assurances and guarantees of non-repetition in accordance with article 30; and

Article 38 Interest

1. Interest on any principal sum due under this Chapter shall be payable when necessary in order to ensure full reparation. The interest rate and mode of calculation shall be set so as to achieve that result.

2. Interest runs from the date when the principal sum should have been paid until the date the obligation to pay is fulfilled.

Article 39 Contribution to the injury

In the determination of reparation, account shall be taken of the contribution to the injury by wilful or negligent action or omission of the injured State or any person or entity in relation to whom reparation is sought.

CHAPTER III Serious breaches of obligations under peremptory norms of general international law

Article 40 Application of this Chapter

1. This Chapter applies to the international responsibility which is entailed by a serious breach by a State of an obligation arising under a peremptory norm of general international law.

2. A breach of such an obligation is serious if it involves a gross or systematic failure by the responsible State to fulfil the obligation.

Article 41 Particular consequences of a serious breach of an obligation under this Chapter

1. States shall cooperate to bring to an end through lawful means any serious breach within the meaning of article 40.

2. No State shall recognize as lawful a situation created by a serious breach within the meaning of article 40, nor render aid or assistance in maintaining that situation.

3. This article is without prejudice to the other consequences referred to in this Part and to such further consequences that a breach to which this Chapter applies may entail under international law.

PART THREE THE IMPLEMENTATION OF THE INTERNATIONAL RESPONSIBILITY OF A STATE

CHAPTER I Invocation of the responsibility of a State

Article 42 Invocation of responsibility by an injured State

A State is entitled as an injured State to invoke the responsibility of another State if the obligation breached is owed to:

(a) That State individually; or

(b) A group of States including that State, or the international community as a whole, and the breach of the obligation:

(i) Specially affects that State; or

(ii) Is of such a character as radically to change the position of all the other States to which the obligation is owed with respect to the further performance of the caused by the internationally wrongful act.

2. Injury includes any damage, whether material or moral, caused by the internationally wrongful act of a State.

Article 32 Irrelevance of internal law

The responsible State may not rely on the provisions of its internal law as justification for failure to comply with its obligations under this Part.

Article 33 Scope of international obligations set out in this Part

1. The obligations of the responsible State set out in this Part may be owed to another State, to several States, or to the international community as a whole, depending in particular on the character and content of the international obligation and on the circumstances of the breach.

2. This Part is without prejudice to any right, arising from the international responsibility of a State, which may accrue directly to any person or entity other than a State.

CHAPTER II Reparation for injury

Article 34 Forms of reparation

Full reparation for the injury caused by the internationally wrongful act shall take the form of restitution, compensation and satisfaction, either singly or in combination, in accordance with the provisions of this Chapter.

Article 35 Restitution

A State responsible for an internationally wrongful act is under an obligation to make restitution, that is, to re-establish the situation which existed before the wrongful act was committed, provided and to the extent that restitution:

(a) Is not materially impossible;

(b) Does not involve a burden out of all proportion to the benefit deriving from restitution instead of compensation.

Article 36 Compensation

1. The State responsible for an internationally wrongful act is under an obligation to compensate for the damage caused thereby, insofar as such damage is not made good by restitution.

2. The compensation shall cover any financially assessable damage including loss of profits insofar as it is established.

Article 37 Satisfaction

1. The State responsible for an internationally wrongful act is under an obligation to give satisfaction for the injury caused by that act insofar as it cannot be made good by restitution or compensation.

2. Satisfaction may consist in an acknowledgement of the breach, an expression of regret, a formal apology or another appropriate modality.

3. Satisfaction shall not be out of proportion to the injury and may not take a form humiliating to the responsible State.

Article 25 Necessity

1. Necessity may not be invoked by a State as a ground for precluding the wrongfulness of an act not in conformity with an international obligation of that State unless the act:

(a) Is the only way for the State to safeguard an essential interest against a grave and imminent peril; and

(b) Does not seriously impair an essential interest of the State or States towards which the obligation exists, or of the international community as a whole.

2. In any case, necessity may not be invoked by a State as a ground for precluding wrongfulness if:

(a) The international obligation in question excludes the possibility of invoking necessity; or

(b) The State has contributed to the situation of necessity.

Article 26 Compliance with peremptory norms

Nothing in this Chapter precludes the wrongfulness of any act of a State which is not in conformity with an obligation arising under a peremptory norm of general international law.

Article 27 Consequences of invoking a circumstance precluding wrongfulness

The invocation of a circumstance precluding wrongfulness in accordance with this Chapter is without prejudice to:

(a) Compliance with the obligation in question, if and to the extent that the circumstance precluding wrongfulness no longer exists;

(b) The question of compensation for any material loss caused by the act in question.

PART TWO CONTENT OF THE INTERNATIONAL RESPONSIBILITY OF A STATE

CHAPTER I General principles

Article 28 Legal consequences of an internationally wrongful act

The international responsibility of a State which is entailed by an internationally wrongful act in accordance with the provisions of Part One involves legal consequences as set out in this Part.

Article 29 Continued duty of performance

The legal consequences of an internationally wrongful act under this Part do not affect the continued duty of the responsible State to perform the obligation breached.

Article 30 Cessation and non-repetition

The State responsible for the internationally wrongful act is under an obligation:

(a) To cease that act, if it is continuing;

(b) To offer appropriate assurances and guarantees of non-repetition, if circumstances so require.

Article 31 Reparation

1. The responsible State is under an obligation to make full reparation for the injury

A State which coerces another State to commit an act is internationally responsible for that act if:

(a) The act would, but for the coercion, be an internationally wrongful act of the coerced State; and

(b) The coercing State does so with knowledge of the circumstances of the act.

Article 19 Effect of this Chapter

This Chapter is without prejudice to the international responsibility, under other provisions of these articles, of the State which commits the act in question, or of any other State.

CHAPTER V Circumstances precluding wrongfulness

Article 20 Consent

Valid consent by a State to the commission of a given act by another State precludes the wrongfulness of that act in relation to the former State to the extent that the act remains within the limits of that consent.

Article 21 Self-defence

The wrongfulness of an act of a State is precluded if the act constitutes a lawful measure of self-defence taken in conformity with the Charter of the United Nations.

Article 22 Countermeasures in respect of an internationally wrongful act

The wrongfulness of an act of a State not in conformity with an international obligation towards another State is precluded if and to the extent that the act constitutes a countermeasure taken against the latter State in accordance with Chapter II of Part Three.

Article 23 *Force majeure*

1. The wrongfulness of an act of a State not in conformity with an international obligation of that State is precluded if the act is due to force majeure, that is the occurrence of an irresistible force or of an unforeseen event, beyond the control of the State, making it materially impossible in the circumstances to perform the obligation.

2. Paragraph 1 does not apply if:

(a) The situation of *force majeure* is due, either alone or in combination with other factors, to the conduct of the State invoking it; or

(b) The State has assumed the risk of that situation occurring.

Article 24 Distress

1. The wrongfulness of an act of a State not in conformity with an international obligation of that State is precluded if the author of the act in question has no other reasonable way, in a situation of distress, of saving the author's life or the lives of other persons entrusted to the author's care.

2. Paragraph 1 does not apply if:

(a) The situation of distress is due, either alone or in combination with other factors, to the conduct of the State invoking it; or

(b) The act in question is likely to create a comparable or greater peril.

Article 12 Existence of a breach of an international obligation

There is a breach of an international obligation by a State when an act of that State is not in conformity with what is required of it by that obligation, regardless of its origin or character.

Article 13 International obligation in force for a State

An act of a State does not constitute a breach of an international obligation unless the State is bound by the obligation in question at the time the act occurs.

Article 14 Extension in time of the breach of an international obligation

1. The breach of an international obligation by an act of a State not having a continuing character occurs at the moment when the act is performed, even if its effects continue.

2. The breach of an international obligation by an act of a State having a continuing character extends over the entire period during which the act continues and remains not in conformity with the international obligation.

3. The breach of an international obligation requiring a State to prevent a given event occurs when the event occurs and extends over the entire period during which the event continues and remains not in conformity with that obligation.

Article 15 Breach consisting of a composite act

1. The breach of an international obligation by a State through a series of actions or omissions defined in aggregate as wrongful, occurs when the action or omission occurs which, taken with the other actions or omissions, is sufficient to constitute the wrongful act.

2. In such a case, the breach extends over the entire period starting with the first of the actions or omissions of the series and lasts for as long as these actions or omissions are repeated and remain not in conformity with the international obligation.

CHAPTER IV Responsibility of a State in connection with the act of another State

Article 16 Aid or assistance in the commission of an internationally wrongful act

A State which aids or assists another State in the commission of an internationally wrongful act by the latter is internationally responsible for doing so if:

(a) That State does so with knowledge of the circumstances of the internationally wrongful act; and

(b) The act would be internationally wrongful if committed by that State.

Article 17 Direction and control exercised over the commission of an internationally wrongful act

A State which directs and controls another State in the commission of an internationally wrongful act by the latter is internationally responsible for that act if:

(a) That State does so with knowledge of the circumstances of the internationally wrongful act; and

(b) The act would be internationally wrongful if committed by that State.

Article 18 Coercion of another State

internal law of the State.

Article 5 Conduct of persons or entities exercising elements of governmental authority

The conduct of a person or entity which is not an organ of the State under article 4 but which is empowered by the law of that State to exercise elements of the governmental authority shall be considered an act of the State under international law, provided the person or entity is acting in that capacity in the particular instance.

Article 6 Conduct of organs placed at the disposal of a State by another State

The conduct of an organ placed at the disposal of a State by another State shall be considered an act of the former State under international law if the organ is acting in the exercise of elements of the governmental authority of the State at whose disposal it is placed.

Article 7 Excess of authority or contravention of instructions

The conduct of an organ of a State or of a person or entity empowered to exercise elements of the governmental authority shall be considered an act of the State under international law if the organ, person or entity acts in that capacity, even if it exceeds its authority or contravenes instructions.

Article 8 Conduct directed or controlled by a State

The conduct of a person or group of persons shall be considered an act of a State under international law if the person or group of persons is in fact acting on the instructions of, or under the direction or control of, that State in carrying out the conduct.

Article 9 Conduct carried out in the absence or default of the official authorities

The conduct of a person or group of persons shall be considered an act of a State under international law if the person or group of persons is in fact exercising elements of the governmental authority in the absence or default of the official authorities and in circumstances such as to call for the exercise of those elements of authority.

Article 10 Conduct of an insurrectional or other movement

1. The conduct of an insurrectional movement which becomes the new government of a State shall be considered an act of that State under international law.

2. The conduct of a movement, insurrectional or other, which succeeds in establishing a new State in part of the territory of a pre-existing State or in a territory under its administration shall be considered an act of the new State under international law.

3. This article is without prejudice to the attribution to a State of any conduct, however related to that of the movement concerned, which is to be considered an act of that State by virtue of articles 4 to 9.

Article 11 Conduct acknowledged and adopted by a State as its own

Conduct which is not attributable to a State under the preceding articles shall nevertheless be considered an act of that State under international law if and to the extent that the State acknowledges and adopts the conduct in question as its own.

CHAPTER III Breach of an international obligation

the date on which the Tribunal was constituted, the subject-matter of the dispute shall be determined by the Tribunal on the basis of the application submitted to it.

6. The failure of a party or parties to participate in the arbitration procedure shall not constitute a bar to the proceedings.

7. Unless the parties otherwise agree, the Tribunal shall determine its own procedure. Decisions of the Tribunal shall be made by a majority vote of the five members.

2001年国連国際法委員会条約草案（第二読終了）A/CN.4/L.602/Rev.1 (26 July 2001)

Titles and texts of the draft articles on Responsibility of States for internationally wrongful acts adopted by the Drafting Committee on second reading

RESPONSIBILITY OF STATES FOR INTERNATIONALLY WRONGFUL ACTS

PART ONE THE INTERNATIONALLY WRONGFUL ACT OF A STATE

CHAPTER I General principles

Article 1 Responsibility of a State for its internationally wrongful acts

Every internationally wrongful act of a State entails the international responsibility of that State.

Article 2 Elements of an internationally wrongful act of a Stat

There is an internationally wrongful act of a State when conduct consisting of an action or omission:

(a) Is attributable to the State under international law; and

(b) Constitutes a breach of an international obligation of the State.

Article 3 Characterization of an act of a State as internationally wrongful

The characterization of an act of a State as internationally wrongful is governed by international law. Such characterization is not affected by the characterization of the same act as lawful by internal law.

CHAPTER II Attribution of conduct to a State

Article 4 Conduct of organs of a State

1. The conduct of any State organ shall be considered an act of that State under international law, whether the organ exercises legislative, executive, judicial or any other functions, whatever position it holds in the organization of the State, and whatever its character as an organ of the central government or of a territorial unit of the State.

2. An organ includes any person or entity which has that status in accordance with the

(ii) one conciliator not of the nationality of that State or of any of those States, who shall be chosen from the list.

(b) The State or States constituting the other party to the dispute shall appoint two conciliators in the same way.

(c) The four conciliators appointed by the parties shall be appointed within 60 days following the date on which the Secretary-General receives the request.

(d) The four conciliators shall, within 60 days following the date of the last of their own appointments, appoint a fifth conciliator chosen from the list, who shall be chairman.

(e) If the appointment of the chairman or of any of the other conciliators has not been made within the period prescribed above for such appointment, it shall be made from the list by the Secretary-General within 60 days following the expiry of that period. Any of the periods within which appointments must be made may be extended by agreement between the parties.

(f) Any vacancy shall be filled in the manner prescribed for the initial appointment.

3. The failure of a party or parties to participate in the conciliation procedure shall not constitute a bar to the proceedings.

4. A disagreement as to whether a Commission acting under this Annex has competence shall be decided by the Commission.

5. The Commission shall determine its own procedure. Decisions of the Commission shall be made by a majority vote of the five members.

6. In disputes involving more than two parties having separate interests, or where there is disagreement as to whether they are of the same interest, the parties shall apply paragraph 2 in so far as possible.

Annex II The Arbitral Tribunal

1. The Arbitral Tribunal referred to in articles 58 and 60, paragraph 2 shall consist of five members. The parties to the dispute shall each appoint one member, who may be chosen from among their respective nationals. The three other arbitrators including the Chairman shall be chosen by common agreement from among the nationals of third States.

2. If the appointment of the members of the Tribunal is not made within a period of three months from the date on which one of the parties requested the other party to constitute an arbitral tribunal, the necessary appointments shall be made by the President of the International Court of Justice. If the President is prevented from acting or is a national of one of the parties, the appointments shall be made by the Vice-President. If the Vice-President is prevented from acting or is a national of one of the parties, the appointments shall be made by the most senior member of the Court who is not a national of either party. The members so appointed shall be of different nationalities and, except in the case of appointments made because of failure by either party to appoint a member, may not be nationals of, in the service of or ordinarily resident in the territory of a party.

3. Any vacancy which may occur as a result of death, resignation or any other cause shall be filled within the shortest possible time in the manner prescribed for the initial appointment.

4. Following the establishment of the Tribunal, the parties shall draw up an agreement specifying the subject-matter of the dispute, unless they have done so before.

5. Failing the conclusion of an agreement within a period of three months from

recommendations.

5. If the response by the parties to the Commission's recommendations does not lead to the settlement of the dispute, the Commission may submit to them a final report containing its own evaluation of the dispute and its recommendations for settlement.

Article 58 Arbitration

1. Failing a referrence of the dispute to the Conciliation Commission provided for in article 56 or failing an agreed settlement within six months following the report of the Commission, the parties to the dispute may, by agreement, submit the dispute to an arbitral tribunal to be constituted in conformity with annex II to the present articles.

2. In cases, however, where the dispute arises between States Parties to the present articles, one of which has taken countermeasures against the other, the State against which they are taken is entitled at any time unilaterally to submit the dispute to an arbitral tribunal to be constituted in conformity with annex II to the present articles.

Article 59 Terms of reference of the Arbitral Tribunal

1. The Arbitral Tribunal, which shall decide with binding effect any issues of fact or law which may be in dispute between the parties and are relevant under any of the provisions of the present articles, shall operate under the rules laid down or referred to in annex II to the present articles and shall submit its decision to the parties within six months from the date of completion of the parties' written and oral pleadings and submissions.

2. The Tribunal shall be entitled to resort to any fact-finding it deems necessary for the determination of the facts of the case.

Article 60 Validity of an arbitral award

1. If the validity of an arbitral award is challenged by either party to the dispute, and if within three months of the date of the challenge the parties have not agreed on another tribunal, the International Court of Justice shall be competent, upon the timely request of any party, to confirm the validity of the award or declare its total or partial nullity.

2. Any issue in dispute left unresolved by the nullification of the award may, at the request of any party, be submitted to a new arbitration before an arbitral tribunal to be constituted in conformity with annex II to the present articles.

Annex I The Conciliation Commission

1. A list of conciliators consisting of qualified jurists shall be drawn up and maintained by the Secretary-General of the United Nations. To this end, every State which is a Member of the United Nations or a Party to the present articles shall be invited to nominate two conciliators, and the names of the persons so nominated shall constitute the list. The term of a conciliator, including that of any conciliator nominated to fill a casual vacancy, shall be five years and may be renewed. A conciliator whose term expires shall continue to fulfil any function for which he shall have been chosen under paragraph 2.

2. A party may submit a dispute to conciliation under article 56 by a request to the Secretary-General who shall establish a Conciliation Commission to be constituted as follows:

(a) The State or States constituting one of the parties to the dispute shall appoint:

(i) one conciliator of the nationality of that State or of one of those States, who may or may not be chosen from the list referred to in paragraph 1; and in paragraph 3 of article 45.

Article 53 Obligations for all States

An international crime committed by a State entails an obligation for every other State:

(a) not to recognize as lawful the situation created by the crime;

(b) not to render aid or assistance to the State which has committed the crime in maintaining the situation so created;

(c) to cooperate with other States in carrying out the obligations under subparagraphs (a) and (b); and

(d) to cooperate with other States in the application of measures designed to eliminate the consequences of the crime.

Part Three - Settlement of disputes

Article 54 Negotiation

If a dispute regarding the interpretation or application of the present articles arises between two or more States Parties to the present articles, they shall, upon the request of any of them, seek to settle it amicably by negotiation.

Article 55 Good offices and mediation

Any State Party to the present articles, not being a party to the dispute may, at the request of any party to the dispute or upon its own initiative, tender its good offices or offer to mediate with a view to facilitating an amicable settlement of the dispute.

Article 56 Conciliation

If, three months after the first request for negotiations, the dispute has not been settled by agreement and no mode of binding third party settlement has been instituted, any party to the dispute may submit it to conciliation in conformity with the procedure set out in annex I to the present articles.

Article 57 Task of the Conciliation Commission

1. The task of the Conciliation Commission shall be to elucidate the questions in dispute, to collect with that object all necessary information by means of inquiry or otherwise and to endeavour to bring the parties to the dispute to a settlement.

2. To that end, the parties shall provide the Commission with a statement of their position regarding the dispute and of the facts upon which that position is based. In addition, they shall provide the Commission with any further information or evidence as the Commission may request and shall assist the Commission in any independent fact-finding it may wish to undertake, including fact-finding within the territory of any party to the dispute, except where exceptional reasons make this impractical. In that event, that party shall give the Commission an explanation of those exceptional reasons.

3. The Commission may, at its discretion, make preliminary proposals to any or all of the parties, without prejudice to its later recommendations.

4. The recommendations to the parties shall be embodied in a report to be presented not later than three months from the formal constitution of the Commission, and the Commission may specify the period within which the parties are to respond to those

Article 48 Conditions relating to resort to countermeasures

1. Prior to taking countermeasures, an injured State shall fulfil its obligation to negotiate provided for in article 54. This obligation is without prejudice to the taking by that State of interim measures of protection which are necessary to preserve its rights and which otherwise comply with the requirements of this Chapter.

2. An injured State taking countermeasures shall fulfil the obligations in relation to dispute settlement arising under Part Three or any other binding dispute settlement procedure in force between the injured State and the State which has committed the internationally wrongful act.

3. Provided that the internationally wrongful act has ceased, the injured State shall suspend countermeasures when and to the extent that the dispute settlement procedure referred to in paragraph 2 is being implemented in good faith by the State which has committed the internationally wrongful act and the dispute is submitted to a tribunal which has the authority to issue orders binding on the parties.

4. The obligation to suspend countermeasures ends in case of failure by the State which has committed the internationally wrongful act to honour a request or order emanating from the dispute settlement procedure.

Article 49 Proportionality

Countermeasures taken by an injured State shall not be out of proportion to the degree of gravity of the internationally wrongful act and the effects thereof on the injured State.

Article 50 Prohibited countermeasures

An injured State shall not resort by way of countermeasures to:

(a) the threat or use of force as prohibited by the Charter of the United Nations;

(b) extreme economic or political coercion designed to endanger the territorial integrity or political independence of the State which has committed the internationally wrongful act;

(c) any conduct which infringes the inviolability of diplomatic or consular agents, premises, archives and documents;

(d) any conduct which derogates from basic human rights; or

any other conduct in contravention of a peremptory norm of general international law.

CHAPTER IV - INTERNATIONAL CRIMES

Article 51 Consequences of an international crime

An international crime entails all the legal consequences of any other internationally wrongful act and, in addition, such further consequences as are set out in articles 52 and 53.

Article 52 Specific consequences

Where an internationally wrongful act of a State is an international crime:

(a) an injured State's entitlement to obtain restitution in kind is not subject to the limitations set out in subparagraphs (c) and (d) of article 43;

(b) an injured State's entitlement to obtain satisfaction is not subject to the restriction

State would gain from obtaining restitution in kind instead of compensation; or

(d) would not seriously jeopardize the political independence or economic stability of the State which has committed the internationally wrongful act, whereas the injured State would not be similarly affected if it did not obtain restitution in kind.

Article 44 Compensation

1. The injured State is entitled to obtain from the State which has committed an internationally wrongful act compensation for the damage caused by that act, if and to the extent that the damage is not made good by restitution in kind.

2. For the purposes of the present article, compensation covers any economically assessable damage sustained by the injured State, and may include interest and, where appropriate, loss of profits.

Article 45 Satisfaction

1. The injured State is entitled to obtain from the State which has committed an internationally wrongful act satisfaction for the damage, in particular moral damage, caused by that act, if and to the extent necessary to provide full reparation.

2. Satisfaction may take the form of one or more of the following:

(a) an apology;

(b) nominal damages;

(c) in cases of gross infringement of the rights of the injured State, damages reflecting the gravity of the infringement;

(c) in cases where the internationally wrongful act arose from the serious misconduct of officials or from criminal conduct of officials or private parties, disciplinary action against, or punishment of, those responsible.

3. The right of the injured State to obtain satisfaction does not justify demands which would impair the dignity of the State which has committed the internationally wrongful act.

Article 46 Assurances and guarantees of non-repetition

The injured State is entitled, where appropriate, to obtain from the State which has committed an internationally wrongful act assurances or guarantees of non-repetition of the wrongful act.

CHAPTER III - COUNTERMEASURES

Article 47 Countermeasures by an injured State

1. For the purposes of the present articles, the taking of countermeasures means that an injured State does not comply with one or more of its obligations towards a State which has committed an internationally wrongful act in order to induce it to comply with its obligations under articles 41 to 46, as long as it has not complied with those obligations and as necessary in the light of its response to the demands of the injured State that it do so.

2. The taking of countermeasures is subject to the conditions and restrictions set out in articles 48 to 50.

3. Where a countermeasure against a State which has committed an internationally wrongful act involves a breach of an obligation towards a third State, such a breach cannot be justified under this chapter as against the third State.

or bound by the relevant rule of customary international law, if it is established that:

(i) the right has been created or is established in its favour;

(ii) the infringement of the right by the act of a State necessarily affects the enjoyment of the rights or the performance of the obligations of the other States parties to the multilateral treaty or bound by the rule of customary international law; or

(iii) the right has been created or is established for the protection of human rights and fundamental freedoms;

(f) if the right infringed by the act of a State arises from a multilateral treaty, any other State party to the multilateral treaty, if it is established that the right has been expressly stipulated in that treaty for the protection of the collective interests of the States parties thereto.

3. In addition, "injured State" means, if the internationally wrongful act constitutes an international crime, all other States.

CHAPTER II - RIGHTS OF THE INJURED STATE AND OBLIGATIONS OF THE STATE WHICH HAS COMMITTED AN INTERNATIONALLY WRONGFUL ACT

Article 41 Cessation of wrongful conduct

A State whose conduct constitutes an internationally wrongful act having a continuing character is under the obligation to cease that conduct, without prejudice to the responsibility it has already incurred.

Article 42 Reparation

1. The injured State is entitled to obtain from the State which has committed an internationally wrongful act full reparation in the form of restitution in kind, compensation, satisfaction and assurances and guarantees of non-repetition, either singly or in combination.

2. In the determination of reparation, account shall be taken of the negligence or the wilful act or omission of:

(a) the injured State; or

(b) a national of that State on whose behalf the claim is brought;

which contributed to the damage.

3. In no case shall reparation result in depriving the population of a State of its own means of subsistence.

4. The State which has committed the internationally wrongful act may not invoke the provisions of its internal law as justification for the failure to provide full reparation.

Article 43 Restitution in kind

The injured State is entitled to obtain from the State which has committed an internationally wrongful act restitution in kind, that is, the re-establishment of the situation which existed before the wrongful act was committed, provided and to the extent that restitution in kind:

(a) is not materially impossible;

(b) would not involve a breach of an obligation arising from a peremptory norm of general international law;

(c) would not involve a burden out of all proportion to the benefit which the injured

compensation for damage caused by that act.

Part Two - Content, forms and degrees of international responsibility

CHAPTER I - GENERAL PRINCIPLES

Article 36 Consequences of an internationally wrongful act

1. The international responsibility of a State which, in accordance with the provisions of Part One, arises from an internationally wrongful act committed by that State, entails legal consequences as set out in this Part.

2. The legal consequences referred to in paragraph 1 are without prejudice to the continued duty of the State which has committed the internationally wrongful act to perform the obligation it has breached.

Article 37 Lex specialis

The provisions of this Part do not apply where and to the extent that the legal consequences of an internationally wrongful act of a State have been determined by other rules of international law relating specifically to that act.

Article 38 Customary international law

The rules of customary international law shall continue to govern the legal consequences of an internationally wrongful act of a State not set out in the provisions of this Part.

Article 39 Relationship to the Charter of the United Nations

The legal consequences of an internationally wrongful act of a State set out in the provisions of this Part are subject, as appropriate, to the provisions and procedure of the Charter of the United Nations relating to the maintenance of international peace and security.

Article 40 Meaning of injured State

1. For the purposes of the present articles, “injured State” means any State a right of which is infringed by the act of another State, if that act constitutes, in accordance with Part One, an internationally wrongful act of that State.

2. In particular, “injured State” means:

(a) if the right infringed by the act of a State arises from a bilateral treaty, the other State party to the treaty;

(b) if the right infringed by the act of a State arises from a judgement or other binding dispute settlement decision of an international court or tribunal, the other State or States parties to the dispute and entitled to the benefit of that right;

(c) if the right infringed by the act of a State arises from a binding decision of an international organ other than an international court or tribunal, the State or States which, in accordance with the constituent instrument of the international organization concerned, are entitled to the benefit of that right;

(d) if the right infringed by the act of a State arises from a treaty provision for a third State, that third State;

(e) if the right infringed by the act of a State arises from a multilateral treaty or from a rule of customary international law, any other State party to the multilateral treaty law against that other State, in consequence of an internationally wrongful act of that other State.

Article 31 Force majeure and fortuitous event

1. The wrongfulness of an act of a State not in conformity with an international obligation of that State is precluded if the act was due to an irresistible force or to an unforeseen external event beyond its control which made it materially impossible for the State to act in conformity with that obligation or to know that its conduct was not in conformity with that obligation.

2. Paragraph 1 shall not apply if the State in question has contributed to the occurrence of the situation of material impossibility.

Article 32 Distress

1. The wrongfulness of an act of a State not in conformity with an international obligation of that State is precluded if the author of the conduct which constitutes the act of that State had no other means, in a situation of extreme distress, of saving his life or that of persons entrusted to his care.

2. Paragraph 1 shall not apply if the State in question has contributed to the occurrence of the situation of extreme distress or if the conduct in question was likely to create a comparable or greater peril.

Article 33 State of necessity

1. A state of necessity may not be invoked by a State as a ground for precluding the wrongfulness of an act of that State not in conformity with an international obligation of the State unless:

(a) the act was the only means of safeguarding an essential interest of the State against a grave and imminent peril; and

(b) the act did not seriously impair an essential interest of the State towards which the obligation existed.

2. In any case, a state of necessity may not be invoked by a State as a ground for precluding wrongfulness:

(a) if the international obligation with which the act of the State is not in conformity arises out of a peremptory norm of general international law; or

(b) if the international obligation with which the act of the State is not in conformity is laid down by a treaty which, explicitly or implicitly, excludes the possibility of invoking the state of necessity with respect to that obligation; or

(c) if the State in question has contributed to the occurrence of the state of necessity.

Article 34 Self-defence

The wrongfulness of an act of a State not in conformity with an international obligation of that State is precluded if the act constitutes a lawful measure of self-defence taken in conformity with the Charter of the United Nations.

Article 35 Reservation as to compensation for damage

Preclusion of the wrongfulness of an act of a State by virtue of the provisions of articles 29, 31, 32 or 33 does not prejudge any question that may arise in regard to is accomplished. Nevertheless, the time of commission of the breach extends over the entire period between the action or omission which initiated the breach and that which completed it.

Article 26 Moment and duration of the breach of an international obligation to prevent a given event

The breach of an international obligation requiring a State to prevent a given event occurs when the event begins. Nevertheless, the time of commission of the breach extends over the entire period during which the event continues.

CHAPTER IV - IMPLICATION OF A STATE IN THE INTERNATIONALLY WRONGFUL ACT OF ANOTHER STATE

Article 27 Aid or assistance by a State to another State for the commission of an internationally wrongful act

Aid or assistance by a State to another State, if it is established that it is rendered for the commission of an internationally wrongful act carried out by the latter, itself constitutes an internationally wrongful act, even if, taken alone, such aid or assistance would not constitute the breach of an international obligation.

Article 28 Responsibility of a State for an internationally wrongful act of another State

1. An internationally wrongful act committed by a State in a field of activity in which that State is subject to the power of direction or control of another State entails the international responsibility of that other State.

2. An internationally wrongful act committed by a State as the result of coercion exerted by another State to secure the commission of that act entails the international responsibility of that other State.

3. Paragraphs 1 and 2 are without prejudice to the international responsibility, under the other provisions of the present articles, of the State which has committed the internationally wrongful act.

CHAPTER V - CIRCUMSTANCES PRECLUDING WRONGFULNESS

Article 29 Consent

1. The consent validly given by a State to the commission by another State of a specified act not in conformity with an obligation of the latter State towards the former State precludes the wrongfulness of the act in relation to that State to the extent that the act remains within the limits of that consent.

2. Paragraph 1 does not apply if the obligation arises out of a peremptory norm of general international law. For the purposes of the present articles, a peremptory norm of general international law is a norm accepted and recognized by the international community of States as a whole as a norm from which no derogation is permitted and which can be modified only by a subsequent norm of general international law having the same character.

Article 30 Countermeasures in respect of an internationally wrongful act

The wrongfulness of an act of a State not in conformity with an obligation of that State towards another State is precluded if the act constitutes a measure legitimate under international

Article 21 Breach of an international obligation requiring the achievement of a specified result

1. There is a breach by a State of an international obligation requiring it to achieve, by means of its own choice, a specified result if, by the conduct adopted, the State does not achieve the result required of it by that obligation.

2. When the conduct of the State has created a situation not in conformity with the result required of it by an international obligation, but the obligation allows that this or an equivalent result may nevertheless be achieved by subsequent conduct of the State, there is a breach of the obligation only if the State also fails by its subsequent conduct to achieve the result required of it by that obligation.

Article 22 Exhaustion of local remedies

When the conduct of a State has created a situation not in conformity with the result required of it by an international obligation concerning the treatment to be accorded to aliens, whether natural or juridical persons, but the obligation allows that this or an equivalent result may nevertheless be achieved by subsequent conduct of the State, there is a breach of the obligation only if the aliens concerned have exhausted the effective local remedies available to them without obtaining the treatment called for by the obligation or, where that is not possible, an equivalent treatment.

Article 23 Breach of an international obligation to prevent a given event

When the result required of a State by an international obligation is the prevention, by means of its own choice, of the occurrence of a given event, there is a breach of that obligation only if, by the conduct adopted, the State does not achieve that result.

Article 24 Moment and duration of the breach of an international obligation by an act of the State not extending in time

The breach of an international obligation by an act of the State not extending in time occurs at the moment when that act is performed. The time of commission of the breach does not extend beyond that moment, even if the effects of the act of the State continue subsequently.

Article 25 Moment and duration of the breach of an international obligation by an act of the State extending in time

1. The breach of an international obligation by an act of the State having a continuing character occurs at the moment when that act begins. Nevertheless, the time of commission of the breach extends over the entire period during which the act continues and remains not in conformity with the international obligation.

2. The breach of an international obligation by an act of the State, composed of a series of actions or omissions in respect of separate cases, occurs at the moment when that action or omission of the series is accomplished which establishes the existence of the composite act. Nevertheless, the time of commission of the breach extends over the entire period from the first of the actions or omissions constituting the composite act not in conformity with the international obligation and so long as such actions or omissions are repeated.

3. The breach of an international obligation by a complex act of the State, consisting of a succession of actions or omissions by the same or different organs of the State in respect of the same case, occurs at the moment when the last constituent element of that complex act

ceases to be considered an internationally wrongful act if, subsequently, such an act has become compulsory by virtue of a peremptory norm of general international law.

3. If an act of the State which is not in conformity with what is required of it by an international obligation has a continuing character, there is a breach of that obligation only in respect of the period during which the act continues while the obligation is in force for that State.

4. If an act of the State which is not in conformity with what is required of it by an international obligation is composed of a series of actions or omissions in respect of separate cases, there is a breach of that obligation if such an act may be considered to be constituted by the actions or omissions occurring within the period during which the obligation is in force for that State.

5. If an act of the State which is not in conformity with what is required of it by an international obligation is a complex act constituted by actions or omissions by the same or different organs of the State in respect of the same case, there is a breach of that obligation if the complex act not in conformity with it begins with an action or omission occurring within the period during which the obligation is in force for that State, even if that act is completed after that period.

Article 19 International crimes and international delicts

1. An act of a State which constitutes a breach of an international obligation is an internationally wrongful act, regardless of the subject-matter of the obligation breached.

2. An internationally wrongful act which results from the breach by a State of an international obligation so essential for the protection of fundamental interests of the international community that its breach is recognized as a crime by that community as a whole constitutes an international crime.

3. Subject to paragraph 2, and on the basis of the rules of international law in force, an international crime may result, inter alia, from:

(a) a serious breach of an international obligation of essential importance for the maintenance of international peace and security, such as that prohibiting aggression;

(b) a serious breach of an international obligation of essential importance for safeguarding the right of self-determination of peoples, such as that prohibiting the establishment or maintenance by force of colonial domination;

(c) a serious breach on a widespread scale of an international obligation of essential importance for safeguarding the human being, such as those prohibiting slavery, genocide and apartheid;

(d) a serious breach of an international obligation of essential importance for the safeguarding and preservation of the human environment, such as those prohibiting massive pollution of the atmosphere or of the seas.

4. Any internationally wrongful act which is not an international crime in accordance with paragraph 2 constitutes an international delict.

Article 20 Breach of an international obligation requiring the adoption of a particular course of conduct

There is a breach by a State of an international obligation requiring it to adopt a particular course of conduct when the conduct of that State is not in conformity with that required of it by that obligation.

Article 13 Conduct of organs of an international organization

The conduct of an organ of an international organization acting in that capacity shall not be considered as an act of a State under international law by reason only of the fact that such conduct has taken place in the territory of that State or in any other territory under its jurisdiction.

Article 14 Conduct of organs of an insurrectional movement

1. The conduct of an organ of an insurrectional movement which is established in the territory of a State or in any other territory under its administration shall not be considered as an act of that State under international law.

2. Paragraph 1 is without prejudice to the attribution to a State of any other conduct which is related to that of the organ of the insurrectional movement and which is to be considered as an act of that Sate by virtue of articles 5 to 10.

3. Similarly, paragraph 1 is without prejudice to the attribution of the conduct of the organ of the insurrectional movement to that movement in any case in which such attribution may be made under international law.

Article 15 Attribution to the State of the act of an insurrectional movement which becomes the new government of a State or which results in the formation of a new State

1. The act of an insurrectional movement which becomes the new government of a State shall be considered as an act of that State. However, such attribution shall be without prejudice to the attribution to that State of conduct which would have been previously considered as an act of the State by virtue of articles 5 to 10.

2. The act of an insurrectional movement whose action results in the formation of a new State in part of the territory of a pre-existing State or in a territory under its administration shall be considered as an act of the new State.

CHAPTER III - BREACH OF AN INTERNATIONAL OBLIGATION

Article 16 Existence of a breach of an international obligation

There is a breach of an international obligation by a State when an act of that State is not in conformity with what is required of it by that obligation.

Article 17 Irrelevance of the origin of the international obligation breached

1. An act of a State which constitutes a breach of an international obligation is an internationally wrongful act regardless of the origin, whether customary, conventional or other, of that obligation.

2. The origin of the international obligation breached by a State does not affect the international responsibility arising from the internationally wrongful act of that State.

Article 18 Requirement that the international obligation be in force for the State

1. An act of the State which is not in conformity with what is required of it by an international obligation constitutes a breach of that obligation only if the act was performed at the time when the obligation was in force for that State.

2. However, an act of the State which, at the time when it was performed, was not in conformity with what was required of it by an international obligation in force for that State,

2. The conduct of an organ of an entity which is not part of the formal structure of the State or of a territorial governmental entity, but which is empowered by the internal law of that State to exercise elements of the governmental authority, shall also be considered as an act of the State under international law, provided that organ was acting in that capacity in the case in question.

Article 8 Attribution to the State of the conduct of persons acting in fact on behalf of the State

The conduct of a person or group of persons shall also be considered as an act of the State under international law if:

(a) it is established that such person or group of persons was in fact acting on behalf of that State; or

(b) such person or group of persons was in fact exercising elements of the governmental authority in the absence of the official authorities and in circumstances which justified the exercise of those elements of authority.

Article 9 Attribution to the State of the conduct of organs placed at its disposal by another State or by an international organization

The conduct of an organ which has been placed at the disposal of a State by another State or by an international organization shall be considered as an act of the former State under international law, if that organ was acting in the exercise of elements of the governmental authority of the State at whose disposal it has been placed.

Article 10 Attribution to the State of conduct of organs acting outside their competence or contrary to instructions concerning their activity

The conduct of an organ of a State, of a territorial governmental entity or of an entity empowered to exercise elements of the governmental authority, such organ having acted in that capacity, shall be considered as an act of the State under international law even if, in the particular case, the organ exceeded its competence according to internal law or contravened instructions concerning its activity.

Article 11 Conduct of persons not acting on behalf of the State

1. The conduct of a person or a group of persons not acting on behalf of the State shall not be considered as an act of the State under international law.

2. Paragraph 1 is without prejudice to the attribution to the State of any other conduct which is related to that of the persons or groups of persons referred to in that paragraph and which is to be considered as an act of the State by virtue of articles 5 to 10.

Article 12 Conduct of organs of another State

1. The conduct of an organ of a State acting in that capacity which takes place in the territory of another State or in any other territory under its jurisdiction shall not be considered as an act of the latter State under international law.

2. Paragraph 1 is without prejudice to the attribution to a State of any other conduct which is related to that referred to in that paragraph and which is to be considered as an act of that State by virtue of articles 5 to 10.

1999 年国連国際法委員会条約草案（第一読終了）

Draft articles on State responsibility provisionally adopted by the Commission on first reading

Part One - Origin of international responsibility
CHAPTER I - GENERAL PRINCIPLES

Article 1 Responsibility of a State for its internationally wrongful acts

Every internationally wrongful act of a State entails the international responsibility of that State.

Article 2 Possibility that every State may be held to have committed an internationally wrongful act

Every State is subject to the possibility of being held to have committed an internationally wrongful act entailing its international responsibility.

Article 3 Elements of an internationally wrongful act of a State

There is an internationally wrongful act of a State when:

(a) conduct consisting of an action or omission is attributable to the State under international law; and

(b) that conduct constitutes a breach of an international obligation of the State.

Article 4 Characterization of an act of a State as internationally wrongful

An act of a State may only be characterized as internationally wrongful by international law. Such characterization cannot be affected by the characterization of the same act as lawful by internal law.

CHAPTER II - THE "ACT OF THE STATE" UNDER INTERNATIONAL LAW

Article 5 Attribution to the State of the conduct of its organs

For the purposes of the present articles, conduct of any State organ having that status under the internal law of that State shall be considered as an act of the State concerned under international law, provided that organ was acting in that capacity in the case in question.

Article 6 Irrelevance of the position of the organ in the organization of the State

The conduct of an organ of the State shall be considered as an act of that State under international law, whether that organ belongs to the constituent, legislative, executive, judicial or other power, whether its functions are of an international or an internal character, and whether it holds a superior or a subordinate position in the organization of the State.

Article 7 Attribution to the State of the conduct of other entities empowered to exercise elements of the government authority

1. The conduct of an organ of a territorial governmental entity within a State shall also be considered as an act of that State under international law, provided that organ was acting in that capacity in the case in question.

right to bring an international claim shall lapse after the expiry of two years from the date when local remedies were exhausted.

2. Notwithstanding the provisions of the preceding paragraph, the international claim shall be admissible if it is proved that the delay in its submission is due to reason not connected with the will of the claimant.

Chapter VIII Nature and Measure of the Reparation

Article 26. Restitution and pecuniary damages

1. The reparation of the injury caused to an alien may take the form of restitution in kind (restitutio in integrum) or of pecuniary damages, whichever may best to serve wipe out the consequences of the act or omission imputable to the respondent State.

2. Notwithstanding the provisions of the foregoing paragraph, the reparation shall not take the form of restitution if restitution would involve the repeal of a law, the annulment of a judicial decision or the non-application of an executive or administrative measure and it would be incompatible with or cause difficulties under the municipal law of the respondent State.

3. The amount of the pecuniary damages shall be determined in accordance with the nature of the injury caused to the person or property of the alien or, in the event of his death, of his heirs or successors in title. Consequently, irrespective of the nature of the reparation or of the purpose for which it is made, the pecuniary damages shall not result in the undue enrichment of the injured alien.

4. In the determination of the nature and measure of the reparation, the fault imputable to the injured alien and any of the other circumstances described as extenuating circumstances in article 17, paragraph 4, of this draft shall be taken into account.

Article 27. Measures to prevent the repetition of the injurious act

1. Even in the case of an act or omission the consequences of which extend beyond the injury caused to the alien, a fact constituting an aggravating circumstances, the reparation shall not take a form of "satisfaction" to the State of nationality, which would be offensive to the honour and dignity of the respondent state.

2. Notwithstanding the provisions of the foregoing paragraph, in any such case as aforesaid the State of nationality shall have the right, without prejudice to the reparation due in respect of the injury sustained by the alien, to demand that the respondent State take necessary steps to prevent the repetition of events of the nature of those imputed to that State.

sustained by him to the body in which competence for this purpose has been vested by an agreement between the respondent State and the State of nationality or between the respondent State and the alien himself.

2. If the body mentioned in the foregoing paragraph was established by an agreement between the respondent State and the alien, the consent of the State of nationality shall not be necessary for the purpose of the submission of the international claim.

3. In the event of the death of the alien, the right to bring a claim may be exercised by his heirs or successors in title, unless they possessed or have acquired the nationality of the respondent State.

4. The right to bring claims to which this article refers shall not be exercisable by foreign juristic persons in which nationals of the respondent State hold the controlling interest.

Article 22. Right of State of nationality to bring a claim

1. The State of nationality may bring the international claim to obtain reparation for the injury sustained by the alien:

(a) If there does not exist an agreement of the type referred to in article 21, paragraph 1; or

(b) If the respondent State has expressly agreed that the State of nationality should substitute itself for the alien in his place and title for the purposes of the claim.

2. The State of nationality may, in addition, bring an international claim in the case and for the purposes mentioned in article 27 of this draft, irrespective of any agreement entered into by the injured alien with the respondent State.

Article 23. Nationality of the claim

1. A State may exercise the right to bring a claim referred to in article 22 on condition that the alien possessed its nationality at the time of sustaining the injury and conserves that nationality until the claim is adjudicated.

2. In the event of the death of the alien, the exercise of the right of the State to bring a claim shall be subject to the same conditions.

3. A State may not bring a claim on behalf of an individual if the legal bond of nationality is not based on a genuine connexion between the two.

4. A State may likewise not bring a claim on behalf of foreign justice persons in which nationals of the respondent State hold the controlling interest.

5. In case of dual or multiple nationality, the right to bring a claim shall be exercisable only by the State with which the alien has the stronger and more genuine legal and other links.

Article 24. Inadmissible restrictions of the right to claim

1. The right of the State of nationality to bring a claim shall not be affected by an agreement between the respondent State and the alien if the latter's consent is vitiated by duress or any other form of coercion extended upon him by the authorities of the respondent State.

2. The right to bring a claim shall likewise not be affected if the respondent State, subsequently to the act or omission imputed to it, imposed upon the alien its own nationality with the object of resisting the international claim.

Article 25. Limitation of time affecting the right to bring a claim

1. Except where the parties concerned have agreed upon a different time limit, the

admissible until, in respect of each one of the grounds of the said claim, all the remedies and proceedings established by municipal law have been exhausted.

2. For the purposes of the provisions of the foregoing paragraph, local remedies shall be deemed to have been "exhausted" when the decision of the competent body or official that rendered it is final and without appeal.

3. Consequently, except in the case of "denial of justice" referred to in article 3 of this draft, it shall not be admissible to plead, as an excuse for the failure to resort to all or any of the remedies under municipal law, that the organ or official concerned is not competent to deal with the case and to adjudicate the same or that it is useless to apply to the municipal courts on the alleged grounds that for technical or other reasons such remedies are ineffective.

4. The foregoing provisions shall not apply if the respondent State has expressly agreed with the State of nationality of the injured alien that recourse to any one or to all of the local remedies shall not be necessary.

5. If the respondent State and the alien have entered into an agreement of the nature of those mentioned in article 21 of this draft, the rule concerning the exhaustion of local remedies shall likewise not be applicable, unless the said agreement expressly lays down the observance of the said rule as a condition to be fulfilled before an international claim can be brought.

Article 19. Waiver of diplomatic protection

1. Notwithstanding the provisions of the preceding articles, if the States concerned have agreed to restrict the exercise of diplomatic protection for their respective nationals, an international claim shall not be admissible except in the cases and circumstances specified in the said agreement.

2. Similarly, in the case of the non-performance of obligations stipulated in a contract or concession, the international claim shall not be admissible if the alien concerned has waived the diplomatic protection of the State of his nationality and the circumstances are in conformity with the terms of the waiver.

3. An international claim shall likewise not be admissible if the alien concerned has spontaneously reached a settlement or arrangement with the local authorities concerning the reparation of the injury sustained by him.

4. The waiver of diplomatic protection and the settlement or arrangements reached by the alien with the local authorities shall not deprive the State of nationality of the right to bring an international claim in the circumstances and for the purposes described in article 22, paragraph 2, and article 27 of this draft.

Article 20. Settlement of questions relating to the admissibility of claims

Disputes between the respondent State and the alien, or, as the case may be, between that State and the State of nationality, regarding any of the aspects relating to the admissibility of the international claim shall be submitted to the methods of settlement provided for in article 21 and 22 in the form of a preliminary question and settled by means of a summary procedure.

Chapter VII Submission of the International Claim

Article 21. Right of the injured alien to bring a claim

1. The alien may submit an international claim to obtain reparation for injury

1. The provisions of the preceeding article shall apply, mutatis mutandis, to the imputability of any legislative (or, as the case may be, constitutional) measure which are incompatible with international law and to the failure to adopt the measures which are necessary for the performance of the international obligations of the State.

2. Notwithstanding the provisions of the foregoing paragraph, the act or omission shall not be imputable to the State if, without amending its legislation (or its constitution), the State can avoid the injury or make reparation therefor and if it does so in due time.

Article 14. Acts and omissions of political subdivisions

1. The acts and omissions of political subdivisions, whatever their internal organization may be and whatever degree of legislative, judicial or administrative autonomy they enjoy, shall be imputable to the State.

2. The imputability of acts or omissions of political subdivisions shall be determined in conformity with the provisions of the two preceeding articles.

Article 15. Acts and omissions of a third State or of an international organization

Acts and omissions of a third State or of an international organization shall be imputable to the State in whose territory they were committed only if the latter could have avoided the injurious act and did not exercise such dilligence as was possible in the circumstances.

Article 16. Acts and omissions of successful insurgents

The imputability of acts and omissions committed by insurgents during the conflict shall, if the insurrection is successful and a new government is installed, be determined in conformity with the provisions of articles 7 and 8 of this draft.

Article 17. Exonerating and extenuating circumstances

1. An act or omission shall not be imputable to the State if it is the consequence of force majeure which makes it impossible for the State to perform the international obligation in question and which was not the consequence of an act or omission of its own organs or officials.

2. Likewise, an act shall not be imputable to the State if it is the consequence of a state of necessity involving a grave and imminent peril threatening some vital interest of the State, provided that the State did not provoke that peril and was unable to counteract it by other means and so to prevent the injury.

3. Similarly, the act or omission shall not be imputable to the State if it was provoked by some fault on the part of the injured alien himself.

4. Force majeure, state of necessity and the fault imputable to the alien, if not admissible as grounds for exoneration from responsibility, shall operate as extenuating circumstances for the purposes mentioned in article 26, paragraph 4, of this draft.

Title III The International Claim and the Reparation of the Injury
Chapter VI Admissibility of Claims

Article 18. Exhaustion of local remedies

1. An internaional claim brought for the purpose of obtaining reparation for injuries sustained by alien, or for the purposes mentiones in article 27 of this draft, shall not be

Article 9. Measures of expropriation and nationalization

1. The State is responsible if it expropriates property of an alien and the expropriation is not conformity with the provisions of the municipal law in force at the time when the property in question was acquired by the owner concerned.

2. In the case of nationalization or expropriation measures which are of a general nature and which are not directed against a particular person or against particular persons, the State is responsible if the measures are not taken on grounds of public interest, if they involve discrimination between nationals and aliens to the detriment of the latter in the matter of compensation for the property in question, or if unjustified irregularities which are prejudicial to aliens are committed in the interpretation or application of the said measures.

Article 10. Non-performance of contractual obligations in general

1. The State is responsible for the non-performance of obligations stipulated in a contract entered into with an alien or in a concession granted to him, if the non-performance is not justified on grounds of public interest or of the economic necessity of the State, or if there is imputable to the State a "denial of justice" within the meaning of article 3 of this draft.

2. The foregoing provision shall not apply if the contract or concession contains a clause of the nature described in article 19, paragraph 2.

3. If the contract or concession is governed by international law, or by legal principles of an international character, the State is responsible by reason of the mere fact of the non-performance of the obligations stipulated in the said contract or concession.

Article 11. Public debts

The State is responsible if it repudiates or cancels its public debts, if the measure is not justified on grounds of public interest or if it discriminates between nationals and aliens to the detriment of the latter.

Chapter V Imputability of Acts or Omissions

Article 12. Acts and omissions of organs and officials in general

1. An act or omission which contravenes international law is imputable to the State if the organs or officials acted within the limits of their competence.

2. An act or omission shall likewise be imputable to the State if the organs or officials concerned exceeded their competence but purported to be acting in their official capacity.

3. Notwithstanding the provisions of the foregoing paragraph, the act or omission shall not be imputable to the State if the act exceeding the competence of the officials or organs concerned was by its nature totally outside the scope of their functions and powers, even though they may to some extent have relied on their official position or used the means at their disposal by reason of that position.

4. Similarly, the act or omission shall not be imputable to the State if it was so manifestly outside the competence of the organ or official concerned that the alien should have been aware of the fact and could, in consequence, have avoided the injury.

5. For the purposes of the provisions of this article, the act or omission shall be proved in conformity with the minicipal law of the State to which it is imputed.

Article 13. Acts and omissions of the legislature

a manner manifestly incompatible with the procedure established for the purpose by municipal law.

2. Notwithstanding the provisions of the foregoing paragraph, the international responsibility of the State shall not be involved in cases where the detention order was based on bona fide suspicion, if, when the error was noticed, the alien was released.

Article 5. Expulsion and other forms of interference with freedom of movement

1. The State is responsible for the injuries caused to an alien who has been expelled from the country, if the expulsion order was not based on grounds specified in municipal law or if, in the execution of the order, serious irregularities were committed in the procedure established by municipal law.

2. The State is also responsible for the injuries caused to an alien in cases where he was prevented from leaving the country or from moving freely within the country, if the act or omission of the authorities is manifestly arbitrary or unjustified.

Article 6. Maltreatment and other acts of injury to the person

Maltreatment and other acts of inhumanity committed by the authorities against the person of an alien shall constitute an aggravating circumstance for the purposes of an international claim under article 22, paragraph 2, of this draft.

Chapter III Negligence and other acts and omissions in connexion with the protection of aliens

Article 7. Negligence in the performance of the duty of protection

1. The State is responsible for the injuries caused to an alien by illegal acts of individuals, whether isolated or committed in the course of internal disturbances (riots, mob violence or civil war), if the authorities were manifestly negligent in taking the measures which, in view of the circumstances, are normally taken to prevent the commission of such acts.

2. The circumstances mentioned in the foregoing paragraph shall include, in particular, the extent to which the injurious act could have been foreseen and the physical possibility of preventing its commission with resources available to the State.

3. The State is also responsible if the inexcusable negligence of the authorities in apprehending the individuals who committed the injurious act deprives the alien of the opportunity to bring a claim against the said individuals for compensation for the loss or injury or if he is deprived of such opportunity by virtue of a general or specific amnesty.

Article 8. Other acts and omissions in connexion with the obligation to protect aliens

1. In the cases of responsibility referred to in the preceding article, the connivance, complicity or participation of the authorities in the injurious act of the individual shall constitute an aggravating circumstance for the purposes of an international claim under article 22, paragraph 2, of this draft.

2. Independently of the existence of any of the circumstances referred to in the foregoing paragraph, the State is likewise responsible, for the purpose aforesaid, if the authorities were manifestly and inexcusably negligent in the prosecution, trial and punishment of the persons guilty of the injurious act.

Chapter IV Measures Affecting Acquired Rights

counsel of his choice; the right not to be convicted of any punishable offence on account of any act or omission which did not constitute an offence, under national or international law, at the time when it was committed; the right to be tries without delay or to be released.

3. The enjoyment and exercise of the rights and freedoms specified in paragraph 2 (a) and (b) are subject to such limitations or restrictions as the law expressly prescribes for reasons of internal security, the economic well-being of the nation, public order, health and morality, or to secure respect for the rights and freedoms of others.

Article 2. Constituent elements of responsibility

1. For the purposes of this draft, the "international responsibility of State for injuries caused in its territory to the person or property of aliens" involves the duty to make reparation for such injuries, if these are the consequence of some act or omission on the part of its organs or officials which contravenes the international obligations of the State.

2. The expression "international obligations of the State" shall be construed to mean, as specified in the relevant provisions of this draft, the obligations resulting from any of the sources of international law.

3. The expression "international obligations of the State" also includes the prohibition of the "abuse of rights" , which shall be construed to mean any action contravening the rules of international law, whether conventional or general, which govern the exercise of the rights and competence of the State.

4. The State may not plead any provisions of its municipal law for the purpose of repudiating the responsibility which arises out of the breach or non-observation of an international obligation.

Title II Acts and Omissions Giving Rise to Responsibility

Chapter II Denial of Justice and Other Similar Acts and Omissions

Article 3. Acts and omissions involving denial of justice

1. The State is responsible for the injuries caused to an alien by acts or omissions which involve a denial of justice.

2. For the purposes of the foregoing paragraph, a "denial of justice" shall be deemed to occur if the courts deprive the alien of any one of the rights or safeguards in article 1, paragraph 2 (c), (d) and (e), of this draft.

3. For the same purposes, a "denial of justice" shall also be deemed to occur if a manifestly unjust decision is rendered with the evident intention of causing injury to the alien. However, judicial error, whatever the result of the decision, does not give rise to international responsibility on the part of the State.

4. Likewise, the alien shall be deemed to have suffered a denial of justice if a decision by a municipal or international court in his favour is not carried out, provided that the failure to carry out such decision is due to a clear intention to cause him injury.

Article 4. Deprivation of liberty

1. The State is responsible for the injuries caused to an alien by reason of his arrest, detention or imprisonment, if carried out on grounds not provided for in the municipal law or in

soufferts en tant qu'ils se présentent comme la conséquence de l'inobservation de l'obligation internationale. Elle comporte de plus, s'il y a lieu, selon les circonstances et d'après les principes généraux du Droit des gens, l'obligation de donner une satisfaction à l'Etat qui a été lésé dans la personne de ses ressortissants, sous la forme d'excuses plus ou moins solennelles et, dans les cas appropriés, par la punition des coupables.

30. Tout réclamation présentée par un Etat pour dommage subi par un de ses ressortissants et fondée sur les dispositions de la convention à laquelle est joint le présent protocole sera, à defaut de règlement amiable, et sous réserve d'autres modes de règlement établis entre Etats intéressés, soumise au jugement de la C. P. J. I.

31. Les H. P. C. constatent que les dispositions ci-dessus énoncées sont conformes aux principes du Droit international actuellement existant, reconnaissent leur caractère obligatoire, et déclarent leur intention de s'y conformer.

外国人の身体・財産が自国領域内で受けた損害に対する国の国際責任に関する改定草案（国連国際法委員会、ガルシア・アマドール案）

Revised draft on international responsibility of the State for injuries caused in its territory to the person or property of aliens

Title I General Principles
Chapter I Rights of Aliens and Constituent Elements of Responsibility

Article 1. Rights of aliens

1. For the purpose of the application of the provisions of this drafts, aliens enjoy the same rights and the same legal guarantees as nationals, but these rights and guarantees shall in no case be less than the "human rights and fundamental freedoms" recognized and defined in contemporary international instruments.

2. The "human rights and fundamental freedoms" referred to in the foregoing paragraph are those enumerated below:

(a) The right to life, liberty and security of person;

(b) The right to own property;

(c) The right to apply to the courts of justice or to the competent organs of the State, by means of remedies and proceedings which offer adequate and effective redress for violations of the aforesaid rights and freedoms;

(d) The right to public hearing, with proper safeguards, by the competent organs of the State, in the substantiation of any criminal charge or in the determination of rights and obligations under civil law;

(e) In criminal matters, the right of the accused to be presumed innocent until proved guilty; the right to be informed of the charge made against him in a language which he understands; the right to present his defence personally or to be defended by a négligence de sa part ou de la part de ses fonctionnaires.

23. Lorsqu'un Etat est chargé de la conduite des relations étrangères d'une autre unité politique, la responsabilité en raison des dommages subis par des étrangers sur le territoire de cette unité politique incombe à cet Etat.

Lorsqu'un même gouvernement est chargé de la conduite des relations étrangères de plusieurs Etats, la responsabilité, en raison des dommages subis par des étrangers sur le territoire de ces Etats, incombe à ce gouvernement commun ou central.

24. La responsabilité, en raison d'un dommage causé à un étranger, n'est pas engagée si l'Etat établit que son acte a été commandé par la nécessité actuelle de sa légitime défence contre un danger dont cet individu menaçait l'Etat ou d'autres personnes.

Au cas où les circonstances ne justifieraient pas entièrement les actes qui ont ainsi causé le dommage, la responsabilité de l'Etat pourrait se trouver engagée dans une mesure à déterminer.

25. La responsabilité de l'Etat, en raison d'un dommage causé à un étranger, n'est pas engagée si l'Etat établit que son acte a été pris dans des circonstances qui justifiaient l'exercice de représailles contre l'Etat auquel appartient cet étranger.

26. La renonciation de l'intéressé dans un contrat au recours à la voie diplomatique n'est pas opposable à l'Etat dont il est le ressortissant et n'exonère pas l'Etat contractant de sa responsabilité internatinale.

Si, dans un contrat, un étranger a, valablement, accepté la compétence exclusive des tribunaux locaux, cette disposition est obligatoire pour tout tribunal international auquel est soumise une demande en vertu de ce contrat ; en conséquence, la responsabilité de l'Etat, en raison des dommages subis par cet étranger, ne pourra être engagée que dan les cas prévus aux bases de discussion n°s 5 et 6.

27. Lorsque l'Etranger dispose d'une voie de Droit devant les juridictions de l'Etat (y compris les juridictions administratives), cet Etat pourra demander que la question de responsabilité internationale soit laissée en suspens jusqu'à ce que ses tribunaux aient prononcé définitivement. Cette règle n'exclut pas l'application des dispositions formulées aux bases de discussions n°s 5 et 6.

28. Un Etat ne peut réclamer une indemnité pécuniaire, en raison d'un dommage subi par une personne privé sur le territoire d'un Etat étranger, que si la personne lésée était, au moment où le dommage a été causé, et est restée jusqu'à la decision à intervenir, le national de l'Etat réclamant.

Les individus dont l'Etat réclamant est en droit d'assurer la protection diplomatique sont à ce point de vue assimilés aux nationaux.

En cas de décès de la personne lésée, la réclamation d'indemnité pécuniaire présentée par son Etat national ne peut être maintenue que pour ceux de ses héritiers qui ont la nationalité de cet Etat et dans la mesure de leur intérêt.

29. La responsabilité de l'Etat comporte l'obligation de réparer les dommages

20. Si l'Etat, par un « act of indemnity », une amnistie ou une mesure analogue, met fin au droit à réparation qu'un étranger avait contre l'individu qui lui a causé dommage, l'Etat s'en trouve par cela même responsable dans la mesure où l'état l'auteur de ce dommage.

21. La responsabilité de l'Etat ne se trouve pas engagée en raison des dommages causés à la personne ou aux biens d'un étranger par forces armées ou les autorités de l'Etat réprimant une insurrection, une émeute, ou des troubles.
Toutefois, l'Etat doit :

1° Réparer les dommages causés aux étrangers et résultant des réquisitions ou occupations de propriétés effectuées par ses forces armées ou autorités ;
2° Réparer les dommages causés aux étrangers et résultant de destructions effectuées par ses forces armées autorités, ou sur leur ordre, et qui ne sont pas la conséquence directe d'actes de combat ;
3° Réparer les dommages causés aux étrangers par les actes de ses forces armées ou autorités, lorsque ces actes ont
manifestement dépassé les exigences de la situation, ou lorsque l'attitude de ses forces armées ou autorités a été
manifestement incompatible avec les règles générales observées par les Etats civilisés;
4° Accorder aux étrangers auxquels les forces armées ou les autorités de l'Etat, ont causé des dommages en réprimant une insurrection, une émeute ou des troubles, les mêmes indemnités que celles qu'il accorde à ses nationaux dans des circonstances égales.

22. La responsabilité de l'Etat n'est pas engagée, en principe, en cas de dommages causés à la personne ou aux biens d'un étranger par des personnes participant à une insurrection ou à une émeute, ou par la foule.

22 a) Toutefois, la responsabilité de l'Etat se trouve engagée en cas des dommages causés à la personne ou aux biens d'un étranger par des personnes participant à une insurrection ou à une émeute, ou par la foule, si l'Etat n'a pas apporté la diligence qui convenait en ces circonstances pour prévenir les dommages et punir leurs auteurs.

22 b) L'Etat doit accorder aux étrangers auxquels des dommages ont été causés par des personnes participant à une insurrection ou à une émeute, ou par la foule, les mêmes indemnités que celles qu'il accorde à ses nationaux dans des circonstances égales.

22 c) L'Etat est responsable des dommages causés aux étrangers par un parti insurrectionnel qui a triomphé et est devenu le gouvernement dans la mesure où sa responsabilité serait engagée pour des dommages causés par les actes du gouvernement légal, de ses fonctionnaires, ou de ses troups.

22 d) La responsabilité de l'Etat se trouve engagée en cas des dommages causés à la personne ou aux biens d'un étranger par des personnes participant à une émeute, ou par la foule, si le mouvement a été dirigé contre les étrangers, comme tels, ou contre les personnes d'une natonalité déterminée, à moins que le gouvernement n'etablisse qu'il n'y a eu aucune

résulte du fait que le pouvoir exécutif n'a pas apporté à la protection des étrangers la diligence que l'on pouvait en raison des circonstances et de la qualité des personnes, attendre d'un Etat civilisé.

Le caractère public reconnu que revêt un étranger entraîne pour l'Etat un devoir spécial de vigilance.

11. La responsabilité de l'Etat se trouve engagée si le dommage subi par un étranger résulte du fait que le pouvoir exécutif a d'une manière abusive, privé un étranger de sa liberté. Doivent notamment être considérés comme abusifs le maintien d'une arrestation illégale, la détention préventive manifestement sans motif suffisant ou dans des conditions qui ont causé des souffrances inutiles.

12. La responsabilité de l'Etat se trouve engagée si le dommage subi par un étranger résulte d'actes ou d'omissions de ses fonctionnaires agissant dans le limites de leur compétence, lorsque ces actes ou omissions sonts contraires aux obligations internationales de cet Etat.

13. La responsabilité de l'Etat se trouve engagée si le dommage subi par un étranger résulte d'actes accomplis par ses fonctionnaires, même en dehors de leur compétence, mais s'autorisant de leur qualité officielle, lorsque ces actes sonts contraires aux obligations internationales de l'Etat.

14. Les actes accomplis par les fonctionnaires d'un Etat en pays étranger (tels que les agents diplomatiques ou consuls) aggisant dans les limites apparentes de leurs fonctions, sont imputables à cet Etat et peuvent à ce titre engager la responsabilité de celui-ci.

15. Si l'Etat, par une mesure exceptionnelle, législative ou administrative, met fin au droit de réparation qu'avait un étranger contre le fonctionnaire auteur du dommage, ou s'il n'en permet pas l'exercice, l'Etat se trouve par cela même responsable dudit dommage dans la mesure où l'était le fonctionnaire.

16. La responsabilité de l'Etat se trouve engagée si le dommage subi par un étranger résulte des actes ou omissions sont contraires aux obligations internationales de l'Etat.

17. La responsabilité de l'Etat se trouve engagée à l'occasion d'un dommage causé par un particulier à la personne ou aux biens des étrangers, si l'Etat n'a pas apporté à la protection de cette personne ou aux biens toute la diligence que l'on pouvait, en raison des circonstances et de la qualité de cette personne, attendre d'un Etat civilisé.

18. La responsabilité de l'Etat se trouve engagée à l'occasion d'un dommage causé par un particulier à la personne ou aux biens d'un étranger, si l'Etat n'a pas apporté, en vue de découvrir et de punir l'auteur de ce dommage, la diligence que l'on pouvait en raison des circonstances, attendre d'un Etat civilisé.

19. La mesure de la responsabilité incombant à l'Etat dépend de toutes les circonstances de fait et, notamment, de la circonstance que l'acte commis par un particulier a été dirigé contre un étranger comme tel, ou que la victime avait pris une attitude provocatrice.

a négligé d'adopter des dispositions législatives nécessaires à l'exécution de ces obligations.

3. La responsabilité de l'Etat se trouve engagée si le dommage subi par un étranger résulte du fait que l'Etat a adopté une disposition léislative portant directement attente aux droits découlant pour cet étranger d'une concession accordée par l'Etat ou d'un contrat passé par lui.

La responsabilité de l'Etat peut, suivant les circonstances, se trouve engagée s'il a adopté des dispositions législatives générales incompatibles avec l'exécution d'une concession accordée ou d'un contrat passé par lui.

4. La responsabilité de l'Etat se trouve engagée si, par une disposition léislative, il dénie les dettes dont il est tenu ou s'il prétend les annuler.

La responsabilité de l'Etat se trouve engagée si, par une disposition léislative, sans renier sa dette, il en suspend le service ou modifie le service de façon totale ou partielle, à moins d'y etre contraint par des nécessités financières.

5. La responsabilité de l'Etat se trouve engagée si le dommage résulte du fait :

1° que l'étranger s'est vu refuser l'accès aux tribunaux pour défendre ses droits;

2° qu'une décision judiciaire définitive est incompatible avec les obligations découlant d'un traité ou les autres obligations internationales de l'Etat;

3° qu'il y a eu retard abusif de la part des tribunaux;

4° que le contenu d'une décision judiciaire est manifestment inspiré par la malveillance à l'égard des étrangers comme tels ou comme ressortissants d'un Etat déterminé.

6. La responsabilité de l'Etat se trouve engagée si le dommage subi par un étranger résulte du fait que la procédure et le jugement sont entachés de défectuosités impliquant que les tribunaux qui ont statué n'offraient pas les garanties indispensables pour assurer une bonne justice.

7. La responsabilité de l'Etat se trouve engagée si le dommage subi par un étranger résulte d'une action ou omission du pouvoir exécutif incompatible avec les obligations internationales existant à la charge de l'Etat en vertu de traités ou à un autre titre.

8. La responsabilité de l'Etat se trouve engagée si le dommage subi par un étranger résulte d'une action ou omission du pouvoir exécutif portant atteinte au droit résultant pour cet étranger d'une concession accordée par l'Etat ou d'un contrat passé par lui.

La responsabilité de l'Etat peut, suivant les circonstances, se trouve engagée si le pouvoir exécutif a pris des mesures générales incompatibles avec l'exécution d'une concession accordée ou d'un contrat passé par cet Etat.

9. La responsabilité de l'Etat se trouve engagée si le pouvoir exécutif dénie les dettes dont l'Etat est tenu, ou s'il prétend les annuler.

La responsabilité de l'Etat se trouve engagée si le pouvoir exéctif, sans renier la dette de l'Etat, ne se conforme pas aux obligations qui en découlrnt, à moins d'y etre contraint par des nécessités financières.

10. La responsabilité de l'Etat se trouve engageé si le dommage subi par un étranger

of all or any of his colonies, protectorates, overseas territories or territories under suzerainty or mandate, and the present Convention shall not apply to any territories named in any such declaration.

2. Any such High Contracting Party may give notice to the Secretary-General of the League of Nations, at any time subsequently, that he desires that the Convention shall apply to all or any of his territories which have been made the subject of a declaration under the preceding paragraph, and the Convention shall apply to all the territories named in such notice two months after its receipt by the Secretary-General of the League of Nations.

3. Similarly, any High Contracting Party may, at any time after the expiration of the period mentioned in Article 27, declare that he desires that the present Convention shall cease to apply to all or any of his colonies, protectorates, overseas territories or territories under suzerainty or mandate, and the Convention shall cease to apply to the territories named in such declaration one year after its receipt by the Secretary-General of the League of Nations.

4. The Secretary-General of the League of Nations shall communicate to all Members of the League of Nations and all non-Member States mentioned in Article 23 every declaration and notification received in virtue of this article.

5. No High Contracting Party shall be obliged to apply the provisions of the present Convention to the nationals of any other High Contracting Party belonging to any colony, protectorate, overseas territory or territory under suzerainty or mandate of the latter High Contracting Party to which the Convention does not apply in conformity with the preceding paragraphs of the present article.

6. The High Contracting Parties who, at the time of signature, do not make the declaration provided for in paragraph 1 shall be entitled to make reservations with regard to the application of certain provisions of the Convention to their colonies, etc. These reservations, however, must be approved by the other High Contracting Parties. Should they subsequently wish to accede to the Convention in respect of their colonies, etc., they shall notify the Secretary-General of the League of Nations of their intention. The latter shall immediately communicate these reservations to the Government of all the countries on behalf of whom an instrument of ratification or accession has been deposited and enquire whether they have any objection. If no country has raised an objection within a period of six months from the date of the said communication, the reservation in question shall be considered as accepted.

1930年国際連盟ハーグ法典編纂会議

Bases de discussion pour la Conférence de codification de La Haye

1. Un Etat ne peut échapper à sa responsabilité, selon le Droit international, en invoquant les dispositions de sa loi interne.

2. La responsabilité de l'Etat se trouve engagée si le dommage subi par un étranger résulte du fait que l'Etat a adopté des dispositions léislatives incompatibles avec les obligations internationales existant à sa charge, en vertu de traités ou à un autre titre, soit du fait que l'Etat

ratification shall be deposited with the Secretary-General of the League of Nations, who shall notify this deposit to all the Members of the League of Nations and all the non-Member States referred to in Article 23.

Article 25.

On and after April 1st, 1930, the present Convention may be acceded to on behalf of any Member of the League of Nations or any non-Member State mentioned in Article 23. Each accession shall be notified to the Secretary-General of the League of Nations who will inform all the Members of the League of Nations and all the non-Member States referred to in Article 23.

Article 26.

Without prejudice to the provisions of the second paragraph of this article, the present Convention shall come into force two months after the date on which ratifications or definitive accessions on behalf of ten Members of the League of Nations or non-Member States referred to in Article 23 have been deposited with, or notified to, the Secretary-General of the League of Nations.

If on December 31st, 1930, the number of ratifications or definitive accessions required for the entry into force of the Convention has not been reached, the Secretary-General of the League of Nations shall consult the Member States of the League of Nations and non-Member States on whose behalf ratifications or definitive accessions have been deposited or notified as to whether they are prepared to put the Convention into force between them on a date to be fixed by agreement. If the replies of the said Members of the League of Nations and non-Member States are unanimous in desiring the entry into force of the Convention as aforesaid, the date so agreed upon shall be communicates to the other Members of the League and non-Member States referred to in Article 23, and the latter, if thereafter ratifications or definitive accessions are deposited or notified on their behalf, shall be deemed to have thereby accepted the Convention in the conditions aforesaid. If the replies are not unanimous, all the Members of the League and non-Member States referred to in Article 23 shall consider the course to be adopted after being consulted by the Secretary-General of the League of Nations.

Every ratification or definitive accession deposited or ratified after the entry into force of the Convention shall take effect two months after the date of its deposit or notification.

Article 27.

The present Convention may be denounced on behalf of any Member of the League or non-Member States. The denunciation shall be notified in writing to the Secretary-General of the League of Nations, who will immediately send a copy thereof, certified to be in conformity with the notification, to all the other High Contracting Parties, at the same time informing them of the date on which he received it.

The denunciation shall come into force only in respect of the High Contracting Party who has notified it, and one year after such notification has reached the Secretary-General of the League of Nations.

Article 28.

1. Any High Contracting Party may, at the time of signature, ratification or accession, declare that, in accepting the present Convention, he does not assume any obligations in respect

Articles 17 and 18.

(Committee D decided to omit these articles)

Article 19.

1. The High Contracting Parties undertake not to avail themselves of the rights reserved to them under the provision of the present Convention in a manner unfriendly towards the nationals of one or more of the High Contracting Parties.

2. Whenever the present Convention provides that in the territory of any High Contracting Party, the nationals of the other High Contracting Parties shall be subject to the regime applicable to nationals, the High Contracting Party concerned shall not establish this regime in such a way as to include conditions the application of which would result in the absolute exclusion of nationals of the other High Contracting Parties or would lead to a system of differentiation to the detriment of such nationals.

Article 20.

Without prejudice to the stipulations of laws relating to the encouragement of national industries or to the award of contracts concluded by public authorities by way of tender, the High Contracting Parties undertake not to prejudice the guarantees of equality between national and foreign undertakings as laid down in the preceding articles by means of exemption from taxes or duties or by differential regulations affecting production, trade or the level of prices.

Article 21.

1. If, after signing the present Convention, and within the limits thereof, a High Contracting Party places any restrictions on the previously authorised operations on nationals or companies of the other High Contracting Parties, he must nevertheless as far as possible respect acquired rights.

2. In a general manner, the High Contracting Parties undertake to avail themselves of the reservations provided for in the present Convention only in such a way as will cause the least prejudice to international trade.

Article 22.

The High Contracting Parties agree that all disputes which may arise between them relating to the interpretation or application of the present Convention shall, if they cannot be settled by direct negotiations, be referred, at the request of one of the Parties to the dispute, to the Permanent Court of International Justice, unless, in application of an existing Convention or joint agreement, the dispute is settled by arbitration or any other means.

Article 23.

The present Convention, of which the French and English texts are both authentic, shall bear this day's date and, until March 31st, 1930, it may be signed on behalf of any Member of the League of Nations, or of any non-Member State which was represented at the Conference at Paris or to which the Council of the League of Nations may have communicated a copy of the Convention for this purpose.

Article 24.

The present Convention shall be ratified as soon as possible. The instruments of

Each of the High Contracting Parties undertakes in its territory not to subject the permanent industrial, commercial or agricultural establishments of nationals of the other High Contracting Parties, whose principal establishment is situated in another territory, to higher taxes or charges, taken as a whole, than those borne in like conditions by its own nationals.

The High Contracting Parties will determine the procedure for the application of present article, either by adapting their internal legislation, or by means of bilateral or multilateral agreements.

Article 14.

(Committee B decided to omit this article)

Article 15.

As regards the provisions of Articles 9, 10 and 11, nationals of one of the High Contracting Parties shall enjoy, in the territory of the other High Contracting Parties, the same treatment as they would enjoy if they were established there.

Article 16.

1. For the purposes of the present Convention, limited liability and other commercial, industrial and financial companies and associations, including insurance companies, shipping and transport companies, and also companies providing communications, being regularly constituted in accordance with the laws of one of the High Contracting Parties and having their seat in its territory, shall be deemed to be companies of that High Contracting Party. The companies of each of the High Contracting Parties shall be recognised by the other High Contracting Parties as being regularly constituted.

2. The activities of companies of one of the High Contracting Parties shall, so far as they are carried on in the territory of another Party, be subject to the laws and regulations of the latter.

3. The High Contracting Parties who make the activities of foreign companies in their territory subject to authorisation, whether these activities take the form of setting up permanent establishments or any other form, undertake that they will not, in allotting such authorisations, hinder the activities or establishment of companies engaging in business which they generally allow companies of any other country to conduct under similar conditions.

4. The High Contracting Parties undertake not to prejudice the rights acquired by a foreign company as a result of its having engaged in business in their territory, with or without authorisation, except in the case of an infraction of the laws of the country. They undertake, in particular, not to subject the activities of foreign companies to conditions not previously imposed on them, except in the case of new measures applicable under the same conditions to national companies.

5. The companies of each of the High Contracting Parties shall enjoy, in the territory of the other Parties, whether they possess permanent establishments therein or not, treatment similar to that provided under the same conditions for nationals under Articles 1, 2, 5, 7, 8, 9, 10, 11, paragraphs 3, 4 and 5, and under Article 12, as well as under provisions of the Protocol relative thereto, on the understanding, however, that foreign companies shall not be entitles to claim treatment more favourable than that which is accorded under the same conditions to national companies.

Contracting Parties reserve to themselves to prohibit or subject to previous authorisation, for reason of security or national defence, the acquisition, possession and enjoyment of immovable property or undertakings by foreigners.

4. The High Contracting Parties also reserve the right to prohibit the acquisition of immovable property or transferable securities by foreign nationals, if such acquisition is likely to result in the obtaining of undue command of the vital economic resources of the country, or to endanger such resources in exceptional cases, due, for instance, to a currency crisis, provided, however, that no measure consistent with the principle of equality laid down on paragraph 1 of this article be sufficient to safeguard these interests.

5. The acquisition of certain immovable property, mines and undertakings by foreigners may also, in the public interest, be made subject to previous authorisation, provided that the conditions under which the authorisations are granted are defined by the laws or regulations of the country.

Article 11.

1. Nationals of each of the High Contracting Parties shall be exempt in the territory of the other High Contracting Parties from every kind of judicial or administrative function.

2. They shall also be exempt in the territory of the other High Contracting Parties, in peacetime and in war-time, from all compulsory military service, whether in the army, navy or air forces, or in the national guard or militia, and from all compulsory personal services in connection with national defence. They shall similarly be exempt from all exactions, whether in money or in kind, imposed in lieu of personal services.

3. Nationals of each of the High Contracting Parties shall nevertheless continue to be liable to the charges connected with the ownership of any landed property or movable property, as well as compulsory billeting and other special military exactions or requisitions to which, under the law, all nationals of the country are liable as owners or occupiers of buildings, land or movable property. In no case shall any High Contracting Party impose any of the above charges unless it also imposes them on its own nationals.

4. Nationals of any of High Contracting Parties may not, in the territory of another Party, be expropriated of their property or deprived even temporarily of the enjoyment of such property, except for legally recognised reasons of public utility and in accordance with the legal procedure in force.

5. Each of the High Contracting Parties shall accord to the nationals of the other High Contracting Parties, as regards compensation for the exactions, requisitions, expropriations and temporary deprivations referred to in paragraphs 3 and 4 above, treatment equal to that which it grants to its own nationals.

Article 12.

In the matter of taxes and duties of every kind, or any other charges of a fiscal nature, irrespective of the authority on whose behalf they are levied, nationals of each of the High Contracting Parties shall enjoy in every respect in the territory of the other High Contracting Parties, both as regards their persons and property, rights and interests, including their commerce, industry and occupations, the same treatment and the same protection by fiscal authorities and tribunals as nationals of the country.

Article 13.

(f) Fishing in territorial and inland waters, and the exploitation of riches of such waters, the coasting trade, pilotage and the internal services of ports;
(g) Service in vessels or aircraft flying the national flag;
(h) The exploitation of minerals and hydraulic power;
(i) The operation of public services and of industries forming the subject of concessions;
(j) The manufacture of arms and munitions of war;
(k) Direct and indirect insurance business undertaken by individuals.

Article 8.

Nationals of one of the High Contracting Parties who are established in the territory of another High Contracting Party or who, without being established in that territory, do nevertheless conduct their business therein shall be free to appoint, at their discretion, for the management of the establishments or for the regulation of their business, such persons as they may judge fit and proper and also a limited number of administrative or technical collaborators indispensable, in fact, for the proper working of their undertakings, if none are available in the national labour market, without being subject to regulations incompatible with the provisions of present Convention.

In applying their laws and regulations on the protection of the home labour market, the High Contracting Parties undertake to allow the appointment of nationals of the other High Contracting Parties to the posts referred to in the preceding paragraph.

Article 9.

Nationals of each of the High Contracting Parties shall enjoy in the territory of the other High Contracting Parties legal and judicial protection of their persons, property rights and interests on a footing of equality with nationals.

Accordingly, they shall have free access to the Court as plaintiffs or defendants. They shall be entitled to appear before competent administrative authorities and to have recourse to the latter's assistance for the safeguarding of their rights and interests in all cases in which nationals enjoy this right. Nationals of the High Contracting Parties shall be entitled to choose, for the defence of their interests before the Courts and all administrative tribunals or authorities, any barrister, solicitor, notary or other persons authorised to practise by the national laws of the country.

Article 10.

1. The nationals of each of the High Contracting Parties shall be treated on a footing of equality with nationals as regards patrimonial rights, the right of acquiring, possessing or leasing, movable and immovable property, and the right of disposing of the same, under the same conditions as nationals, no modification or restriction whatsoever of this regime of equality being permitted.

2. Each of the High Contracting Parties undertakes to allow the nationals of the other High Contracting Parties to export their movable property as well as the proceeds of the sale of their movable or immovable property under the same conditions as nationals. The regulations regarding the foreign currency derived from such exportation shall not contain any differentiation based on the nationality of the exporter.

3. The provisions of the present article shall not preclude the right which the High

Contracting Party, shall enjoy therein, provided they comply with the laws and regulations of that Party, the same rights to travel, sojourn, settle, choose their place of residence and move from place to place, as the case may be, as nationals, without being subject to any conditions or regulations other than those to which nationals are subject with regard to each of the said rights, but without prejudice to the police regulations concerning foreigners, the measures relating to the home labour market, and the right of expulsion, the normal exercise of which each of the High Contracting Parties reserves to himself in accordance with his legislation and the provisions of international law.

3. They may not after admission be subjected to conditions, restrictions or prohibitions incompatible with the other provisions of the present Convention.

4. They shall have the right to leave the territory without let or hindrance unless individually prevented by a competent authority, in conformity with the laws of the country and with international law.

Article 7.

1. In the territories of each of the High Contracting Parties, and subject to the observance of their laws and regulations, nationals of the other High Contracting Parties allowed to establish themselves therein, in conformity with Article 6 of the present Convention, shall be placed on terms of complete equality, de jure and de facto, with nationals as regards:

(a) The conduct of all commercial, industorial and financial activities, and, in general, any activities of an economic character, without any distinction being drawn in this connection between undertakings operating independently and those which operate as branches, subsidiary undertakings or agencies of undertakings situated in the territory of the above-mentioned High Contracting Parties.

(b) The exercise of occupations which the laws of the said High Contracting Parties allow their nationals to carry out freely, or, in the case of professions for which special titles or guarantees are required, the exercise of these professions subject to the submission of the same titles or guarantees as are required of nationals or are recognised as being equivalent, if necessary subject to reciprocity, by the High Contracting Party concerned.

2. The provisions of the previous paragraph shall not apply to the exercise, in the territory of any of the High Contracting Parties, of the professions, occupations, industries and trades hereinafter specified:

(a) Public functions, charges or offices (of a judicial, administrative, military or other nature) which involve a devolution of the authority of the State or mission entrusted by the State, or the holders of which are chosen either by the State or by the administrations under the authority of the State, even if these are endowed with juridical personality and irrespective of whether or not they possess a territorial character, either general or local;

(b) Professions such as those of barrister, solicitor, notary, authorised broker (agent de change) and professions or offices which, according to the national laws by which they are governed, entail special responsibilities in view of the public interest;

(c) Industries or trades forming the subject of a State monopoly or monopolies exercised under State control;

(d) State undertakings;

(e) Hawking and peddling;

Article 3.

Internal taxes on production, distribution or consumption which are levied or which may in future levied on goods - no matter on whose behalf - in the territory of one of the High Contracting Parties may not, on any grounds, be so levied on the products of the other High Contracting Parties as to involve fiscal charges more burdensome than those imposed on like products of the country itself.

Article 4.

In regulating the freedom of trade, especially as regards the sale, offering for sale, distribution and consumption of goods, no distinction shall be drawn between products of the country itself and products of the other High Contracting Parties.

This provision shall not prejudice the right of the High Contracting Parties to reserve, subject to the conditions laid down in Article 2, certain public markets and fairs for the sale or exhibition of national goods.

Any measures taken in the matter of marks of origin applicable to imported goods shall not be deemed to conflict with the provisions of Article 4, provided that they are not of a discriminatory nature, contrary to the spirit of the Convention.

Article 5.

1. Without prejudice to the provisions of Article 1, nationals of the High Contracting Parties who engage in industry or business in the territory of any of the High Contracting Parties may - subject, if necessary, to the presentation of an identity card - in the territory of the other High Contracting Parties, either in person or by travellers in their employ, purchase from merchants or in places where goods are on sale as well as from producers, the goods in which they deal, or take orders from merchants and producers who trade in, or use in their establishment, goods of the same kind as those offered. These nationals and their commercial travellers shall not require special authorisation for any of these activities, nor shall they be obliged to pay on account of these activities any special taxes or duties not payable by national business firm or their representatives, provided they only take with them samples and not goods intended for sale.

2. In applying the provisions of this article, the High Contracting Parties shall observe the stipulations of Article 10 of the Geneva Convention of November 3rd 1923, regarding commercial travellers' identity cards and the admission of samples.

3. The provisions of this article shall not apply to itinerant trading, or to hawking, or to the soliciting of orders from persons not engaged in trade or industry, on which subject each of the High Contracting Parties reserves full freedom of legislation.

Article 6.

1. Each of the High Contracting Parties remains free to regulate the admission of foreigners to its territory and to make this admission subject to conditions limiting its duration, or the rights of foreigners to travel, sojourn, settle, choose their place of residence and move from place to place. These limitations may be imposed either by means of the documents required of the foreigners for their admission to the territory (passport, identity card, permit to sojourn, etc.), or through the application of the laws and regulations in force in the country as regards the conditions in which the rights above mentioned may be exercised.

2. Nationals of the High Contracting Party, admitted into the territory of another High

国際責任法資料

1929 年国際連盟法典草案
1930 年国際連盟ハーグ法典編纂会議
1961 年国連国際法委員会草案（ガルシア・アマドール案）
1999 年国連国際法委員会条約草案（第一読終了）
2001 年国連国際法委員会条約草案（第二読終了）

1927 年万国国際法学会決議
1926 年日本国際法学会・国際法協会日本支部議定案

1929 年国際連盟法典草案

Article 1.

1. Nationals of the High Contraction Parties may, even if not resident in the territory of other High Contracting Parties, conduct commercial transactions of every kind therein, and, in particular, sell goods, make purchases, take orders, deliver goods on order and carry out work on order, except in cases in which, under the laws of the territory in question, nationals are required to obtain a Government concession for the conduct of such business or execution of such work. Provided they conform in each of these activities to the laws and regulations of the country, they shall not be subject to any condition, licence, permit or charge other, or more burdensome, than those to which nationals of the country are subject when conducting similar operations.

2. Similarly, the nationals referred to in the preceeding paragraph shall not be prevented from advertising in any form for the purposes of the country, under the same conditions as nationals, without having to pay in this respect any taxes or duties other, or higher, or more burdensome, than those paid by nationals.

Article 2.

Nationals of each of the High Contracting Parties shall not be prohibited from participating, in the territory of any other High Contracting Party in conformity with the laws and regulations of the country, as exhibitors, vendors or buyers under the same conditions as nationals, in public markets or fairs not expressly reserved to nationals or to nationals of a group of neighbouring States.

ハイド（C. C. Hyde） 165
バウエット（D. W. Bowett） 246
バクスター（R. R. Baxter） 39
ハマーショルド（H. Hammarskjöld） 35
バラドール・パリエッリ（G. Balladore Pallieri） 85
バルボザ（J. Barboza） 52, 60
ヒギンズ（R. Higgins） 126
ファチリ（A. P. Fachiri） 205
フィオレ（P. Fiore） 10, 69
フィッツモーリス（G. Fitzmaurice） 165
プーフェンドルフ（S. Pufendorf） 66
フェアドロス（A. Verdross） 82
フェラー（A. H. Feller） 167
福井康雄 172
ブライアリー（J. L. Brierly） 166
ブラウンリー（I. Brownlie） 126, 141, 171, 207
フランソワ（J.-P.-A. François） 85
ブルンチュリ（J. C. Bluntschli） 69
ヘフター（A. W. Heffter） 67, 68
ポーウェリン（J. Pauwelyn） 134
ボーチャード（E.M. Borchard） 38, 79, 166, 205
ボレカー・ステルン（B. Bollecker-Stern） 207

マ行

松原一雄 44
マルテンス（F. F. Martens） 68
マン（F. A. Mann） 142
水垣進 172

ヤ・ラ行

山本草二 174
ラオ（P. S. Rao） 52, 61
リップハーゲン（W. Riphagen） 52, 56
リテー（J.-P. Ritter） 210
ルアー・デ・カー（E. Rouard de Card） 71
ルテール（P. Reuter） 70, 135, 141, 206, 254
ローターパクト（H. Lauterpacht） 42
ロマーノ（S. Romano） 85

人名索引

ア行

アゴー（R. Ago）　40, 52, 55, 227
アマドール（F. V. Garcia-Amador）　31
アランジオ・ルイズ（G. Arangio-Ruiz）　52, 56, 131
アレチャガ（J. de Arechaga）　54
アロット（P. Allott）　1, 51
アンツィロッティ（D. Anzilotti）　41, 67, 72, 188
安藤仁介　2
イーグルトン（C. Eagleton）　80, 166, 172, 188
ヴァッテル（E. de Vattel）　11, 66
ウォルドック（H. Waldock）　229
オレゴ・ビキューニャ（F. Orrego Vicuña）　162

カ行

ガルシア・アマドール（F. V. Garcia-Amador）　52, 53
キャヴァリエリ（A. Cavaglieri）　82
クェンチン・バクスター（R. Q. Quentin-Baxter）　52, 59
グッゲンハイム（P. Güggenheim）　206
グネル（M. Gounelle）　47, 236
栗林忠男　228
グレイ（C. D. Gray）　127, 171
グロス（L. Gross）　206
グロティウス（H. Grotius）　64
クロフォード（J. Crowford）　52, 57, 132
ケルゼン（H. Kelsen）　83, 142
ゲンチリ（A. Gentili）　64

サ行

シャクター（O. Schachter）　206
シュヴァルツェンバーガー（G. Schwarzenberger）　206
シュトルップ（K. Strupp）　67, 81
杉原高嶺　236
ストリゾワー（L. Strisower）　35
セル（G. Scelle）　83
ソーン（L. B. Sohn）　39

タ行

高野雄一　173
田畑茂二郎　172
ダン（F. S. Dunn）　80
ディンスタイン（Y. Dinstein）　172
デゥベズ（A. Devèze）　23
デュピュイ（P.-M. Dupuy）　207, 222, 227, 252
ド・ヴィッシェ（C. de Visscher）　43, 81, 188
トリーペル（H. Triepel）　67, 70, 188

ナ行

ナヴァイユ（E. de Navailles）　23
中村洸　231
ニス（E. Nys）　64

ハ行

ハーシュ・ローターパクト（H. Lauterpacht）　206

ラ・ワ行

ライシャワー駐日米国大使に対する傷害事件　191
ラングドン事件　167
陸戦の場合における中立国および中立人の権利義務に関する条約　254
陸戦の法規慣例に関する条約　113
利子　149
ルジタニア号事件　161
ルテリエー・モフィット事件　161
レインボー・ウォリアー号事件　134, 190, 204
ローマ条約改正議定書（モントリオール議定書）　151
ロバーツ事件　170
ワルソー条約　151

数字・欧文

一九二九年ハーヴァード草案　38
一九二九年パリ会議　22
一九二九年法典編纂会議　26
一九三〇年のハーグ国際法典編纂会議　31
一九六一年ハーヴァード草案　39
一九七七年の第一追加議定書第九一条　116
New Delhi points　97

197
懲罰的損害賠償（exemplary or vindicative damages） 78, 128, 159, 182
直接損害と間接損害の区分 145
月協定 100
停止と再発防止 132
敵国人 26
テキサコ事件 142
適法な措置（lawful measures） 247
デラゴア湾鉄道会社事件 170
テロ行為 226
ドイツとの平和条約第八部 114
特別使節の派遣 189
奴隷制度 230

ナ行

ナウリラ事件 160
ナウル・オーストラリア間の燐鉱をめぐる事件 156
日本国際法学会と国際法協会日本支部の作成した法典草案 9
日本国際法学会及国際法協会日本支部議定国際法典案 37
人間の生存 185

ハ行

賠償（reparation） 76
賠償責任（liability） 51, 62
パネー号事件 195
バルセロナ・トラクション会社事件 229
パルマス島事件 255
万国国際法学会（Institut de Droit International） 9, 35
反日デモ隊によるソウルの日本大使館乱入 192
非物質的損害 77
フィラルティガ対ペナ・イラーラ事件 167
プエブロ号事件 191
復仇（reprisals） 240
物質的損害 77, 141, 187
フランシスコ・マレン事件 169
武力による植民地支配の確立または維持 230
プレア・ビヘア寺院事件 142
紛争の平和的処理に関する欧州条約第三〇条 143, 200
米国商業宇宙法 153
米州国際法学会 9
返報 240
法的賠償（réparations juridiques） 141
法典化 5
報復（retortion） 240
北部カメルーン事件 202, 206
保険制度 152, 251
保護通行証 26
保証責任 92, 104
ボルクグラーブ事件 193
ホルジョウ工場事件 127, 202

マ行

マール事件 170
マヴロマチス事件 203
マグナカルタ 26
マヌーバ号事件 169, 197, 203
南ローデシア 243
民事的国際違法行為（un délit international civil） 83
民衆的訴訟（actio popularis） 235
メッツガー事件 170
モークス事件 170

ヤ行

友好関係原則宣言 233
友好国人 26
ヨーロッパ人権条約第五〇条 143

刑罰的損害賠償（penal damages） 171
原状回復 126, 136
原子力損害 99
航空犯罪 226
公訴（action publique） 236
口頭の陳謝 189
後発損害（delayed damage） 99
国際共同体にとって本質的な義務の重大な違反 249
国際検察官 236
国際司法裁判所規程第三六条二項 253
国際直接テレヴィジョン放送のための人工衛星の国による利用を律する原則 101
国際犯罪 184
国際紛争平和的処理に関する一般議定書第三二条 143, 200
国際法協会 9
国際法の発展 257
国際民間航空機関（ICAO） 151
国際連盟規約
——第一三条 253
——第一六条 241
——第二三条（e） 12
国連海洋法条約
——第一三九条一項 105
——第一九四条二項 104
個人の受けた物質的・精神的損害 212
コスモス九五四号 111
国旗への敬礼 189
コルフ海峡事件 155, 204
コンゴに関する一般議定書第三五条 254

サ行

在テヘラン米国人質事件 142
再発の防止 195
再発防止の保証 182
査察 244
サティスファクション 126, 128
ザフィロ号事件 118
サロモン事件 193
残存規則 120, 258
ジェーンズ事件 165
ジェノサイド 226, 230
ジェノサイド条約 228
——第四条 226
重要性を反映した損害賠償 185
主権免除法 167
主体的要因（élement subjectif） 83
商業化 110
常設国際司法裁判所規程第三六条 253
植民地支配 185
植民地独立付与宣言 233
書面による陳謝を含む狭義の陳謝 189
侵略 230
侵略戦争禁止 185
スイス上空の飛行による中立の侵害の事例 193
ストックホルム人間環境宣言第二一原則 104
制裁（sanction） 241
精神的・非物質的損害 187
責任者の処罰 193
責任に関する一般理論の構築 78
責任法の発展 257
宣言判決 128, 182, 201
漸進的発達 5

タ行

第一次規範（primary rule） 125
大気または海洋の大量汚染 230
対抗措置（countermeasures） 218, 239, 247
第五福龍丸事件 156
第二次規範（secondary rule） 125
他の賠償の前提としての宣言判決 209
地上第三者に対して航空機により引き起こされた損害に関する条約（ローマ条約） 151
駐ドイツの軍事統制委員会に対する侮辱事件

事項索引

ア行

アイヒマン事件　190
アイム・アローン号事件　164, 189
アパルトヘイト　226, 230
アパルトヘイト条約第二条　226
油による汚染損害の補償のための国際基金の設立に関する国際条約　151
アラムコ事件　204
アリアン宣言　153
遺憾の意の表明　189
移送（rinvio, renvoi, Verweisung）　73
イタリアのエチオピア侵攻　243
逸失利益　150
違法行為
——がなかったならば存在したであろう状態　220
——のなされる前の状態　220
——の容認　221
違法性阻却事由　244
ウィンブルドン号事件　150
宇宙開発事業団法　153
宇宙空間における原子力源の使用に関する原則　101
宇宙空間の探査及び利用における国家活動を律する法的原則の宣言　92
宇宙条約
——第七条　95
——第六条　95
宇宙損害責任条約　96
——第二条　106
宇宙物体登録条約　100
宇宙物体の打上げ　99
宇宙法　92
恩恵による（ex gratia）支払い　156

カ行

外形的行為による救済（satisfaction; Genugtuung）　173
外国人の取扱　28
海戦法規に関する宣言（ロンドン宣言）　113
回復（restauration）　222
核実験事件　203
過失責任論　75
上敷香韓人虐殺事件　117
カルタージュ号事件　161, 197, 203
環境に関連した国際法　185
間接損害　99
基金　251
規範遵守への回帰　223
客観責任主義　74
客観的要因（élément objectif）　83
旧第一九条（国の国際犯罪）　249
強行規範　229
金銭賠償　126, 145
金銭によらないサティスファクション　189
金銭によるサティスファクション　196
空戦規則案　113
国の刑事責任（la responsabilité pénal de l'Etat）　224, 252
国の被った非物質的・精神的損害　212
国の被った物質的損害　212
国の国際犯罪　159, 218, 230, 252
グレート・ベルト通航事件　155
刑事的国際違法行為（undélit international pénal）　83
継続的性質の違法行為　129

跋

学問的価値の高い研究成果であつてそれが公表せられないために世に知られず、そのためにこれが学問的に利用せられずして、そのまま忘れられるものは少なくないであろう。又たとえ公表せられたものであつても、口頭で発表せられたために広く伝わらない場合があり、印刷公表せられた場合にも、新聞あるいは学術誌等に断続して載せられた場合は、後日それ等をまとめて通読することに不便がある。これ等の諸点を考えるならば、学術的研究の成果は、これを一本にまとめて出版することが、それを周知せしめる点からも又これを利用せしめる点からも最善の方法であることは明かである。この度法学研究会において法学部専任者の研究でかつて機関誌「法学研究」および「教養論叢」その他に発表せられたもの、又は未発表の研究成果で、学問的価値の高いもの、または、既刊のもので学問的価値が高く今日入手困難のものなどを法学研究会叢書あるいは同別冊として逐次刊行することにした。これによつて、われわれの研究が世に知られ、多少でも学問の発達に寄与することができるならば、本叢書刊行の目的は達せられるわけである。

昭和三十四年六月三十日

慶應義塾大学法学研究会

著者紹介
大森 正仁 （おおもり まさひと）
慶應義塾常任理事、慶應義塾大学法学部教授。博士（法学）。
1955 年生まれ。1978 年慶應義塾大学法学部法律学科卒業、1980 年大学院法学研究科修士課程修了、1983 年同博士課程単位取得退学。1987 年慶應義塾大学法学部専任講師、同助教授を経て、1996 年同教授。世界法学会理事、国際法学会評議員・理事を歴任。
著書に、国際法事例研究会『日本の国際法事例研究 2 国交再開・政府承認』（共著、慶應義塾大学出版会、1988 年）、同『日本の国際法事例研究 3 領土』（共著、慶應義塾大学出版会、1990 年）、同『日本の国際法事例研究 4 外交・領事関係』（共著、慶應義塾大学出版会、1996 年）、同『日本の国際法事例研究 5 条約法』（共著、慶應義塾大学出版会、2001 年）、中村洸編『前原光雄 国際法論集（慶應義塾大学法学研究会叢書 82）』（補訂、慶應義塾大学法学研究会、2011 年）、国際法事例研究会『日本の国際法事例研究 6 戦後賠償』（共著、ミネルヴァ書房、2016 年）ほか。

慶應義塾大学法学研究会叢書　88

国際責任の履行における賠償の研究

2018 年 3 月 30 日　初版第 1 刷発行

著　者――――大森正仁
発行者――――慶應義塾大学法学研究会
　　　　　　　代表者　萩原能久
　　　　　　　〒 108-8345　東京都港区三田 2-15-45
　　　　　　　TEL 03-5427-1842
発売所――――慶應義塾大学出版会株式会社
　　　　　　　〒 108-8346　東京都港区三田 2-19-30
　　　　　　　TEL 03-3451-3584　FAX 03-3451-3122
組　版――――株式会社キャップス
印刷・製本――萩原印刷株式会社

Printed in Japan ISBN978-4-7664-2514-7
落丁・乱丁本はお取替致します。